文艺知识小百科

本科考生参考用书

本科考生参考用书

报考艺术院校快速充电

文艺知识小百科

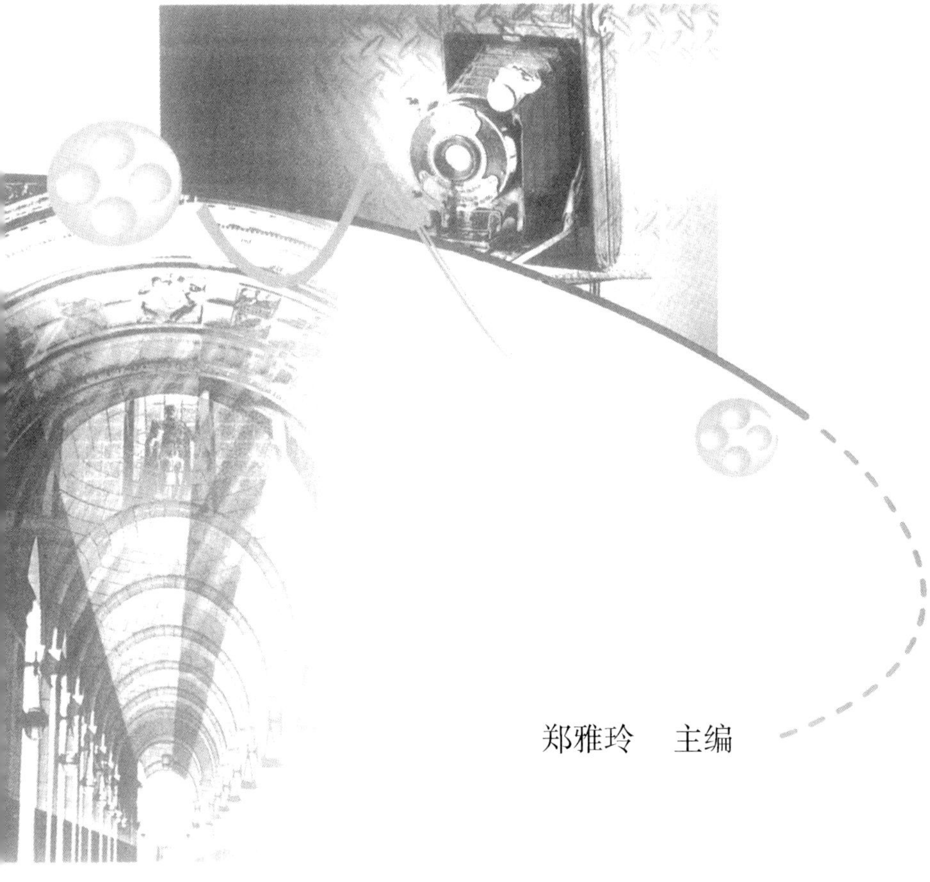

郑雅玲　主编

中国戏剧出版社

图书在版编目（CIP）数据

报考艺术院校快速充电：文艺知识小百科 / 郑雅玲主编
-- 北京：中国戏剧出版社，2006.7（2018.10 重印）
ISBN 978-7-104-02440-8

Ⅰ.①报… Ⅱ.①郑… Ⅲ.①高等学校—入学考试—自学参考资料 Ⅳ.① J-40

中国版本图书馆 CIP 数据核字（2006）第 073684 号

报考艺术院校快速充电——文艺知识小百科

策　　划：肖　楠
责任编辑：肖　楠
责任印制：冯志强

出版发行：中国戏剧出版社
出 版 人：樊国宾
社　　址：北京市西城区天宁寺前街2号国家音乐产业基地L座
邮　　编：100055
网　　址：www.theatrebook.cn
电　　话：010-63381560（发行部）010-63385980（总编室）
传　　真：010-63383910（发行部）

读者服务：010-63387810
邮购地址：北京市西城区天宁寺前街2号国家音乐产业基地L座

印　　刷：北京长阳汇文印刷厂
开　　本：850mm×1168mm　1/32
印　　张：10
字　　数：220 千字
版　　次：2018 年 10 月北京第 1 版第 2 次印刷
书　　号：ISBN 978-7-104-02440-8
定　　价：30.00 元

版权专有，违者必究；如有质量问题，请与出版社联系调换。

主　　编：郑雅玲
副 主 编：杨宝良　保向东

编写人员：(以汉语拼音为序)

保向东	陈中国	崔　峥
郭芳宏	顾黎力	刘　刚
李传平	李君风	吕世平
吕玉英	沈　娟	宋思云
田燕凌	肖　鸣	徐争荣
杨宝良	于雅丽	张　弛
张家安	张巍然	张　蔚
郑雅玲	支菲娜	周晓万

序 言

我们真诚献给希望跨入艺术类院校学习的考生们一部考前"充电"参考用书：报考艺术院校快速充电——文艺知识小百科。

多年来，我们在艺术院校的工作实践中，深知考生们对此类读物的迫切需求，全体编写成员齐心协力，为考生们编写了这本书。内容包括：文艺基础知识、电影、电视、文学、戏剧、戏曲、美术、音乐、舞蹈、摄影、新媒体艺术、动画、数字电影及其他知识等，共计近400个条目。

我们认为，高等艺术院校的育人方式应起始于入学考试阶段。本书无论是作用于文艺知识的考前参考，还是作用于文艺知识的传播与应用，这部分功能性的教育与服务内涵，都将有助于深化教育改革和拓展学科发展的需要。事实上，类似"小百科"性质的工具书，包括中小学生读物有许多，但却不能满足艺术类院校考生集中阅读、复习和迅速补充知识的需求。

在本书的编写过程中，我们参考了大量相关的工具书，从条目的选择到内容的撰写，都尽量考虑到考生在中学所学知识的基础性和宽泛性，向考生提供容量适度的考前知识准备，使考生在文艺知识领域有一个相对集中的学习与补充。本书在部分条目名称的确定和内容的编写上与相关工具书也存在不同之处。以电影、文学和美术部分中的代表人物与代表作品相结合的编写为例，就使得篇幅更为浓缩也更具有实用性。对于概念性条目内容的撰写，依据近20年来社会发展和文艺观念的演进，尽可能注入较新的理论观点，努力展现条目内容的现代理论内涵和意义。

祝愿报考艺术类院校的考生们，考出优异的成绩，成功迈出步入艺术殿堂的第一步。

本书编写组
2006年5月10日

目录

001　文艺基础知识

001	艺术
001	艺术风格
002	艺术形式
002	文艺批评
002	艺术典型
002	艺术欣赏
003	艺术流派
003	艺术冲动
003	艺术技巧
003	艺术手法
004	创作方法
004	古典主义
004	现实主义
005	浪漫主义

005	象征主义
005	唯美主义
006	美学

007　电　影

007	电影艺术
008	电影学
009	电影时空的特殊性
009	段落
009	场面
010	客观镜头
010	主观镜头
010	多角度叙事手法
011	电影语言
011	电影构思
012	电影本文
012	电影剧作
013	电影导演
013	电影表演艺术
014	电影表演的镜头感
014	电影摄影艺术
015	肖像构图
015	多景别
015	饱和度
016	电影美术
016	造型语言
017	电影录音
017	电影音乐
018	声画对位
019	声音蒙太奇
019	类型电影

目录

020	黑色电影
021	意识流电影
021	主流电影
022	宽银幕电影
023	电影院线
023	汽车影院
024	非影院放映
024	电影的诞生
024	蒙太奇表现手法的出现
025	格里菲斯的电影叙事
025	卓别林的喜剧精神
026	欧洲20世纪20年代先锋派电影
027	有声片开始
028	彩色电影的产生
028	法国诗意现实主义电影
029	意大利新现实主义电影
030	法国新浪潮电影
031	新好莱坞电影
032	新德国电影
033	电影传入中国
033	中国电影诞生
034	鸳鸯蝴蝶派电影
034	武侠电影
035	左翼电影
035	国防电影
036	"孤岛"电影
037	延安电影团
037	私营电影
038	"样板戏电影"
038	香港电影
039	台湾乡土电影

040	中国大陆电影的"五代导演"
041	香港电影新浪潮
042	台湾新电影
043	"主旋律电影"
043	格里菲斯与《一个国家的诞生》
045	卓别林与《淘金记》
047	爱森斯坦与《战舰波将金号》
048	普多夫金与《母亲》
049	雷诺阿与《游戏规则》
051	约翰·福特与《关山飞渡》
052	奥逊·威尔斯与《公民凯恩》
054	伯格曼与《野草莓》
056	雷伊与《远方的雷声》
057	特吕弗与《胡作非为》
058	雷乃与《广岛之恋》
060	希区柯克与《精神病患者》
061	阿瑟·佩恩与《邦尼与克莱德》
062	科波拉与《现代启示录》
064	斯皮尔伯格与《辛德勒的名单》
065	黑泽明与《罗生门》
068	小津安二郎与《东京物语》
070	衣笠贞之助与《地狱门》
071	沟口健二与《雨月物语》
073	大岛渚与《青春残酷物语》
074	新藤兼人与《裸岛》
075	今村昌平与《楢山节考》
077	岩井俊二与《情书》
078	北野武与《花火》
079	阿巴斯与《樱桃的滋味》
081	吴永刚与《神女》
082	费穆与《小城之春》

083	谢晋与《红色娘子军》
084	郑洞天与《邻居》
085	谢飞与《香魂女》
086	张军钊与《一个和八个》
087	张艺谋与《秋菊打官司》
088	陈凯歌与《霸王别姬》
090	何平与《双旗镇刀客》

092 电 视

092	电视的发明
093	彩色电视的发明
093	卫星和电视广播
094	有线电视
095	电视剧
095	电视小品
095	家庭影院
096	科贝电视
096	电视电影
097	非线性剪辑

098 文 学

098	文学形象
098	人物性格
098	意境
099	构思
099	灵感
099	虚构
099	夸张
100	讽刺
100	情节

100	细节
100	冲突
100	结构
101	素材
101	主题
101	体裁
101	韵律
102	伏笔
102	高潮

103　外国文学

103	希腊神话
105	荷马史诗
105	伊索的寓言集
106	安徒生童话
106	狄更斯的小说
107	契诃夫的短篇小说
108	但丁与《神曲》
108	卜伽丘与《十日谈》
109	席勒和《阴谋与爱情》
110	歌德与《浮士德》
110	巴尔扎克和"人间喜剧"
111	惠特曼与《草叶集》
111	伏尼契与《牛虻》
112	罗曼·罗兰与《约翰·克利斯朵夫》
112	高尔基与自传体三部曲
113	马雅可夫斯基与"楼梯诗"
113	卡夫卡与《变形记》
114	海明威和《老人与海》
114	爱伦堡与"解冻文学"
115	肖洛霍夫与《静静的顿河》

116	积极浪漫主义作家——雨果
117	父子作家——大仲马与小仲马
117	师徒作家——福楼拜与莫泊桑
118	马克·吐温与杰克·伦敦
119	自然主义创始人——左拉
119	罗伯-格里耶与新小说派
120	赫勒与《第二十二条军规》
120	马尔克斯与《百年孤独》
121	渡边淳一与《失乐园》
122	罗琳与《哈里·波特》

124　中国文学

124	《诗经》
125	屈原
126	司马迁与《史记》
127	刘勰与《文心雕龙》
128	李白
129	杜甫
130	唐宋八大家
130	"三言二拍"
131	《三国演义》
131	《水浒传》
132	《西游记》
133	《金瓶梅》
134	《红楼梦》
134	鲁迅
136	郭沫若
137	茅盾
138	巴金
138	老舍

139	赵树理
140	清末四大谴责小说
141	"五四"文学革命
142	"左联"与左翼文艺运动
143	一分钟小说
143	伤痕文学
144	寻根文学
144	改革文学
145	北大荒文学

146 戏剧·戏曲

146	戏剧
147	话剧
147	正剧
148	悲剧
149	喜剧
150	戏剧性
150	荒诞派戏剧
151	歌舞伎
151	古希腊悲剧与三大悲剧家
152	"喜剧之父"阿里斯托芬
153	莎士比亚及其戏剧
154	易卜生及其问题剧
155	斯坦尼斯拉夫斯基
156	布莱希特和他的戏剧理论
157	斯特林堡
157	元杂剧
158	李渔及其戏剧理论
160	四大徽班与京剧
160	梅兰芳与四大名旦
161	关汉卿与《窦娥冤》

162	王实甫与《西厢记》
163	汤显祖与《牡丹亭》
164	孔尚任与《桃花扇》
165	曹禺与《雷雨》
167	老舍与《茶馆》
168	百花齐放、推陈出新

169　美　术

169	造型艺术
170	素描
170	漫画
171	文艺复兴美术
173	浮世绘
173	古典主义画派
173	印象画派
174	野兽派
174	立体主义
175	抽象艺术
175	抽象主义
176	超现实主义
177	达·芬奇和他的绘画
178	米开朗基罗的雕塑
179	拉斐尔与《西斯廷圣母》
180	米勒与《拾穗者》
181	罗丹与《思想者》
182	列宾与《伏尔加河上的纤夫》
183	莫奈与《日出·印象》
184	康定斯基
184	毕加索
185	《韩熙载夜宴图》
185	《清明上河图》

185	南宋四家
187	扬州八怪
187	徐悲鸿
188	《田横五百士》
189	岭南画派

190 音乐

190	音乐学
191	古典音乐
191	华彩乐段
191	"音乐之父"巴赫
191	"神童"莫扎特
192	"乐圣"贝多芬
192	"歌曲之王"舒伯特
193	"钢琴诗人"肖邦
193	"歌剧大师"威尔地
193	约翰·施特劳斯与《蓝色多瑙河》
194	《国际歌》及其词曲作者
194	新古典主义音乐
194	江南丝竹
194	刘天华与"国乐改进社"
195	聂耳与《义勇军进行曲》
195	冼星海与《黄河大合唱》
196	爵士音乐
196	偶然音乐
196	流行音乐
197	通俗歌曲

198 舞蹈

198	舞蹈

目录

199	民间舞蹈
199	芭蕾
200	现代舞
201	"现代舞之母"邓肯
202	桑巴舞
203	华尔兹
203	踢踏舞
203	霹雳舞
204	迪斯科
204	剑舞

206 摄 影

206	摄影
207	摄影艺术
207	新闻摄影
208	人像摄影
208	建筑摄影
209	风景摄影
209	静物摄影
209	广告摄影
210	时尚摄影
210	数字摄影
210	舞台摄影
211	体育摄影
211	航空摄影
211	立体摄影
212	显微摄影
212	红外线摄影
212	全息摄影
213	专题照片
213	高调照片

213	低调照片
214	剪辑照片
214	摄影构图
215	影调透视
215	线条透视
216	拍摄时机
216	拍摄角度
216	用光
217	摄影光源
218	曝光
218	多次曝光
219	影调
220	色调
220	摄影镜头
221	镜头
221	标准镜头
221	长焦距镜头
222	广角镜头
222	变焦距镜头
223	加膜镜头
223	光圈
223	景深
224	分散圈
225	焦距
225	密度
225	感光度
226	宽容度
227	光渗
227	反差

228　新媒体艺术

- 228　新媒体艺术
- 228　影像艺术
- 229　综合材料
- 229　抽象艺术
- 230　大地艺术
- 230　装置艺术
- 231　行为艺术
- 232　波普艺术
- 232　概念艺术
- 233　偶发艺术
- 233　光效应艺术

234　动　画

- 234　影院动画片
- 235　电视动画片
- 235　实验动画片
- 236　剪纸片
- 236　水墨动画片
- 237　原画的概念
- 237　分镜表
- 238　设计稿
- 238　原画
- 238　动画
- 239　上海美术电影制片厂
- 240　先期对白

241　数字电影

- 241　数字电影倡导联盟DCI（Digital Cinema Initiatives）

241	数字电影
242	数字影院系统
243	胶片转数字处理与制作
244	加密
244	电影数字化
245	计算机制图(CG)
246	视频压缩格式 AVI
247	数字视频(Digital Video)
247	非线性编辑系统(Nonlinear Editing System)

248　其 他

248	奥斯卡金像奖
249	戛纳国际电影节
249	柏林电影节
250	金鸡奖
250	诺贝尔文学奖
251	传统广告
251	现代广告
252	永字八法
252	王羲之与《兰亭集序》
253	篆刻
253	哥特式建筑
255	古典复兴建筑
255	现代主义建筑

256　参考文献

001　索　引

文艺基础知识

艺 术

被广泛认同、专门化水平发展很高的媒介表现手段。其特点是通过塑造形象具体地反映社会生活、表现作者思想感情。艺术是一种社会意识形态,是人们现实生活和精神世界的形象反映,也是艺术家知觉、情感、理想、意念等心理活动的产物。根据表现手段和方式的不同,艺术可分为表演艺术、造型艺术、语言艺术和综合艺术。根据表现的时空性质,艺术又可分为时间艺术、空间艺术和时空综合艺术。

艺术风格

艺术家或艺术作品在整体上表现出来的独特的艺术特色和艺术个性。它受一定历史时期的社会状况和艺术思想内容的制约。它的形成标志着艺术家的成熟和作品艺术上的高度成就。研究和探讨艺术风格,有利于促进文艺创作和文艺批评的发展。

艺术形式

指作品得以具体表现的内部结构和表现手段,又指作品完成后的具体表现形态。它由艺术结构、艺术语言、艺术表现手法和体裁等因素组成。艺术形式是艺术内容的表现,它和艺术内容紧密相连,但又具有其相对的独立性。艺术内容决定艺术形式,艺术形式表现艺术内容。

文艺批评

又称文艺评论。指在一定的文化背景下,运用一定的观点,对文艺家、文艺作品、文艺思潮、文艺运动所作的探讨、分析和评价。是文艺学的组成部分。它以文艺作品为对象,以文艺鉴赏为基础,按照文艺的特点和规律,对文艺作品进行社会学的、心理学的、美学的诸多方面的分析和评价。它随着文艺创作的繁荣而发展深化,又反过来作用于文艺创作。

艺术典型

又称"典型形象"。指以鲜明独特和丰富多彩的个别性,深刻地显示出社会生活某些方面的本质和规律,并达到了较高艺术成就的艺术形象。它是艺术家把不够典型的生活材料,按照以个别表现一般的规律,经过艺术的加工改造,构思出具有典型性的艺术意象的过程。

艺术欣赏

亦称"文艺欣赏"、"艺术鉴赏"。是读者或观众主动接受艺术作品时的一种再创造的审美活动,是艺术家的艺术实践活动在欣赏者方面的延续,是人类审美实践活动的一个重要方面,是艺术家和欣赏者之间联系的纽带,具有广泛的社会性、群众性;同时它也是进行艺术批评的基础。

艺术流派

指在一定历史时期里,由一批思想倾向、美学主张、创作方法和表现风格等方面相似或相近的艺术家们在创作实践中自觉或不自觉地结合在一起所形成的艺术派别。自觉结合的流派有一定的组织形式、共同的艺术宣言、共同的活动阵地和组织的刊物。反之,不自觉的结合只有相似的创作见解和艺术风格。

艺术冲动

又称"创作冲动"。指作家、艺术家创造艺术作品的心理需要或动机,是作家、艺术家在生活实践中由于某种事物的启发和激励而产生的强烈的创作愿望。通常产生于创作活动的开始阶段,其特征表现为作家、艺术家处于强烈而焦躁的情感状态,内心充满着要把某些体验通过一定的形式加以表达的紧张和努力,艺术冲动要到艺术作品最后完成才能完全释放。

艺术技巧

是作家、艺术家提炼素材,揭示题材意义,安排作品结构,运用语言、线条、色彩、体积、音响等材料塑造形象、进行艺术传达的手段和能力。是艺术作品内容得以有效表现、作品艺术性得以产生的重要因素。它受作家、艺术家的生活经验、教养、观点、感知生活的方式以及创作实践的锻炼等综合性因素制约。

艺术手法

又称"表现手法"。指作家、艺术家在文学艺术创作中塑造形象、反映生活、表达主题思想所运用的各种具体的表现方法。不同种类的文学艺术作品有不同的艺术手法,如文学手法、音乐手法、绘画手法等。

创作方法

指作家、艺术家进行文学艺术创作时所遵循的基本原则和方法。作家、艺术家采取什么创作方法,是受它的世界观、生活经验、艺术修养和心理特性等因素制约的。创作方法往往是文艺思潮或流派的重要标志。

古典主义

流行于 17 世纪和 18 世纪前半期欧洲君主专制时期的文艺思潮或文艺流派。其特征为:在创作实践和文艺理论上,把古希腊文学艺术作品视为必须仿效的最高典范,从中吸取创作经验,并赋予它们新的历史内容。古典主义崇尚完整、和谐,提倡类型说,过分强调理性主义、普遍性和情节的集中、单一,忽视个性,突出类型,不少作品存在公式化、概念化的倾向。代表人物有莫里哀、维吉尔、拉辛、瓦洛、普桑等。

现实主义

又称"写实主义"。指一种文学艺术的创作方法和思潮。产生于 19 世纪 50 年代的法国。现实主义提倡客观地观察现实生活,按照生活的本来面貌精确细腻地进行描写,真实地再现社会生活,从而自然地表现作家、艺术家对社会生活的认识和情感。代表作家有巴尔扎克、狄更斯、司汤达、托尔斯泰、果戈里等,代表剧作家有易卜生、契诃夫、萧伯纳等,代表画家有列宾、门采尔等。

浪漫主义

指一种文学艺术的创作方法和思潮。产生于18世纪末19世纪初欧洲资产阶级革命时代。浪漫主义与现实主义同为文学艺术史上的两大主要思潮。作为创作方法和风格,浪漫主义通过表现理想来反映现实,强调主观性与主体性,不注重对现实的如实描写,侧重于抒发热情和表现理想,把情感和想像提到创作的首位,常用热情奔放的语言、瑰丽的想像和夸张的手法塑造形象。代表作家有歌德、席勒、雨果、拜伦等。

象征主义

即"象征派"。产生于19世纪末的一种文学思潮和流派。是西方现代派中最早的也是影响最大的派别之一。认为事物都具有与之相对应的意念涵义,人的内心世界与外界事物是相互"感应"的,人的情感与自然是相互"契合"的,人们从任何事物中都能发现其潜藏的象征意义,因而强调运用有物质感的物象,暗示内心的微妙世界,把两个世界沟通起来。代表人物有马拉梅、拉弗格、瓦莱里、梅特林克、摩罗等。

唯美主义

亦称"唯美派"。19世纪末流行于欧洲的一种文艺思潮和流派。主张"为艺术而艺术",认为艺术是自足的,除了它自身的存在外,没有任何目的。艺术是人类产品中具有最高内在价值的东西。强调超越生活的"纯粹美",片面追求艺术技巧和作品的形式美,否定艺术应有社会功能。其代表人物有戈蒂埃、王尔德、佩特、爱伦·坡等。

美 学

研究审美现象的形成及创造规律的科学。美学以艺术为重要研究对象,黑格尔称其为"艺术哲学"。美学研究包括诸多方面:美的哲学、艺术科学、审美心理学等。随着社会的发展,美学的研究范围不断扩大,形成了文艺美学、技术美学、劳动美学、生活美学等新的分支学科。

电影

电影艺术

电影并不是一诞生就被人们作为一门艺术来加以对待的。电影成为艺术需要有一个发展过程,包括早期电影创作者,如格里菲斯、卓别林、阿倍尔·冈斯、费尔南·莱谢尔、雷内·克莱尔、茂脑、爱森斯坦、普多夫金和维尔托夫等在大量实践中的探索活动,以及早期电影理论研究者的理论论证和研究,使电影作为艺术的专门化程度和表现力逐渐发展到了很高的水平。不同时期的理论研究者从不同的角度论证了电影作为艺术的地位和性质。爱因汉姆和巴拉兹以强调电影手段对于现实的疏离性或反映现实的局限性为依据来论证电影的艺术地位;克拉考尔和巴赞以强调电影手段对于现实的近亲性或反映现实的优越性为依据来论证电影是与其他艺术所不同的艺术;麦茨由于把电影手段和现实同样理解为符号学事实,因而以电影作品是否具有含蓄意指为依据来判定电影作品

的艺术性。对爱因汉姆来说，电影尚须证明自己是一门艺术；对于克拉考尔来说，电影只需要证明自己是一门独立的艺术；而对于麦茨来说，这些都不需要证明，只要指出什么样的作品是有艺术性的就够了。

电影学

1948年在法国巴黎大学成立了电影学研究所，其后欧洲不少国家都相继成立了类似的电影研究组织和机构，开始从事电影学的创立工作。关于电影学的界定，主要有两种看法。郑雪来认为，电影学即一般电影研究，其中包括三个部分：电影理论、电影批评和电影史。麦茨提出，一般的电影研究（approaching the cinema）一共包括四个部分，除了上述三个部分之外，还包括电影学。电影学是由心理学家、精神病学家、美学家、社会学家、教育学家和生物学家等人文学者从外部来处理电影的一种电影科学研究领域。麦茨的这一观点没有被中国学者所接受。这里既涉及电影学与电影理论的关系，同时又涉及麦茨关于电影机构的观点。按照麦茨的观点，电影学与传统电影理论的主要区别在于：电影学在电影机构之外，电影理论在电影机构之内。电影学是由在电影机构外部的社会科学家们根据他们所从事的学科长期以来培养起来的科学方法和规范进行的电影研究形态。尽管如此，麦茨仍认为，电影理论和电影学对于电影符号学来说都是必不可少的。这两种研究模式不应当是对抗的，而应当是互补的。按照麦茨的思路，电影学就是电影美学、电影心理学、电影社会学、电影经济学等等，但是电影学本身却还是一个空架子。事实上，电影学不等同于上述分科，它应该是对上述学科进行总体概括的一个有待于建立的概括性学科。电影美学、电影心理学等分科研究应视为电影学下属专门学科，电影学作为后起电影研究模式的意义在于，它更有涵盖性，是一种对电影的跨学科综合比较研究。近年来，电影学各分科的研究也呈现出

交叉、综合的趋势。电影学具有一种对电影的生产和再生产的各个环节和侧面作全面考察和整体把握的意图。这些环节和侧面包括创作、作品、反应和经营等诸多方面。电影学要求对各种研究成果进行概括，是一门概括性的个别艺术学，以其下属各专门学科，如电影哲学、电影美学、电影艺术学、电影心理学、电影社会学、电影经济学等的研究成果为基础。

电影时空的特殊性

电影时空的特殊性即电影是一种时间艺术，又是一种空间艺术。电影作为时空艺术区别于单纯的时间艺术（如语言艺术和音乐），也区别于单纯的空间艺术（如绘画和雕塑），而且还区别于其他时空综合艺术（如戏剧、舞蹈等），其关键在于它的特殊时空综合性，即它是一种一维时间二维空间的特殊三维艺术（而雕塑则是三维空间艺术，戏剧和舞蹈是一维时间三维空间艺术）。电影的这一特点使电影具有巨大的表现功能。需要说明的一点是，这里所说的时空维度是作品存在方式的时空维度，而不是作品表现的时空维度。

段　落

电影剧本中的一段相对完整的情节。内容多寡与篇幅长短没有严格的规定，由剧作者根据所描写的题材、风格和剧作结构进行划分，通常以能够清楚地叙述剧作中一个事件为标准。段落划分的意义在于可使剧作总体内容层次分明。

场　面

构成一部电影剧作情节发展过程的基本单位。一般以时间或地点的转换为划分标准，即把在同一时间或地点中展示的内容看作是一个场面。正是时间、地点的变换而不是延续造成了场面转换。电影剧作中场面的长短,根据需要而定。场面与场面有机地连结在一起时,就成为整体中不可分割的组成部分,从而构成一部完整的电影剧作。

客观镜头

镜头视点不带有明显的导演主观色彩,也不采用剧中角色的视点,而是采用普通人观看事物的视点,这种镜头一般称之为"客观镜头"。它将事物尽量客观地展现给观众。在一般影片中,大部分镜头都是客观镜头。

主观镜头

所表现的内容明显代表导演的评论观点的镜头。其视点代表着剧中人物的视点的镜头。主观镜头常采用异常的运动摄影、画面的扭曲变形、色彩的明显人为化运用等方式手段来突出其非客观的镜头效果。在表现人物主观心理感受、强化事件某一重要瞬间、表达导演对世界的哲理感受等方面,能起到独特的作用。在运用主观镜头时要注意恰到好处地谨慎使用,不可用之过滥以免引起观众的视觉抵触。

多角度叙事手法

电影剧作中主观式叙述手法的一种演变和发展。一般由剧中几个主要人物从各自的角度共同讲述同一事件或同一人物,由于每一个讲述人的出发点和注意点各不相同,因此形成对同一对象的多侧面描述,有利于对主要事件和主要人物和复杂的性格的展示,其效果更为明显。美国影片《公民凯恩》通过凯恩的妻子和几位朋友的回忆,来展示这位报业家的性格;日本影片《罗生门》以三个当事人和一个目击者的供词来重述同一桩谋杀案。这些都是运用这一叙述方法的成功例子。我国影片《蒋筑英》也采用类似的叙述方法,通过蒋筑英的妻子、孩子、同事、父亲等人的回忆,比较真切地塑造了蒋筑英这一感人形象。

电影语言

使用这一术语意味着把电影当作像自然语言(即语词语言)一样的表达方式来对待。自然语言是一种系统操作现象。50年代末以前,"电影语言"只是在一种比喻的意义上来使用的。巴赞说:电影是一种语言活动。这种说法泛指造成各种电影表现效果的艺术性手段,如摄影、照明、剪辑、音响处理等,但是,在接受了索绪尔的结构主义语言观的麦茨的电影符号学看来,必须对电影表达方式在什么意义上具备了"语言"(language)的资格进行检查。按照索绪尔的一个公式(语言 = 语言系统 + 言语),具备语言系统是一个极为重要的标准和试金石。根据这一标准,米特里认为电影不等同于语言;麦茨因尚未在电影中发现语言系统的类似物而认为电影是没有语言系统的言语;沃仑则认为电影是没有代码的语言。

电影构思

电影剧作者酝酿和考虑电影剧本写作的艺术思维活动。是电影剧作创作过程的一个重要阶段,包括从生活素材中选取、提炼题材,从题材中发掘、酝酿主题,塑造人物,组织人物之间的关系,处理矛盾冲突,剧情发展,以及大体上确定结构等。电影剧作构思须做以下考虑:1.主要人物是否明确;2.人物之间关系即主要矛盾冲突是否清楚;3.主要事件即主要人物的遭遇和故事是否合理;4.主题思想和立意是否清晰、深刻;5.重要的细节是否具备;6.情节发展线索和转折点是否考虑清楚。电影构思是电影剧作创作过程中的重要一环。构思的周密、巧妙或疏漏、拙劣,会直接影响到剧作的质量。

电影本文

电影符号学用语，是对当代一般哲学解释学和结构主义符号学的基本概念狭义本文(text)作广义使用的一种方式。狭义本文专指纯粹语言学研究中大于句子的语言组合体，在中文中也被译为话语。广义本文指任何在时间或空间中存在的能指织体，如乐曲本文、舞蹈本文等等。这些用法是为了表明非语言的表意手段具有同语言本文类似的组织结构。电影本文像一般本文一样，在不同的场合下具有不同的涵义，但主要的涵义有三种：一个单独表意系统实现的独一无二的本文；表现某一系统或代码的非独特的本文类别，如电影本文、诗歌本文等；为各种表意活动和能指生产活动提供原初条件的本体论意义的本文：电影作品的能指（影带面和声带面）织体自身。前两种涵义使用比较普遍。最后一种涵义只在特定的情况下使用。

电影剧作

按照对生活的体验、理解和评价，运用电影思维所进行的电影创作的基础工作，它涉及深化主题、塑造人物、结构情节等方面。电影剧作的出现比电影大概要晚20年左右，但却早于电影剧本。但在西方，由于电影导演过分强调表现手段的特殊性，甚至认为，出现在电影艺术家脑子里的不是文字形式的思维，而是电影形象思维和蒙太奇思维，用文字去固定它既不恰当，也不可能为未来的影片提供准确的蓝图，因此，他们不重视电影剧作的基础作用，甚至主张废除电影剧本。就在近年，世界电影出现一种"回潮"现象，重视电影剧作的作用，重视人物形象的塑造和情节的设计，希冀借文学的叙事性来为影片增辉，如曾在国际上获奖的中国影片《秋菊打官司》、《霸王别姬》，获奥斯卡奖的美国影片《杀无赦》都最终以成功地塑造出独特、鲜明的人物形象而取得成功。电影剧作一词在运用中还有另外一种意义：电影剧作在影片完成时才最后确定下来，这个意义的电影剧作在涵义上不同于电影文学剧本，也不同于电影分镜头剧本，它是电影剧作的最终形式。从这个意义上说，影片的所有创作人员都以不同方式不同程度地参与了电影剧作。

电影导演

简称"导演"，是影片艺术创作的领导人、总指导。电影是一门集体创作的综合艺术，需要制片、表演、摄影、录音、美工、服装、化装、道具等各个部门的通力合作和协调，因此激发各部门创作人员的创作热情和艺术想像力，组织和团结创作人员和技术人员共同努力，成为影片成功的决定性因素。在摄制组集体中，导演担负着指挥重任，成为集体的核心。导演在接受文学剧本后，通常是在制片主任的配合下，筹备影片的拍摄工作：组织主创人员，分析剧本，研究有关资料，确立创作意图，选外景，选演员，进行分镜头等案头工作，然后，向制片提出摄制计划，领导现场拍摄和后期制作，直至影片完成。

电影表演艺术

以演员自身为创作手段，把摄影机前的表演摄录在胶片上来塑造银幕形象，体现影片内容的艺术创作过程。在电影中是故事片艺术创作的重要组成部分。电影表演的特殊性是：1.银幕的逼真性要求表演的生活化。2.蒙太奇处理下的表演。3.镜头感趋于内向的表演。4.电影创作特点的制约。5.多种技能的特殊创作要求。电影表演有两种类型：本色表演和性格表演。对它们的评价存在着不同的见解。电影美学的多元化，电影风格样式的多样化，必然带来电影表演风格的多样化。不同片种（喜剧、闹剧、悲剧、传记、科幻、神话等）对电影表演提出了不同的要求，也产生了不同的风格：生活化的表演风格、戏剧化的表演风格、喜剧夸张的表演风格等。各种演剧理论,斯坦尼斯拉夫斯基的表演体系、布莱希特的"间离效果"、梅耶荷德的"生物机械学—有机造型术"、莱因哈特的表现主义风格等,都对电影表演产生过影响,形成不同的电影表演风格流派。

电影表演的镜头感

指电影演员在拍摄中与摄影机镜头的关系和对它的感受。镜头感还表现为演员在表演时把握各种不同镜头的一种恰到好处的分寸感。摄影机镜头有全景、中景、近景、特写等不同的景别,拍摄时有推、拉、摇、移、跟等不同的手法。这就要求演员必须熟练地适应不同的拍摄方法和技巧,自然合理地把握自身的外部形体动作的幅度与镜头的角度、距离、运动等。既要学会借视线,又要具备入画意识,即"到位"。

电影摄影艺术

以剧作为基础,以客观实体为对象,运用光学镜头、摄影机、胶片等主要技术手段,通过光学、光线、色彩、动向、构图等艺术手段的处理,在银幕上创作出可视的、运动着的造型艺术形象,称为电影摄影艺术。电影摄影艺术的发展、演变,受时代和科学技术的制约,形成两条脉络:一条是摄影艺术随摄影技术的发展而发展;另一条是电影摄影艺术随电影观众的变化而变化。两者相互促进。绘画派和纪实派成为最有代表性的两大流派。绘画派讲究画面造型的绘画性和假定性,注意借鉴传统美学原则,善于运用高超技巧,鲜明表达自己的意图;纪实派追求逼真感、纪实性,强调遵循纪实美学原则,尽可能地掩盖创作意图,试图用生活的本来面貌反映生活。两者相互影响,交错发展,又不断涌现出两种流派融合的作品。多元化造型形态的创作倾向将成为今后电影摄影艺术发展的主流。

肖像构图

指人物特写或近景镜头的画面形式构成。肖像这一名词是从传统造型艺术中借鉴而来，绘画和雕塑中肖像的概念，从形式上讲，是指人物头像、半身像甚至全身像，而电影中是指人物头部特写和近景镜头。电影肖像构图，立足于人物动态特征的表达，形式上的对称均衡与和谐是在一系列镜头中完成的。人物眼神及视线方向是构图的注意中心。影调、色彩的明暗配置以及气氛的处理应符合该场景的总体光效和真实感。有限的背景空间如溪水的闪烁、云层的变幻或者一片晶莹的黄叶，都是烘托情绪的重要因素。人物特写、近景镜头并不是"电影肖像"的全部概念，但它是构成"电影肖像"的重要组成部分，常常具有典型的涵义，是表现人物的性格特征，刻画人物心理情绪的重要表现手段。

多景别

同一镜头中，不间断的画面景别变化称为多景别。固定镜头中被摄体自身的运动会形成画面景别变化，运动镜头中由于摄影机单向或复合运动而使被摄体在全、中、近、特等不同景别交替变化完成其戏剧动作。多景别是场面调度的重要手段，它能在自然流畅的运动中构成镜头内部节奏的起伏变化，成为影片蒙太奇的组成部分。景别交替变化与画面构成的相对完整，必须服从于被摄体动作的自然、真切，尤其要注意不断变化的环境空间构成及光影、色彩的气氛渲染以达到表现剧情内容的目的。

饱和度

色的基本特征之一。某一种颜色与相同明度的消色（即黑、白、灰色）差别的程度，也称色纯度，指某一颜色的鲜艳程度。一种颜色所含彩色成分与消色成分比例越小，该色越不饱和越不鲜艳；

含彩色成分的比例越大,则颜色越饱和、越鲜艳。最饱和的色为光谱色。在拍摄电影中凡遇阴天的景物或表面结构粗糙的物质表面,以及电影漫射光照明和漫反射的情况,影像颜色的饱和度便会降低;而雨过天晴和晴空万里的情况下拍摄的景物,则色彩鲜艳、颜色饱和。

电影美术

为电影造型而进行的设计和制作的艺术创作,是电影艺术的重要组成部分,是影片创作的基础之一。由于片种和影片题材不同,电影美术在影片创作中的作用、地位、表现形式也就不同。电影美术的具体内容一是环境造型,二是人物造型。环境造型主要反映体现人物活动的空间的场景设计与制作。人物造型主要指为达到刻画人物的目的而进行的化妆和服装设计。电影美术以可见的艺术形象参与影片的造型表现,要求对环境和人物进行典型设计。由于各种先进技术尤其是各种高科技手段被利用到电影艺术创作中,使电影美术领域得到了空前拓展,在各种不同时空、环境中很难搭置的场景在现代科技面前迎刃而解,使电影美术在现代电影艺术创作中发挥着越来越重要的作用。

造型语言

艺术家用来构成视觉形象,体现创作构思的手段与技巧,即造型艺术的手段与技巧。各种造型艺术包括绘画、雕刻、建筑、舞蹈、摄影都有其自身的创作规律和独特的造型手段,从而形成了不相同的造型语言。电影艺术是综合艺术,它综合了各种造型艺术的手法和技巧,其中包括色彩、线条、光效、影调、镜头、构图、材料结构、空间处理等,形成了具有自身特点(如摄影机的运动、镜头的切换等)的综合性造型语言。电影造型语言充分利用其综合性特点,成为一种审美资源特别丰富同时极富艺术表现力的造型语言。

电影录音

电影录音是把一切声音元素变为电磁信号记录在磁带上（前期），再把磁信号变为电信号来调制光束记录在胶片上（后期）。这是当今一切录音形式中最复杂、最完善、最先进的一种录音形式。它分为磁性录音和光学录音两种类型。电影录音的声源是五花八门、包罗万象的，在影视界习惯上把它们分为三大类，即语言、效果和音乐。语言包括对白、解说、旁白、独白和人声气氛等多种形式。在录制时要掌握它们各自的特点，其中包括基本特点和艺术特点。效果是电影录音中最庞杂的声源，其中包括自然效果（表现自然环境）、动作效果（表现各种动作）、情节效果（表现各种情节）、心理效果（揭示人物心态）、鬼怪效果（人为联想的效果）五大类。音乐声源在电影录音中占有很重要的地位，一般分为有源乐声、隐匿乐声和无源乐声。电影录音根据其工艺的要求，可分为同期录音、先期录音和后期配音三种不同的方式。

电影音乐

指专门为特定影片而创作、编配的音乐。它伴随着电影产生，随电影艺术的发展而趋于成熟完善，已成为电影艺术中不可或缺的有机组成部分和一种新的音乐体裁。在无声电影时代，音乐只是电影放映时的伴奏，很少有影片由作曲家专门作曲。进入有声电影时期，音乐在电影中的表现力愈益为导演们所重视，也因此吸引了一些杰出的作曲家为电影作曲。于是，音乐便逐渐成为影片结构内部的一个重要的表现元素。音乐与画面在影片中的结合方式一般有两种，分别称作音画同步和音画对位。音画对位又可分为音画并行和音画对立两种。电影音乐在影片中以有声源和无声源两种方式出现。两种方式有着不同的艺术效果。有声源音乐往往赋予影片以真实感，可以加强影片的真实性。无声源音乐则可以对影片内容起到各种表现作用。电影音乐的风格和表现手法一般与影片的题材、体裁、样式和风格相统一。由于影片的种类不同,音乐在影片中的位置、分量和作用也不相同,且各具特色。歌曲在电影音乐中占有重要地位,一首优秀的主题歌或插曲,往往能给观众留下深刻的印象,长期流传。

声画对位

声音和画面形象分别表达不同的内容,从不同的方面说明同一涵义。这种声画结构形式,叫声画对位。声画对位是一种声画结合的蒙太奇技巧。声音和画面形象各自独立,而又互相作用,创造出一种画面和声音的交响乐式对位。声画对位的结果,产生某种它们自身原来并不具备的新的寓意。通过观众的联想,达到对比、象征、比喻等效果,给人以独特的审美享受。这个概念是前苏联导演爱森斯坦、普多夫金和亚历山大洛夫三人于1928年在《有声电影的未来(声明)》一文中首次提出的。普多夫金于1933年导演的影片《逃兵》中第一次有意识地运用了这一原则。在结尾场面中,音乐并未追随画面表现的工人斗争的受挫,而是始终处于不断引向高潮的过程之中,表现了对罢工斗争的必胜信念。音画对位有两类:声画并行、声画对立。声画并行不是具体地追随或解释画面内容,也不是与画面处于对立状态,而是以自身独特的表现方式从整体上揭示影片的思想内容和人物的情绪状态,在听觉上为观众提供更多的联想和潜台词,从而扩大影片在单位时间内的容量。声画对立是画面和声音之间在情绪、气氛、节奏以至内容等方面的相对立,使声音具有寓意性,从而深化影片的主题。德国作曲家汉·艾斯勒为纪录片《夜与雾》作曲中,当画面出现希特勒演说和敞篷车穿过满是人群的柏林街道时,用了沉重悲哀的集中营歌曲的主题音乐。许多例子都证明,声音和画面形象性质上的对立,使各自的个性色彩对比更为鲜明,从而可以辩证它们在本质上的区别。声画

对立进一步发展了蒙太奇,成为蒙太奇的重要组成部分。它使声音真正成为独立的艺术元素,在影片中发挥其独特的作用。这种技巧含蓄而富有诗意,为电影表现开拓了新的可能性。

声音蒙太奇

在时空动态中,声画匹配的声音构成方法叫做声音蒙太奇。它首先用在视觉画面的剪辑上。自有声电影问世以来,由于对声音潜在功能的不断挖掘,于是顺理成章地又出现了声音蒙太奇一说。所谓声音蒙太奇,可理解为声音的剪辑,但这只是表层意识,它的深层含意其实是声音构成。声音分为画内和画外两种。电影声音蒙太奇,就是声音、时态和空间的各种不同形态的排列和组合,可能创造出以下几种相对的时空结构关系:时间同步关系;时间非同步关系;空间同步关系;空间非同步关系;心理同步关系;心理非同步关系。

类型电影

在美国好莱坞发展起来,按照外部形式和内在观念构成的模式进行摄制和观赏的影片。这一词语主要是指叙事性电影。人们最常见的故事片类型有:西部片、爱情片、喜剧片、强盗片、侦探推理片、惊险片、动作片、音乐歌舞片、科幻片、战争片等。自20世纪初以来,类型电影在创作和观赏上形成了一整套明显的和较为固定的特征:1.创造集体神话,塑造集体英雄。2.使用分门别类的模式化形式体系、创造定型化人物。3.与作者电影和许多艺术电影不同,类型电影着重使用的是非写实主义手法。4.作为一个整体的电影史现象,类型电影不光创造和遵从模式,还破除、改变、综合模式。创作上,类型电影经过了三个时期。第一时期大约从20世纪初至第二次世界大战结束,这一时期是各种类型分化、发展、成形的时期。50年代是类型片到了高峰以后的僵化、停滞期,创作上出现了僵化、保守、陈腐的趋势。从60年代中期开始，美国出现了一批年龄在三十岁上下的青年导演，他们创作了一大批重新赋予类型片模式以生命力的影片，这一现象被笼统地称为"新好莱坞"。1967年，阿瑟·佩恩拍摄了获得极大成功的《邦尼和克莱德》，这是标志着"新好莱坞"电影确立地位和类型电影重获生命力的影片。这是一部典型的强盗片，并有丰富的社会学、心理学内容及高超、细腻而不落俗套的技巧。这以后，他和科波拉、丹尼斯·霍佩尔、斯皮尔伯格、马丁·斯科塞斯都拍过许多很成功的类型电影。此后，类型电影又进入了一个新的发展、兴盛时期。与很多理论家的预言相反，70年代以来类型电影不但没有消亡，反而仍然在发展并显出佳作迭出的态势。

黑色电影

主要出现在40～50年代的好莱坞，以大量的街道背景，表现主义的视觉风格，侦探、犯罪一类的题材和阴暗、悲观、恐惧情绪为特征的影片。这一词语是法国影评家尼诺·法兰克在1946年因受黑色小说一词的启发而创造出来。它不是指一种类型，而是指主要归属在侦探片类型中或犯罪题材下的一种影片风格。黑色电影常用的手法有：1.低调子、低角度照明、大光比的布光、非常硬朗的摄影调子；2.不稳定的构图、形状奇特的光区和线条、物体（门、窗、楼梯、金属架）常形成对人的分离和挤压；3.演员经常处在阴影中；4.经常使用摄影上的构图、角度、运动来控制场面；5.经常使用复杂的叙事时空来加强人对过去的宿命感和对未来的绝望；6.黑色电影的主人公往往是挤在警察与罪犯之间的侦探，他们不想与罪恶的世界同流合污但又处于虽愤世嫉俗但无可奈何的境地。一般认为1942年约翰·休斯顿改编并导演的侦探片《马尔他之鹰》奠定了黑色电影从视觉风格到叙事手法和主人公（亨弗莱·鲍嘉饰）形象等一系列的基本特征。50年代中期以后，黑色影片便逐渐消失。黑色影片还指法国战后一批导演以强盗生活和其他犯罪行为作为题材而拍摄的一系列影片。这其中的代表性人物是让·皮埃尔·梅尔维尔。

意识流电影

是20世纪50年代中出现、延续至今的以意识流为理解世界的主旨、以意识流为人思维的经常形式、并以意识流的方法创作的电影。意识流一词来自20世纪初的哲学和文学。最早也是最著名的作品有：伯格曼的《野草莓》、雷乃的《广岛之恋》等。可以在两个层次上理解意识流在电影创作中的作用，首先把它作为一个结构影片的方法，或是说，利用它为展现不在影片正常时间进程中出现的事件提供契机，比如人们所说的回忆场面。其次，意识流可以是一种思想方法、世界观。第二类的意识流电影当然可以被看作是"纯粹"的、正统的。这种类型很难进一步具体界定，但起码有如下几个特征：1.意识流已不仅是结构手段，而是上升为整个影片的主旨。2.影片中有时故事的现实时空与意识流中的几个时空已无法明确分辨，事件的主观色彩浓于客观色彩。3.任何风格的场面都有资格出现在意识流的段落中：荒诞的、梦幻的、错觉的、抽象的等等。4.意识流段中的几个时空在影片的前后顺序中经常错位。5.回忆、联想等都非常个人化，是细腻的个人的感觉，是别人难以捕捉或预测的东西。这一类作品中比较典型的，有瑞典的伯格曼、法国的雷乃、意大利的费里尼等人的部分作品。

主流电影

一般指反映社会主流意识形态及观念、具有稳定的票房保证，因而投资者肯投入大量资金的一类影片。其典范形式就是20世纪30～50年代的好莱坞电影。好莱坞一直保持着以巨额投资为基础的资本主义电影工业，它是西方社会主流意识形态结构中的一个组成部分，并支持着主流意识形态的持久和稳固。长期以来，好莱坞电影一直是以它娴熟的技巧、流畅的叙事模式以及非凡的商业成功占据着美国甚至世界的电影霸主地位，但是，无论它的风格、样式如何丰富多彩，它始终把自己局限于一种反映主导意识形态观念的规范之中，成为美国社会甚至是世界性的主流电影。女权主义的电影理论认为，在主流电影中，毫无例外地通过把奇观和叙事结合起来，为观众提供一种广义上的视觉色情快感，从而将他们更深地纳入男性社会秩序。随着电影技术的进步和电影观念的革命，一方面，电影生产的经济条件和环境得以改变，它现在既可以是手工方式的，也可以是资本主义的；另一方面，又唤醒了一大批电影工作者作为电影艺术家的主体创作意识，他们再也不愿意把自己的电影工作局限在一种商业的运行轨道之中，而是拍摄了一大批反社会性和极具个人风格化的非主流电影，试图动摇主流电影的霸主地位。

宽银幕电影

电影的一种呈现形态，是比较普通标准银幕更宽的电影的统称。电影银幕的规格是根据人眼的视觉习惯来确定的，普通银幕电影基本上就是遵循了这一原则。而宽银幕电影的出现正是为了更充分地尊重人眼在观赏方面的生理机能，更充分地增强艺术的表现力的结果。尤其适用于表现大自然景观、群众性和战争场面的广阔。20世纪50年代，人们采用35的胶片，通过技术手段，将画面的宽度横向扩展两倍，得到的放映画面宽高比为2.35∶1，实现了变形画面的宽银幕电影，也被称作"西尼玛斯柯普型电影"。此外还有一种"假宽电影"，通过遮挡使画面宽高比变成1.66∶1或1.85∶1的比例，被称为遮幅电影。此后又出现了用70mm的电影胶片直接摄制完成的宽银幕电影，画幅宽高比为2∶1，并进一步发展出环幕电影、球幕电影、全息电影等多种不同的形态。

电影院线

指在影片发行过程中由发行者建立的电影院组织,以及根据这些影院的构成和分布情况而采用的影片发行方式。形成院线的影院并不构成稳定的组织关系,在地理上也不一定相邻,只是在影片发行过程中与某发行者有较为稳定的业务关系。这样,在数量众多的影院和影片发行者之间便可以产生一整套简便而又经济的交易规范,影片在发行放映中便能创造更高的经济效益。国外电影业已普遍采用了近乎制度化的院线发行方式,例如全美国现有几百条院线,银幕数达25000多个,其中主要的院线有25～30个,最大的院线有1800块银幕。我国建国以来由于电影放映统一由中国电影发行放映公司管理,影片由下级发行放映公司与影院进行业务和经济联系,所以并没有产生真正意义上的院线。在提及"院线"时,往往指在影片排映中由于地理等原因而形成同期轮流使用拷贝的相对稳定经济关系的一组影院。到20世纪90年代电影业进行市场经济改革之时,在一些大城市已出现了真正意义上的院线。

汽车影院

欧美各国为驾车看电影的观众建造的露天停车电影放映场所。汽车影院是一个有围墙的梯级扇形停车场,广场前高挂银幕,观众可在车内观看电影。汽车影院是在第二次世界大战之后随着汽车交通的便利和人们居住地从人口集中的大城市向郊区分散转移的趋势应运而生的,主要面对的是广大青少年观众。近些年由于电影立体声的发展,出现了新的服务方式,即在广场内设立许多有耳机插孔的柱子,观众驾车入内,买票后每人发一个耳机,不买票者没有耳机,只能看到画面而听不到声音。

非影院放映

1.在国外多指那些在营业性的放映之后由发行者出售或由资料馆提供,为特殊的观众群体所作的放映,如慈善机构、学校、部队、饭店内部放映厅、俱乐部、火车、轮船、飞机、宗教团体或图书馆等场所为观众所作的免费放映;2.我国的"非影院放映"多指提供给部队、学校、科研机关的观摩性免费放映,即非营业性放映。有时也指包括交电视台播映的非营业性放映。其影片既有商业放映之后的商业片,也有针对不同观众群体的新闻纪录片、美术片、科教片等短片。

电影的诞生

法国的卢米埃尔兄弟研究了爱迪生发明的"电影视镜"的构造,并进行了重大改进,于1894年年底研制成功了电影放映机——"活动电影机"。1895年12月28日下午,卢米埃尔兄弟在巴黎卡普辛路14号"大咖啡馆"的地下室,第一次售票公映电影,放映了卢米埃尔《工厂的大门》(这部影片通常被当作电影史上的第一部影片)、《拆墙》、《火车到站》、《婴儿喝汤》、《水浇园丁》等影片,取得了惊人成就,从此便开始了电影风行的时代。这一天,被电影史学家们确定为电影的诞生日。

蒙太奇表现手法的出现

1900年至1901年间,英国人G·A·斯密士在拍摄《小医生》一片时,有意抛弃了使两个特写镜头合乎情理的连续出现的做法,大胆改变视点,在一群小孩围着小猫的全景之后,接着就出现了小猫的头占满整个银幕的特写。之后他又在另外的几部影片里再次使用了这一技巧。这样,G·A·斯密士就使电影完成了一个极重要的发展,使摄影机如同人的眼睛、观众的眼睛或片中主人公的眼睛一样,变成活动的东西。摄影机由此成为运动的、活跃的"生物",甚至成为"剧中人物"。导演使观众以各种方式和角度来观察世界。蒙太奇的表现手法也就在实践中诞生了。

格里菲斯的电影叙事

格里菲斯(1875~1948)在世界电影的发展中,为电影叙事形式的确立做出了巨大贡献。他在经历了从1908年到1912年期间近400部短片的创作实践后,无疑从中获得了以最小的篇幅讲述故事的能力。此后他拍摄的两部长片《一个国家的诞生》(1915)和《党同伐异》(1916),在电影叙事形式、叙事时空和叙事语言等方面的实验与探索,使电影叙事与荷马史诗、莎士比亚戏剧、狄更斯小说等传统叙事形式明显地区别开来。虽然,不同的叙事形式存在着共同的以情节作为作品不断向前推进的主要元素,但叙事形式之间却各有不同。格里菲斯电影的镜头或段落的确是沿着特定的情节走向,遵循着情节发展的因果关系而进行表现的,但有别于传统叙事的形式特征:即以电影分解时空的方式,以交替蒙太奇的剪辑技巧,以非线性的视觉结构观念,突出了作为电影叙事的自身属性。格里菲斯的电影创作以情节段落作为叙事的基础,将不同冲突元素加以并列和积累,把着眼点放在认识与发现电影时空结构的观念上,确立了以镜头作为电影时空结构最小的基本构成单位,这一原则不仅构成了我们现代电影分镜头和剪辑的基础,从而也确立了现代电影的叙事形式。

卓别林的喜剧精神

查理·卓别林作为电影史上最著名的喜剧大师,一生拍了70多部电影,其中许多成为电影艺术的不朽名作。

卓别林影片的风格特征在于它的幽默和讽刺性,这归功于卓别林所塑造的一个被中产阶级排挤出来、生活在社会底层却仍保持着中产阶级的文明、极富冲突感的绅士流浪汉夏尔洛的银幕喜剧形象。这个有血有肉、生动的银幕形象来源于卓别林深刻的人生阅历。

卓别林与许多早期喜剧明星一样，在无声电影时期，利用无声片的局限以哑剧表演的丰富经验为电影画面的造型感、视觉化作出了贡献，并且巧妙地利用了无声片非正常速度所形成的视觉效果，突出了人物动作和形态反常规化的滑稽喜剧风格。但是，卓别林与许多早期喜剧明星的不同之处在于他绝对不是一个"国王身边的小丑"，不是一个简单意义上的滑稽丑角。他是早期电影真正的制作者和探索者。他的电影叙事所依靠的并非是情节结构，故事在他的影片中不过是一个松散、淡化的框架而已，他带给电影的是富于美学化的喜剧情趣和情感的表达，是充满动作性的、富于效果的、纯视觉化的造型语言。卓别林和他的喜剧精神被20年代欧洲先锋主义纯电影的探索者们奉为"上帝"，他甚至直接影响了反叙事的立体主义电影和达达主义电影。然而，卓别林的喜剧片创作并不消极，那个夏尔洛流浪汉在给人们带来欢笑的同时，却让我们深刻体会着：个人与未卜命运之间的冲突、与社会现实的冲突、与强权政治的冲突、与现代文明的冲突、与工业化文化之间的冲突。卓别林打破了好莱坞既有的梦幻色彩，将现实生活中的残酷植入于他的电影喜剧精神之中。

欧洲20世纪20年代先锋派电影

这是电影艺术史上的第一次电影美学运动。第一次世界大战以后，欧洲电影业开始恢复。对于富有创新精神的欧洲电影艺术家们来说，电影根本就没有什么传统可言。出于对电影本性的探索和对商业电影的反抗，他们所继承的仅有格里菲斯和卓别林电影的实验精神，并逐渐形成了实验电影的概念，一些电影实验室和电影俱乐部相继诞生；一批优秀的电影艺术家和作品相继涌现；第一批重要的电影理论家和著作也同时问世。从1917年到1928年，在电影美学的探索中出现了众多的电影学派和流派：在法国，如崇尚自然追求现实真实的印象主义心理叙事；纯电影美学实验中摆脱叙事和演出的立体主义；摆脱叙事、逻辑和物理现实而创造出来的纯视觉节奏的抽象主义；寻求荒诞而无理性的达达主义；超越梦幻与现实的超现实主义。在德国，如发轫于从形式到形式"学究气"的抽象主义；真理与谬误、理性与非理性界线不清的表现主义；渗透中产阶级悲观心理的寓言式的室内剧；具有现实主义精神的新客观派的街头电影。在前苏联，富有创造性地将阶级冲突、社会性的思想内容引入电影，通过蒙太奇学派理论与实践的探索，成功地将宣传性、规劝性经由美学化了的形式给予呈现。20世纪20年代欧洲先锋派电影各具风格的美学实验和探索，构成了一个极为复杂的电影文化现象，汇集成一个空前的美学运动，对世界电影的发展产生了无可估量的影响。

有声片开始

1927年，美国影片《爵士歌王》的出现，被后来的人们确定为有声片的开始。其实，这并非是百分之百的有声片，仅在片中插入了几段道白和歌唱而已，并且声音是被记录在唱片上的。其后才有了将声带和画面印在同一胶片上的技术，而且无论是在复制或拍摄时，都可以这样做。但是在拍摄时，这种方法的不便之处远远大于它的长处，因此，为方便起见，还是把声音与画面分开制作，在完成拷贝时再合并到一起。第一部"百分之百"的有声片是1929年的《纽约之光》，这部影片充分暴露了在有声片出现的早期，声音对视觉表现力的破坏。此后不到10年的时间里，有声片得到了快速的发展。虽然当时普通影片的质量暂时有所下降，但是，第一批有声片的效果证明，这种新的形式具有巨大的艺术潜力。

彩色电影的产生

1935年,美国拍摄了世界上第一部彩色影片《浮华世界》,并由此开始了彩色影片的工业化制作。早在法国电影先驱梅里爱时代,就曾在黑白拷贝上使用手工着色的办法,获得了激动人心的"彩色画面"。这种强烈的色彩愿望,促使技术工作者进一步研究如何利用照相术的方法,在电影胶片上获得透明的彩色画面。于是经过了三原色加色法、二色减色法、染印法等彩色电影技术的不断研制,直到多层彩色胶片的出现,才为彩色影片的拍摄提供了简便的、传色性能较完善的感光材料,使色彩真正作为一个现实的表现特征进入银幕世界。但是,当时物像的色彩在多数情况下,只能起到影片的"装饰效果",并未成为影片造型有机的组成部分。直到20世纪50年代以后,随着彩色胶片性能的逐渐完善,色彩在影片中,不仅仅是一种再现客观的技术手段,而是成为表现人物情绪与心灵的视觉手段。因此,60年代以后,世界上一些国家逐渐以彩色电影代替黑白电影,同时也更强调色彩在影片中的重要性。

法国诗意现实主义电影

20世纪30年代的法国随着世界性经济危机的到来,严酷的现实不得不使人们开始注意到如何生活下去,如何在日常生活中去寻找一点乐趣和诗意。以让·雷诺阿为代表的一批艺术家,结合左拉的自然主义文学,部分地继承了法国通俗文化的传统,相继拍摄了一些反映社会形势、描写普通人生活和命运、进行社会批判的影片,史称"诗意的现实主义"时期。影片主题几乎都离不开爱情、逃亡和枪杀,表现出不可抗拒的命运对普通人的施压和折磨。"诗意的现实主义"有一种淡淡的哀愁,有浪漫抒情的特点,却不是浪漫主义的饱满向上,而是"黑色的现实主义"、"搬到平民社会现实中的悲剧模式"。诗意现实主义电影的探索更多的在社会方面,而放弃了早期先锋派的玩弄技巧,使法国电影在欧洲开创了电影表现时代精神的先河,突破了只表现上流社会人物的陋习,开拓了现实主义的创作内容。当时活跃在法国影坛上的"诗意的现实主义"的代表人物有:富有幽默喜剧精神的雷纳·克莱尔;使普通人题材复活的让·维果;描写罪犯心理的马赛尔·卡尔内;擅长揭示贵族题材的让·雷诺阿等。他们的作品兴趣各有不同,却共同创造、形成了诗意现实主义的电影流派和电影市场,至今仍被人们认为是最具有法国特色的电影流派。

意大利新现实主义电影

指第二次世界大战之后,1945年至1951年在意大利兴起的一次具有社会进步意义和艺术创新特征的电影美学运动。1942年第146期《电影》杂志中,"新现实主义"一词首次出现在影评人彼特朗吉里评论鲁奇诺·维斯康蒂的影片《沉沦》(1942)的文章中。《沉沦》与德·西卡和柴伐蒂尼合作拍摄的影片《孩儿们在注视着我们》(1942)一同被认为是战后意大利新现实主义的先驱作品。新现实主义电影起源于二战中意大利电影界的反法西斯主义的斗争,而1945年罗西里尼的《罗马,不设防城市》则被公认为是新现实主义的开山之作。短短几年,一大批优秀作品纷纷问世。如罗西里尼的《游击队》(1946)、德·西卡的《擦鞋童》(1946)和《偷自行车的人》(1948)等等。新现实主义影片的具体特点:1.注意反映本国当代社会生活,多为饥饿、妇女、失业、反法西斯等政治和社会主题;2.采取社会批判立场,注重描写普通人真实的生活际遇,以生活原貌代替虚构,以小人物代替英雄,接近诗意现实主义;3.突破戏剧化叙事、以悲剧式对抗为最基本精神,结构非线性而是扇形结构,开放式结尾,不主张对生活进行归纳、综合和提高,强调生活现象的罗列和自然主义的创作方法;4.反对好莱坞明星制度,大量运用非职业演员,避免职业演员角色类型固定化;5.拍摄方式上注重真

实感,实景拍摄,运用自然光、长镜头的摄影风格,使传统的场面调度观念消失,蒙太奇也往往被降低为次要的表现手段。"把摄影机扛到大街上去"和"还我普通人"是新现实主义运动的基本口号。意大利新现实主义鲜明的美学特征,将电影艺术现实主义的追求推向了又一个新的美学高度,对现代电影创作产生了深远影响。

法国新浪潮电影

1958年新浪潮电影诞生,14名法国青年导演第一次拍片,其中包括特吕弗的《野孩子》和夏布洛尔的《漂亮的塞尔其》。法国《快报》周刊女记者弗朗索瓦兹·吉鲁首次使用"新浪潮"一词评价这种新人辈出、打破以导演资历为基础的陋习的影坛现象。1959年是新浪潮的幸福年,特吕弗拍摄了标志新浪潮电影运动崛起的《胡作非为》、夏布罗尔拍摄了《好女人》、戈达尔拍摄了被视为新浪潮电影运动宣言书的《精疲力尽》。这一年,特吕弗的《胡作非为》荣获戛纳电影节最佳导演奖,标志着新浪潮影片获得公众承认,也使得新浪潮终成气候。1960年是新浪潮运动的顶峰年,这一年特吕弗推出《枪击钢琴师》,夏布罗尔拍摄了《双重诡计》,戈达尔拍摄了《小士兵》,这一年法国的影片的产量高达124部。从1961年起,新浪潮开始走向没落,这一年特吕弗的《20岁的爱情》和戈达尔的《她的生活》问世。新浪潮电影运动至1963年结束,大约拍了63部影片。新浪潮历时5年,大约有200多位新人拍出了他们的处女作,如同一股不可抗拒的汹涌潮流冲击而来,1962年《电影手册》杂志在特刊上正式使用了"新浪潮"一词。

新浪潮又称"电影手册派"或"作者电影",他们把巴赞推崇为精神之父,在巴赞"电影是现实的渐近线"和"场面调度理论"的影响下,新浪潮制作者们的创作更接近生活、更贴近现实,作品多以半自传体形式呈现,有人把它称为第一人称的电影。让-吕克·戈达尔曾经准确地概括这种个人自传体色彩的电影:"新浪潮的真

诚之处就在于它很好地表现了它熟悉的事物而不是蹩脚地表现它不了解的事物。"

新浪潮电影运动是世界电影史上一次十分重要的艺术电影运动,是继20年代先锋派电影运动和40年代意大利新现实主义之后,爆发的又一次对旧电影形态和老制片队伍的挑战,也是一次对传统制片方式和情节剧观念的冲击。新浪潮不仅彻底改变了法国电影的面貌,并且还极大地改变了世界电影的面貌,加速了世界电影的发展。

新好莱坞电影

20世纪60年代末到70年代中期,美国电影界涌现出一批由青年导演所拍摄的影片,统称为新好莱坞电影。在严格意义上讲,新好莱坞电影并不能称之为一种流派或者类型,而是相对于经典好莱坞电影而言的一种称谓,是对美国电影发展过程中某一历史阶段的某种现实的泛指。经典好莱坞电影兴盛于20世纪30~40年代。当时电影制片厂制度的高度完善化、电影生产的高度工业化、电影运作的高度商业化、电影形态的高度类型化,使经典好莱坞电影达到了巅峰状态。二战后,伴随着美国国内社会思潮和社会矛盾的急剧变化,过去的电影带给人们的"美国梦"在现实面前开始破灭,类型电影发展走向僵化。到了60年代末和70年代初,一大批有别于经典好莱坞电影的影片被一批年轻人拍摄出来,从而逐渐形成了以反传统、反模式、反类型和反神话的新好莱坞电影。

新好莱坞电影的代表作品有:佩恩的《邦尼和克莱德》(1967)、尼科尔斯的《毕业生》(1967)、霍佩尔的《逍遥骑士》(1969)、阿尔特曼的《陆军野战医院》(1970)、科波拉的《教父》(1971)和《教父(续集)》(1974)、卢卡斯的《美国风情录》(1973)、斯皮尔伯格的《大白鲨》(1974)、福尔曼的《飞越疯人院》(1975)、斯科塞斯的《出租汽车司机》(1975)等。新好莱坞电影以各自鲜明

的个性特征颠覆了经典好莱坞电影的类型观念并具有对美国社会的批判精神。

新德国电影

新德国电影是20世纪60年代初在西德出现的一次旨在振兴德国电影的运动。此前，西德电影的发展无论在经济上还是在艺术上都已经处于最低点，西德电影也已陷入了严重的危机。于是，1962年在奥伯豪森举行的第8届西德短片节上，26位青年电影导演、编剧和演员针对当时的西德电影状况联名发表了《奥伯豪森宣言》。他们明确宣称要"与传统电影决裂，要运用新的电影语言"并"从陈规陋习、商业伙伴和某些利益集团的羁绊中解脱出来"，以创立新的德国电影。他们表示"准备同舟共济，一起承担经济风险"，并断言"德国电影的未来在于运用国际性的电影语言"。这一电影运动一开始被称作"德国青年电影"，倡导者和领袖是克鲁格，经过多年的实践和不断的斗争以及相应的国家电影资助，由弱到强，终于动摇了传统电影的根基，成了西德电影的主流，被称为"新德国电影"。新德国电影的主要成员几乎全是30岁以下的青年电影导演。他们的影片在内容上有别于因循守旧的传统电影，敢于探讨德国黑暗的过去、揭露当今现实的矛盾和不公正的现象；在艺术风格上完全摒弃了数十年以来的陈规旧套，代之以新颖、独特的表现手法。1965到1967年，克鲁格的《向昨天告别》(1966)、沙莫尼的《狐狸禁猎期》(1966)和施隆多夫的《少年托莱斯的迷乱》(1966)等影片在一些国际电影节上获奖，使运动的声名大振，形成了第一次创作高潮。1975年，出现第二次创作高潮，法斯宾德、赫尔措格和文德斯这些在艺术上富有特色的新导演加入到运动的行列中来。他们的影片，如法斯宾德的《恐惧吞噬灵魂》(1973)和《艾菲·布里斯特》(1974)、赫尔措格的《阿吉尔，上帝的愤怒》(1972)和《人人为自己，上帝反大家》(1974)、施隆多夫的《丧失了名誉的卡

塔琳娜·布鲁姆》(1975)、文德斯的《阿丽丝在城市》(1973)和《错误的举动》(1974)等,都在国际上获得了声誉,使运动资助人产生了信心。然而,这些青年导演的影片在国内仍不受欢迎,使运动的第二次高潮迅即归于沉寂。1979年,运动再次复兴,这次是得益于法斯宾德的《玛丽娅·布劳恩的婚姻》(1978)和施隆多夫的《锡鼓》(1979)等影片在国内外获得的巨大成功,新德国电影终于摆脱了国际上得奖而国内不卖座的局面。新德国电影运动也一跃成为当代西方最重要的电影运动。自1979年以后,新德国电影仍保持着创作的势头,导演们还独立组织了德国汉堡电影节,发表了《汉堡宣言》,要求民族电影保持独立的地位,鼓励各种风格、样式自由发展。直到1982年法斯宾德的辞世被人们认为是新德国电影运动的结束。

电影传入中国

中国不仅在亚洲是最早放映电影的国家,而且在世界上也是较早传入电影的国家。1896年上半年经由香港电影传入中国内地,最早进行商业放映的地方是上海。据上海《申报》所能看到的广告,1896年8月11日上海徐园内的"又一村"放映了"西洋影戏",这是目前所知在中国放映电影的最早记载,时距电影诞生(1895年12月28日)仅半年有余。

中国电影诞生

1905年4月左右,开设在北京琉璃厂土地祠内的丰泰照相馆,老板任景丰指导其照相技师刘仲伦用一台极其原始的法国手摇摄影机和十几卷胶片拍摄了著名京剧演员谭鑫培演出的《定军山》中"请缨"、"舞刀"、"交锋"等片断,这是我国电影史上由中国人自己拍摄的第一部影片。

鸳鸯蝴蝶派电影

"鸳鸯蝴蝶派"是中国现代文学时期,一部分新文学作家对现代通俗文学作家的称呼。20世纪20年代,电影艺术进入较大规模的创作时期,影坛缺乏专门的电影创作人才,而观众对影片的需求量又与日俱增,于是一大批被称为"鸳鸯蝴蝶派"的从事通俗文艺创作的文人,进入了新文学家们尚未顾及的电影界。他们的创作题材和表现方法充满都市化、世俗化,所以他们参与编导、演出的影片往往拥有大量的小市民观众,具有很好的商业效应。鸳鸯蝴蝶派对文化市场上的信息反馈迅速,他们常将走红的文学作品改编成电影,如徐枕亚的哀情小说《玉梨魂》、顾明道的武侠小说《荒江女侠》等。鸳鸯蝴蝶派文人还善于改编外国流行小说,包天笑将法国儿童小说《苦儿流浪记》改编成悲情片《小朋友》(1925)、将日本畅销小说《野之花》改编成市民家庭伦理片《空谷兰》(1925),很受观众欢迎。其次,他们注重影片形式的花样翻新,如20年代风靡一时的古装片、神怪片和武侠片的摄制热潮,不少是出自鸳鸯蝴蝶派的参与。从1921年至1931年10年间,中国各电影公司共拍摄近650部故事片,其中大多数是由鸳鸯蝴蝶派文人参加制作的。而《影戏学》(1924)、《中国影戏大观》(1926)等中国最早的电影理论专著、史料集与为数可观的研究文章皆出自他们之手。鸳鸯蝴蝶派文人对中国电影创作领域的开拓是不应被埋没的,但他们所拍摄的影片中也有不少迎合小市民趣味的庸俗成分,是应该予以鉴别和扬弃的。

武侠电影

武侠电影是中国商业电影的重要影片类型。中国的武侠电影,犹如美国的西部片,已成为民族类型电影的标识之一。武侠电影的源头至少可以上溯到1920年商务印书馆活动影片部的影片《车中盗》,题材为义士武打,这是武侠电影的萌芽。1927年末,友联影片公司推出影片《儿女英雄》,集武侠英雄与武功打斗于一体,标志着中国武侠电影的正式诞生。20世纪20年代末和30年代初,武侠电影将海派戏曲中的"连台戏"内化为连集分目的系列影片,《火烧红莲寺》、《荒江女侠》、《红侠》、《关东大侠》等武侠片都是看好电影市场的行情而连集摄制的。武侠电影对于中国电影的商业运作积累了最初的经验。60年代初香港的"邵氏"、"电懋"等电影公司又一次掀起拍摄"新武侠片"的浪潮。胡金铨的《侠女》获1975年戛纳电影节最高综合技术奖。徐克的《蝶变》(1979)成为香港新浪潮电影的代表作。李小龙、成龙的功夫片又为中国电影进入国际市场开辟了新机。

左翼电影

左翼电影是20世纪30年代中国左翼电影工作者,在中国共产党领导下所发动的电影艺术创作潮流,也是当时中国影坛影响最大的电影艺术流派。左翼电影运动在当时中国影坛最具现代意识,改变了中国电影创作的总体面貌。《三个摩登女性》和《狂流》这两部左翼电影的开山之作,推动了中国艺术电影进入"社会写实"的新阶段。左翼电影产生了广泛的社会影响,《渔光曲》和《姊妹花》公映时,上座率创历史最高记录,前者还代表中国电影首次在国际电影节上获奖。左翼电影于1932年发轫,1933年达到高峰,被称为"左翼电影年",此后,国民党政府加剧镇压,便进入艰难时期。1935年摄制的左翼电影《风云儿女》,其插曲《义勇军进行曲》(田汉作词、聂耳作曲),在中华人民共和国成立后,被定为国歌。1936年后,左翼电影以创作"国防电影"的方式继续发展。

国防电影

"国防电影"最初是电影界左翼人士在抗战爆发前夕所提出的电影创作口号,旨在发起电影界"一个最大限度的动员文艺上的一切救亡力量的运动"。1936年至1937年,以改组后的"明星"、"联华"以及"新华"影片公司为基本阵地,掀起国防电影的创作潮流。从当时电影创作的总体面貌看,有的国防电影直接将抵抗外来侵略的斗争作为创作题材,尤其是费穆执导的《狼山喋血记》(1936),被誉为国防电影的范例。另一类则注重于社会现实和重大历史题材的描绘,而将抗战和御侮救亡作为其社会背景,如明星公司的4部优秀电影《生死同心》、《压岁钱》、《十字街头》、《马路天使》便属于这一类。这些影片公映后轰动影坛,更深层次地激发起国人对社会现实的反思和抗敌图存的热情。

"孤岛"电影

"孤岛"时期是上海在抗战前期所处的一个特殊的历史阶段,它起自1937年11月中国守军撤离上海,止于1941年12月8日太平洋战争爆发日军进入租界。在这4年零一个月的时间内,上海处于日军包围中的租界区犹如孤岛,故有此称。"孤岛"电影是在30年代末所掀起的又一次中国商业片制作热潮。这一次商业片的畸型繁荣是由于当时上海租界处于战火围困和难民大量涌入的非常环境和特殊社会心态造成的。仅4年的时间,上海"孤岛"成立了20多家电影公司,拍摄了250余部故事片。在商业片畸型繁荣的环境中,一些严肃的电影艺术家仍坚持高格调、高品位的艺术电影的创作,如费穆编导的《孔夫子》(1940)、《花溅泪》(1941)等,万氏兄弟制作的动画片《铁扇公主》(1941)、《复活》(1941)等艺术片,给当时上海影坛吹来一股清新之风。有些商业电影,如《木兰从军》(1939)、《岳飞精忠报国》(1940)等,也因其爱国主义倾向而受到欢迎。日军占领上海全境后,沦陷区上海的电影业先后被日伪所控制和兼并。

延安电影团

延安电影团是中国共产党革命根据地的电影机构,全称"八路军总政治部电影团"。1938年8月,袁牧之、吴印咸携带从香港购买的全套16mm电影器材、近万米胶片和荷兰著名电影艺术家伊文思所赠的埃摩35mm摄影机、数千尺胶片到达延安。同年9月,"八路军总政治部电影团"成立,后习称"延安电影团",为中国共产党最早的制片、放映机构。团长由谭政担任,最初成员有袁牧之、吴印咸、徐肖冰等人,后来曾数次扩大队伍。延安电影团有一个摄影队和一个放映队。从1938年秋开始,电影团以两台手提摄影机和简陋的设备摄制了《延安与八路军》(1939)等新闻纪录片和《白求恩大夫》(1939)等新闻素材;拍摄出数以万计的反映陕甘宁边区和延安的政治、军事、经济、社会、文化等各方面活动的照片;巡回放映了十几部前苏联早期优秀故事片。延安电影团所摄制的纪录片,质朴、淳真、粗犷,风格上自成一派,在镜头语言上对新中国早期电影如《中华儿女》、《白毛女》、《南征北战》等优秀影片有着深刻的影响。延安电影团的成员也成为新中国电影的开拓者。

私营电影

全国解放后,新政权除成立了"东影"、"北影"、"上影"等国营电影制片厂外,还保留了旧中国遗留下来的一些私营电影制片企业,其中大多集中在上海。政府对私营电影企业采取了积极引导与具体帮助的政策措施,私营电影企业也为新中国初期电影事业的发展增添了积极力量。自1949至1952年3年多时间内共拍摄了54部影片,其中不乏优秀之作,如"文华"的《我这一辈子》(1950)、《姐姐妹妹站起来》(1951)、《关连长》(1951),"昆仑"的《武训传》(1950~1951)等。在1951年批判《武训传》的政治运动中,受到严厉批判的影片多是私营厂出品的作品,如《关连长》、《我们夫妇之间》等，再加上资金匮乏，私营电影业显然难以为继。1951年，文化部在北京召集各私营影业公司负责人共同协商，决定将全部私营电影业转为公有制。同年，"长江"、"昆仑"两公司首先合并为公私合营的"长江昆仑联合电影制片厂"。1952年，又以该厂为基础，联合各私营影业公司，成立了国营的"上海联合电影制片厂"。1953年，该厂并入上海电影制片厂，结束了我国私营电影的历史。

"样板戏电影"

"样板戏电影"是"文化大革命"期间拍摄的舞台艺术片。所谓"样板戏"，是指在1964年7月举行的全国京剧现代戏观摩大会演出的优秀剧目《红灯记》、《沙家浜》、《智取威虎山》、《奇袭白虎团》、《海港》及革命芭蕾舞剧《红色娘子军》、《白毛女》、交响乐《沙家浜》等8个保留节目。"文革"中江青不惜动用异乎寻常的政治权力和组织手段，把持"样板戏"影片的拍摄。从1970年至1974年，共拍摄了《智取威虎山》(1970)、《红灯记》(1970)、《沙家浜》(1971)、《红色娘子军》(1971)、《奇袭白虎团》(1972)、《海港》(1972)、《龙江颂》(1972)、《白毛女》(1972)、《杜鹃山》(1974)、《平原作战》(1974)等10部舞台纪录片。在摄制工作中，江青一伙虽强令创作人员遵循她所炮制的所谓"三突出"的规则，但电影工作者在当时极其险恶的政治环境中，仍坚持按照艺术规律进行探索和创新，使这些电影作品瑕瑜并存，呈现复杂的创作面貌。

香港电影

香港是中国最早传入电影的都市。在香港，产生了中国的第一位导演(梁少坡)和第一位女演员(严珊珊)，也诞生了中国最早的一批电影院。号称"香港电影之父"的黎民伟以及香港早期四大导演，为初创期的香港电影做出了突出的贡献。日占时期，香港电影一度沉寂。抗战胜利后，由大陆电影事业家创办的"大中华"、"永

华"等影业公司于40年代下半叶在香港拍摄了《风雪夜归人》（1947）、《国魂》（1948）、《清宫秘史》（1948）等一批力作；50~60年代，处于社会转型期的香港影坛由三类制片机构组成：作为跨国公司的邵氏机构、电懋公司和深受大陆电影传统影响的"长城"、"凤凰"、"新联"影业公司；以电影事业家黄卓汉的"岭光"、吴楚帆的"中联"为代表的独立制作的中、小型电影公司，形成既有垄断、又有自由竞争的态势。被誉为"香港现代电影之父"的朱石麟将市民品格的家庭伦理剧与知识分子式的温馨喜剧相结合，创作了纪实风格的《误佳期》（1951）、"住房三部曲"（《一板之隔》、《水火之间》、《乔迁之喜》，1952~1956）和《新寡》（1956）等优秀作品；另一位电影艺术家李翰祥创作了黄梅调电影《貂蝉》（1958）、《江山美人》（1959）。70年代，香港已成为国际金融中心和世界最大的自由贸易港。邵氏兄弟机构、嘉禾电影有限公司、第一影业机构有限公司、新艺城影业公司等四大电影企业全面推行现代电影体制；1977年，香港市政局开始主办一年一度的香港国际电影节，香港电影便进入一个国际化的电影文化体制和市场机制中。60、70年代之交，张彻、胡金铨等运用现代电影语言和现代都市精神全面改造在港台和海外电影市场最有影响的传统武侠电影，掀起"新武侠电影"浪潮，王羽、狄龙、蒋大伟等人成为名噪一时的"武侠小生"。而生于美国的李小龙在香港拍摄了弘扬民族精神的《精武门》（1972）、《猛龙过江》（1972）等拳脚功夫片，在世界影坛刮起了"李小龙飓风"，使香港主流电影走向了世界。后继之人成龙、洪金宝、袁和平的"功夫喜剧"、吴思远的"社会片"、许冠文兄弟的市民喜剧将70年代香港类型电影的制作推向了高潮。

台湾乡土电影

台湾由于长期处于日本的殖民统治下，电影事业起步较晚。战后，台湾光复。40年代末，国民党政权迁台。50年代初，三大官方制片机构中国电影制片厂、台湾制片厂和由农业教育电影公司改组成立的中央电影企业股份有限公司开始拍片，形成"公营制片为主"的结构。1963年，原台语片青年导演李行拍摄了国语片《街头巷尾》，以平实本色的电影语言展现了充满乡土气息的台湾普通人家逼真的生活画面和小人物间朴素真挚的感情，令人耳目一新。接着，他又以相同风格拍摄了一系列作品，如《蚵女》(1963)、《养鸭人家》(1964)、《路》(1967)、《汪洋中的一条船》(1978)、《小城故事》(1979)、《早安台北》(1979)等，奠定了"乡土电影"的创作基础。同时期，留学意大利的白景瑞拍摄的《家在台北》(1970)、《再见阿郎》(1971)等片，也是乡土电影的力作。此外，丁善玺、李嘉、宋存寿等也在60～70年代拍摄过与乡土电影风格近似的作品。乡土电影不仅是真正意义上的台湾艺术电影创作的开始，而且，它将中华民族固有的文化和伦理道德精神、台湾的乡土文化、东方艺术隽永的意境神韵和现代的电影语言融为一体，创造出一种台湾电影独有的电影形态和总体风格。80年代初，秉承乡土电影创作精神的青年一代导演侯孝贤、王童等革新了台湾电影的艺术语言，揭开了台湾电影新的一幕。

中国大陆电影的"五代导演"

所谓大陆电影"五代导演"的提法，并不是电影理论家经过周密的研究提出来的，而是约定俗成的提法，目前已被国内外相当一部分研究中国电影的学者所采用。具体地说，一般认为中国电影的拓荒者如郑正秋、张石川等为第一代导演，他们活跃于20～30年代无声片时期。第二代导演是第一代的学生辈，代表人物如蔡楚生、孙瑜、吴永刚、费穆等，他们活跃于30～40年代有声片时期。第三代导演又是第二代的学生辈，他们最辉煌的时期是50～60年代，如郑君里、谢晋、水华、成荫、崔嵬、凌子风等。以上三代导演都是制片厂时代的电影艺术家。第四代导演大多在"文革"前的北京电影学院入学(包括上海电影学校毕业生),直到"四人帮"垮台后的70年代末80年代初,才有了独立拍片的机会,显示出他们的艺术才能,如谢飞、郑洞天、张暖忻、黄蜀芹、黄健中、吴贻弓、丁荫楠、滕文骥、吴天明等人。

第五代导演陈凯歌、张艺谋、田壮壮、吴子牛、黄建新等人则是第四代的学生辈,大多于1982年毕业于北京电影学院(包括其后的进修班),毕业后很快有了独立拍片和展示他们才华的机会。第四、第五代导演又被称为"学院派"导演。在新时期头10年中,老(二、三代)中(第四代)青(第五代)几代导演同时活跃在电影创作第一线,各自发挥着自己的特长与优势。80年代中叶,以第五代导演为主体的中国新电影运动变革着中国的电影语言,使中国电影走向了世界。第一部第五代电影是《一个和八个》(1984)。而《黄土地》(1984)、《猎场扎撒》(1985)、《黑炮事件》(1985)、《盗马贼》(1986)、《孩子王》(1987)、《红高粱》(1987)、《晚钟》(1988)等是第五代电影高峰期的代表作。1988年后,第五代导演在艺术上开始分流。除上述导演外,周晓文、夏刚注重于城市电影的创作;宁瀛、韩刚追求电影日常化、纪实化;张建亚拍摄新海派电影;何平讲述着边陲的传奇故事;李少红和刘苗苗描绘着女性与儿童的心灵世界。因此,随着艺术创作实践的发展和学术理论研讨的展开,用"代"的划分来概括艺术观念和艺术风格的递进与差异,其科学性越来越受到质疑。

香港电影新浪潮

一批出身于电视圈的香港青年导演运用新的电影语言与技巧,于20世纪70、80年代之交创作了为数可观的新商业片,给香港影坛吹来一股强劲的电影革新之风,有人把这一类电影称之为"香港电影新浪潮"或"香港新电影"。1978年青年导演严浩的电影《茄喱啡》的公映成为"香港电影新浪潮"揭幕之作,继而徐克的《蝶变》、许鞍华的《疯劫》和章国明的《点指兵兵》起而呼应。1980

年,徐克的《地狱之门》和《第一类型危险》、许鞍华的《撞到正》、严浩的《夜车》、于仁泰的《救世者》接踵而起,"香港电影新浪潮"遂成汹涌之势。1981年,香港新浪潮电影的主将纷纷为各大影片公司拍摄娱乐片,香港电影新浪潮便与主流电影合流。香港电影新浪潮的电影艺术家往往追求商业上的成功,其作品讲究可看性、娱乐性,而并不太关注社会与文化的内涵。在电影语言的创新上,他们讲究快速剪接与特技效应等"电影技术上的提升",风格浓艳与香港商业化的文化氛围相一致。80年代中叶,在香港,"电影新浪潮"的提法已不多见,但新起的导演,如关锦鹏、王家卫、张婉婷、罗卓瑶等仍在进行卓有成效的艺术创新,而大陆的第五代导演也在和香港电影界联手从事新的电影创作。

台湾新电影

"台湾新电影"是指20世纪80年代台湾青年电影艺术家的电影革新运动。当时,台湾政治上的改良、经济上的"起飞"以及文化上的开放,已造就了台湾社会的新生代。自战后成长起来的这一代人大都生长于台湾,接受系统的文化教育和专业培养,有的还曾在发达的西方国家留学。在他们身上,中华民族几千年悠久的历史传统、台湾本土特有的地域文化特质、西方社会现代的价值观念互相撞击与融会,积淀为一种厚实却又充满活力的新的文化精神,而台湾新电影便是台湾战后一代新的文化精神的形象体现。研究者普遍认为,台湾新电影作为一种艺术运动,是从1982年8月四位台湾电影界新导演合作导演的影片《光阴的故事》开始的,其代表人物有杨德昌、侯孝贤、柯一正、陶德辰、张毅、王童等。他们以中央电影企业有限公司为大本营,以独立制片的香港新艺城台湾分公司等为阵地。其主要作品有《光阴的故事》(1982)、《海滩的一天》(1983)、《风柜来的人》(1983)、《小毕的故事》(1983)、《搭错车》(1983)、《油麻菜籽》(1984)、《玉卿嫂》(1984)、《冬冬的假期》

(1984)、《童年往事》(1985)、《青梅竹马》(1985)、《我这样过了一生》(1985)、《恐怖分子》(1986)、《恋恋风尘》(1986)、《悲情城市》(1989)等。在上述作品中,颇具文学性的乡土题材与充分电影化的长镜头和深焦距的镜语体系有机融合,总体风格呈现一种南方电影特有的隽永的韵味。台湾新电影一直在艺术与商业的夹缝中艰难地迈步,艺术上的实验性质导致票房价值的日益低落。

"主旋律电影"

1987年3月在广电部电影局召开的全国故事片厂厂长会议上,针对当时电影市场和社会思潮出现的新的矛盾和挑战以及急剧兴起的"娱乐片"大潮,为了坚持全面贯彻"二为"方向和"双百"方针,在创作指导思想上提出了"突出主旋律,坚持多样化"的口号,推动了革命历史题材影片和讴歌改革开放、现代化建设、塑造社会主义新人形象的现实题材影片的创作,涌现出如《开国大典》、《焦裕禄》等优秀影片。1994年1月在党中央召开的全国宣传思想工作会议上,江泽民总书记对"主旋律"内涵作了全面的科学的概括,并且明确指出:"弘扬主旋律,使我们的精神产品符合人民的利益,促进社会的进步,不断满足人民群众的日益增长的精神文化需求,这是发展宣传文化事业,繁荣社会主义文化市场的主题"。电影界实施的"精品工程"把"主旋律"电影的发展推向了新的高峰。

格里菲斯与《一个国家的诞生》

D·W·格里菲斯(1875~1948),美国电影导演。生于肯塔基州格拉兰基。他在艺术实践过程中,形成了一套较为完美的电影叙事语言,使电影的基本构成单位由场景进行到镜头,极大地丰富了电影的表现力,使电影摆脱了戏剧附庸的地位,真正成为一门独立的艺术。他对电影划时代的贡献,集中体现在《一个国家的诞生》

(1915)和《党同伐异》(1916)两部巨片中。但前者获得巨大成功,后者却遭票房惨败,于是他从此一蹶不振。若论艺术成就,后者更高于前者,被公认为世界电影史上最早的一部经典作品。两部影片曾分别入选1952年英国《画面与音响》杂志评出的10部世界电影杰作、1958年布鲁塞尔国际博览会评选的"世界电影十二佳片"。他是世界公认的电影艺术奠基人。

《一个国家的诞生》 19世纪中期,美国南北战争前夕,主张废奴的北方议员斯通曼的两个儿子菲尔和托德来到南方庄园主卡麦伦之子本杰明家做客,他们是读寄宿学校时的好朋友。菲尔对本杰明的妹妹玛格丽特一见钟情,本杰明看到菲尔的妹妹爱尔茜的照片后也萌生爱意。内战爆发,本杰明当上南方陆军上校,菲尔则是北军上尉。战斗中,身负重伤的本杰明成了菲尔的俘虏。本杰明在住院时与参加救护工作的爱尔茜互生爱慕之情。爱尔茜向林肯总统求情,本杰明得到赦免,回到故乡。战后,随着林肯被刺,南方建立起了黑人恐怖组织。卡麦伦的小女儿弗罗兰因反抗黑人格斯的强暴而跳崖身亡。本杰明愤而组织"三K党",发誓以牙还牙。斯通曼的亲信林奇支持黑人暴徒,追捕"三K党"人。林奇向爱尔茜求婚遭拒,恼羞成怒,拘押斯通曼和爱尔茜。本杰明率领"三K党"大队人马杀进林奇的大本营,杀死格斯,生擒林奇,救出了斯通曼一家。南方重又回到往日幸福安宁的田园般生活。本杰明与爱尔茜、菲尔与玛格丽特有情人终成眷属。《一个国家的诞生》就主题而言,具有浓烈的种族主义色彩和悲观主义思想。影片在某种程度上暴露了自幼生长在美国南方的格里菲斯所具有的思想感情的局限和种族主义偏见。此后,格里菲斯拍摄了规模更加宏大的影片《党同伐异》,并将他在《一个国家的诞生》中没有表达清楚的观点和信息作了进一步的延伸和发挥,突出了从古至今各民族之间所以出现流血、杀戮和战争,都是出于仇恨和偏见的这一主题。在影片《一个国家的诞生》中,格里菲斯在艺术形式上用细节的真实取

代历史的真实,用紧张的情绪冲击来模糊观众清晰的理智,取得很大的成功。影片以明晰而富有章法的叙事结构和张弛有度的节奏,气势恢宏地表现了南北战争这一时代的巨变。格里菲斯大量采用移动摄影,增强了镜头的节奏感;他那具有推动情节、制造气氛和反映心理活动等功能的剪辑技巧更是把"蒙太奇"手法推向成熟。《一个国家的诞生》是世界电影艺术史上一部具有划时代意义的作品,它标志着美国电影工业的发展和电影创作中心从欧洲移向美国、好莱坞统治世界影坛的开始。本片在1929年美国全国电影评议会评选的1909年以来4部"最伟大的影片"中名列第一;1962年美国西雅图世界博览会评选14部"最伟大的美国影片"中再次名列第一;1978年巴西《标题》杂志刊登100部"最佳影片"中名列第65位。

卓别林与《淘金记》

查理·卓别林(1889~1977),英国电影演员、导演、剧作家、作曲家、制片人。生于英国伦敦的一个艺人家庭。20世纪20年代是卓别林创作达到完善的时期。那个时期他对作品的精雕细琢几乎达到苛求的程度,《淘金记》(1925)、《大马戏团》(1928)、《城市之光》(1931)之所以成为电影史上的精品,都与他的苛求有关。但是有声片的出现给这位默片大师带来了无法解决的难题。他在有声片出现后顽固地拒绝使用有声对白。《城市之光》中他有限地使用一些环境音响和拟人语的滑稽音响效果。直到1936年,他才在《摩登时代》中有节制地使用声音。这部影片,以及4年后拍摄的《大独裁者》(1940),简直好像是卓别林的政治宣言,尤其显示出他可敬的勇气。第二次世界大战后,他的创作发生转折。他自编自导的《凡尔杜先生》(1947)和《舞台生涯》(1952)标志了这一转折。影片主角不再是流浪汉,而是市民、艺术家。但是他们是流浪汉形象的继承和发展,他们同流浪汉一样都是社会的边缘人,都是他探索现

代人的社会心理的载体。1972年,他重返离别整整20年的美国,接受"奥斯卡"终身荣誉奖。他最不朽的艺术贡献,是在银幕上塑造了一个名叫查利的流浪汉的形象。这个流浪汉基本上是失业者,即使有职业,也给人一种干不长的印象。所以卓别林影片中的主角大多在找工作。流浪汉的形象塑造是写实和理想的奇妙结合,透出温馨的诗意和慰藉人心的希望。

《淘金记》 1898年,单身汉夏尔洛去阿拉斯加淘金,一场暴风雪,将他和另一个采矿人吉姆卷进了逃犯拉森的小木屋。吉姆制服了拉森,与夏尔洛结成好友。拉森出去觅食,夏尔洛饿得煮自己的皮鞋吃,而同样饥饿的吉姆竟产生了夏尔洛是活鸡的幻觉。暴风雪停了,吉姆和夏尔洛打死一头熊,饱餐一顿后两人各奔前程。吉姆找到了金矿,却与拉森争斗起来。拉森打昏吉姆,装满金块下山时,遇上雪崩送了命。夏尔洛独自来到蒙特卡罗舞场,爱上了舞女乔治亚。夏尔洛找到一份工作,帮助找矿人料理家务。除夕之夜,夏尔洛设宴招待乔治亚。乔治亚却在舞厅忙于应付客人而失约。夏尔洛用两把叉子叉起两只梭子形的面包,算是舞女的两只脚,在桌上跳起舞来。第二天,夏尔洛来舞场找乔治亚,却遇上失去记忆的吉姆。吉姆看到夏洛尔后突然恢复了记忆,遂一起去找那个金矿。他们历经波折终于找到金矿,成为百万富翁。在回美国的轮船上,夏尔洛穿上来时的服装让记者拍照,不慎跌到三等舱甲板上,与同船的乔治亚意外相逢,两人热烈接吻。在影片《淘金记》中,卓别林塑造的夏尔洛形象不止一次地出现在他的不同题材影片中,但本片却是卓别林在无声电影时代摄制的许多杰作中最完美的一部。卓别林常把尊严作为喜剧的主题。他扮演的夏尔洛是一个极力想装作绅士模样的流浪汉,他那种可笑的装腔作势和他要求人的尊严的权利并不矛盾,而这种权利的取得对于那些卑鄙的尊贵人物与警察、银行家、狱吏之类,恰是一种嘲讽。作为一名人道主义者,卓别林通过对小人物的塑造,倾注和表露了自己对生活、对社会的

爱憎感情和鲜明态度。由于卓别林天才的表演才能,他的影片的蒙太奇是很原始的,大部分场面都用全景拍摄,人工照明和移动摄影在他的影片中很少采用。本片中"面包舞"和"吃皮鞋、变活鸡"这两场戏是具有隐喻意义的精彩之作。卓别林前后花了20余年时间发掘夏尔洛形象,共拍了近70部夏尔洛喜剧系列片。

爱森斯坦与《战舰波将金号》

谢尔盖·米哈依洛维契·爱森斯坦(1898～1948),前苏联电影导演。出生于拉脱维亚里加的一个犹太建筑师家庭。1925年拍摄投身影坛的第一部长片《罢工》,运用杂耍蒙太奇理论,创造出强烈的视觉效果,从而一举成名。同年,他为纪念十月革命而拍摄的《战舰波将金号》,对蒙太奇的运用达到了相当完美的境界。其中"敖德萨阶梯"场面和"石狮怒吼"隐喻镜头,成了历来电影史论著作一再援引的经典性例子。在《十月》(1927)和《总路线》(1926～1928)中,他对蒙太奇理论又进行了新的探索。1938年摄制的《亚历山大·涅夫斯基》,是他运作"对位法"获得灿烂成果的作品。这部长音阶交响乐式的作品极端讲究技巧上的精致,以至于有时反而遗忘了人物和剧情。上述两片和两集片《伊凡雷帝》(1944～1946),均为他在莫斯科前苏联国立电影学院导演系任教期间摄制,集中体现了他对电影语言发展做出的巨大贡献。

《战舰波将金号》 以1905年的俄国革命为背景,描写战舰波将金号上的水兵们不堪沙皇的专制统治和军官们的虐待,在瓦库林楚克的率领下举行起义,占领军舰。瓦库林楚克在起义中壮烈牺牲。市民在长长的敖德萨阶梯上悼念死难烈士。沙皇派出大批军队对手无寸铁的人民进行了惨无人道的屠杀,敖德萨阶梯成为人间地狱。波将金号战舰开炮还击反动军队。入夜,波将金号战舰驶过拒绝开炮镇压同胞的黑海舰队,驶向公海。影片在世界电影史上第一次把革命的人民作为主人公搬上银幕,以崭新的艺术语言创造,使电影成为富有思想性的真正的艺术。本片代表了蒙太奇电影的最高成就,受到各国人民和电影家们的交口赞誉,被公认为经典巨作而在电影艺术史上占据显赫地位。影片对蒙太奇的创造和运用达到了完美的境界。导演以快慢交错的蒙太奇节奏组合成全片交响曲般的结构,各个段落犹如交响曲的各个乐章,从一个节奏转入另一个节奏,起伏跌宕,错落有致,具有古典悲剧般的崇高。影片在蒙太奇隐喻方面也创造了前所未有的成果,随舰军医的夹鼻眼镜,三个不同姿态的石狮镜头都给观众留下难以磨灭的印象。影片的高潮、最著名的"敖德萨阶梯"一段中,蒙太奇的功能和魅力得到了淋漓尽致的发挥。本片于1952年在比利时由63位世界著名导演评选的"世界电影十二佳作"中排名第一;1958年在比利时布鲁塞尔由26个国家的117位电影史学家评选为"世界电影12部佳作"的第一名;在英国《画面与音响》杂志关于"世界电影十大佳作"的评选中,本片于1952年名列第四,于1962年名列第六,于1972年名列第三,于1982年名列第六。

普多夫金与《母亲》

甫谢沃洛德·伊拉里昂诺维契·普多夫金(1893~1953),前苏联电影导演和演员,蒙太奇理论的创始者之一。于1925年导演了第一部大型影片《母亲》。此片是继《战舰波将金号》之后对电影语言的又一次重大革新,其中"涅瓦河解冻"喻意段落成为联想蒙太奇的重要依据。影片在世界各国上映时受到高度评价,入选1958年布鲁塞尔国际博览会评出的"世界电影十二佳作"。他的《圣彼得堡的末日》(1927)和《成吉思汗的后代》(1929)两部重要作品贯彻了他的叙事原则。他的创作特点是表现手段丰实,目的明确、风格严谨、手法简练、节奏抑扬顿挫、特别注重表演,从而确立了斯坦尼斯拉夫斯基表演体系和银幕形象塑造的有机结合。导演的主要作品还有:《普通事件》(1932)、《逃兵》(1933)、《胜利》(1938)、

《米宁与波扎尔斯基》(1939)、《苏维埃电影二十年》(1940，与人合拍)、《苏沃洛夫大元帅》(1941)、《海军上将纳希莫夫》(1947)、《俄罗斯航空之父茹科夫斯基》(1951)、《瓦西里·波尔特尼科夫的归来》(1953)。参加表演的主要作品有：《母亲》、《俄罗斯人》和《伊凡雷帝》。

《母亲》 沙皇的专制统治使工人们在贫困线上挣扎，愚昧的工人往往借酗酒斗殴、打骂妻子来发泄心头的无名怒火。尼洛夫娜经常遭受工人丈夫的羞辱。丈夫死后，儿子巴维尔走上了工人运动的道路，母亲尼洛夫娜为之担心。在儿子和他的同志们的影响下，逆来顺受的母亲终于觉悟起来，投身革命洪流。在一次"五一"大游行时，工人们遭到了残酷镇压，巴维尔牺牲。母亲前仆后继，从倒下的儿子手里接过红旗，高喊着冲向刽子手们。该片站在革命史诗的高度，在以诗意的手法概括地表现时代氛围和革命群众的同时，深刻地描写了人物的个性，通过个人命运表现一代人民的命运。影片成功地展现了母亲这一典型形象的完整的性格发展过程，创下了早期电影史塑造人物的典范。本片是不同于爱森斯坦风格的前苏联蒙太奇电影的又一代表巨作。它的蒙太奇运用紧凑有力，富于音乐性，拍摄角度和细节处理独具匠心。影片运用了大量的隐喻手法，既丰富了表现手段，又获得了巨大的感染力。工人游行时流水的隐喻镜头已成为电影史上的经典段落。影片摄影借鉴现实主义古典绘画传统，严谨而生动，许多镜头富于寓意。本片把斯坦尼斯拉夫斯基表演体系成功地引入电影表演，两位主要演员的表演是"体验艺术"的原则同银幕特殊规律结合起来的典范。本片是前苏联及世界电影的杰作之一，1958年，在比利时布鲁塞尔由26个国家117位电影史家评选出的"世界电影十二佳作"中，本片名列第8位。

雷诺阿与《游戏规则》

让·雷诺阿(1894～1979)，法国电影导演，印象派画家奥古斯特雷·雷诺阿之子。雷诺阿是法国诗意现实主义的象征。他导演的第一部影片是1924年的《水上姑娘》。他在电影创作初期，将注意力集中到下层人民身上，并寄予深切的同情。如《娜娜》(1926)、《卖火柴的小姑娘》(1928)、《托尼》(1935)、《底层》(1936)等。此后，雷诺阿拍摄出了他的两部最杰出的作品：反对战争、宣扬人道主义精神的《大幻灭》(1937)和揭露上流社会醉生梦死的《游戏规则》(1939)。前者入选1958年布鲁塞尔国际博览会"世界电影十二佳作"，后者被认为是雷诺阿光辉的顶点、法国最好的电影。他的作品具有鲜明的现实主义特征，他对景深镜头的系统运用具有重大的创新意义，被奉为电影美学经典。

《游戏规则》 以20世纪30年代的法国为背景，深刻地揭示了以谎言作为生存准则的上流社会的丑陋。罗贝尔侯爵在庄园里举行宴会，欢迎刚创下一项飞越大西洋纪录的飞行员安德烈。在应邀前来的男女宾客和模仿主人的仆人之间，发生了一幕幕丑剧、闹剧。安德烈早已爱上侯爵夫人克莉斯汀娜；而侯爵和贵妇人热纳维耶芙又早有私情被克莉斯汀娜偶然发现；庄园的猎场看守舒马歇因差人马尔索勾引自己的妻子丽赛特而与他满屋追杀；侯爵又与安德烈大打出手：刚向安德烈表示了爱慕之情的克莉斯汀娜转而却对义兄奥克达夫吐露爱情；克莉斯汀娜披着丽赛特的披风被舒马歇错认为是妻子丽赛特在与奥克达夫偷情；奥克达夫决定与克莉斯汀娜私奔；丽赛特的劝说使奥克达夫决定让安德烈带克莉斯汀娜离走；安德烈跑向花房去见克莉斯汀娜；舒马歇举枪误杀了安德烈；侯爵却向众人声称忠于职守的舒马歇以为有人偷猎而误杀了安德烈。影片人物众多、人物关系复杂，叙事以主人和仆人平行和对比的两条线精心结构而成，展现出侯爵庄园这个异化社会里的种种闹剧和悲剧。上流社会，包括他们身边的仆人假绅士们都是重仪表轻真诚的人，雷诺阿将他们描绘成：是一个死亡社会的死亡价值，其必然会走向灭亡。《游戏规则》被公认为是雷诺阿生平创作中最完美的影片。它表现了第二次世界大战爆发前夕惶恐不安的人心,无论从表现风格还是主题来说,都是一部反映一个时代的杰作。影片融喜剧与悲剧于一炉,既有事先的精细构思,又有许多拍摄过程中的即兴发挥。它深刻揭露了那个残忍的、非人性的、异化的资本主义社会,流露出创作者深沉绝望的悲哀。本片集中体现了雷诺阿在组织镜头运动方面的非凡才华,他让同一个景深镜头的前景和后景同时展开平行的动作,造成戏剧性的对照,给观众以多义的选择。影片在长镜头、景深镜头、蒙太奇和画面隐喻上都有经典性的创造。

1941年雷诺阿移居美国为好莱坞拍了6部影片。1951年回到法国,拍摄的优秀作品有《法国康康舞》(1955)、《被捉住的军士》(1962)等。主要作品还有:《查尔斯顿》(1927)、《马尔基泰》(1927)、《游手好闲的人》(1929)、《穷乡僻壤》(1929)、《堕胎》(1931)、《娼妇》(1931)、《十字街头之夜》(1932)、《被救出水的布杜》(1932)、《肖塔尔公司》(1933)、《包法利夫人》(1933)、《兰基先生的犯罪》(1935)、《乡村一角》(1936)、《马赛曲》(1937)、《衣冠禽兽》(1938)、《沼泽地》(1941)、《吾土吾民》(1943)、《向法国致敬》(1944)、《南方人》(1945)、《女仆日记》(1946)、《海滩女郎》(1947)、《大河》(1951)、《金马车》(1952)、《艾伦娜和男人们》(1956)、《草地上的午餐》(1959)、《让·雷诺阿的小戏剧》(1969,电视片)。

约翰·福特与《关山飞渡》

约翰·福特(1885~1973),美国电影导演。生于缅因州伊丽莎白角一个爱尔兰移民家庭。至1966年共拍摄了140多部影片,共获得6次奥斯卡奖,其中4部是故事片:《告密者》(1935)、《关山飞渡》(1939)、《愤怒的葡萄》(1940)、《沉默的人》(1952);两部是纪录片:《中途岛战役》(1942)和《十二月七日》(1943)。福特的创作最能体现勇敢开拓的美国精神,他曾被誉为美国最伟大的电影导演。

《关山飞渡》 1885年夏季某一天,一辆载着9个人的驿车离开亚利桑那州的通特市,前往新墨西哥州罗特斯堡市。车上有去探望军营丈夫的孕妇露茜、有酗酒成性的医生蓬纳、有被逐出市的妓女达拉丝、赌棍赫脱飞、越犯灵果、追捕他的警官"卷毛"、卷款潜逃的银行家盖特乌、心胸狭窄的酒商彼柯克以及胆小怕事的马车夫。驿车先由骑兵护卫队护送下走到多佛。从多佛开始,驿车就不得不单独行走了,到达亚巴虚威尔斯驿站,露茜在蓬纳和达拉丝帮助下,顺利产下一个女婴,也在这时,灵果爱上了心地善良的达拉丝。驿车继续前驶,在渡过州界河流后,遭到印地安人的进攻,双方展开了一场激烈的追逐和枪战,由于寡不敌众,驿车上的人眼看要被全部消灭。这时,驻军守备队及时赶到援救了他们。驿车到达目的地后,盖特乌遭到了逮捕,灵果由于英勇作战,赢得了警官的同情。最后,灵果在警官的默许下,找到了仇人,报了仇,又在警官同意下,携达拉丝奔向新的生活。

本片根据欧内斯特·海科克斯的《去罗特斯堡的驿车》改编,被誉为"好莱坞叙事形式典范影片",并塑造了约翰·韦恩这一西部片的巨星。《关山飞渡》获得第12届奥斯卡最奖男配角、最佳音乐、最佳影片编剧3项大奖。

奥逊·威尔斯与《公民凯恩》

奥逊·威尔斯(1915~1985),美国电影导演、演员和剧作家。生于威斯康星州基诺沙。他是公认的"神童",1938年,他制作了一个极巧妙的广播节目《宇宙的战争》,使几百万美国人上当,以为地球已和火星人发生了战争,由此名声大噪。1941年,独立执导并主演第一部影片《公民凯恩》,这是现代电影第一部辉煌杰作。他创造出一种独具新意的多视角的现代叙事结构,并对电影语言及其视觉技巧锐意革新,系统运用了景深镜头、长镜头段落、音响重叠和宽角度镜头等。影片将现代社会问题提升到人性异化的哲学高度。该片被英国《画面与音响》杂志多次评为"世界电影十大佳作"第一名;1987年获为纪念好莱坞建立100周年举办的"美国十大佳片"评选的第一名;1958年布鲁塞尔世界博览会"世界电影十二佳片"之一。但该片当时在商业上遭到失败,他也被好莱坞冷落,在完成了叫好不叫座的《安培逊大族》(1942)之后,独立拍片困难重重。50年代以后的大部分作品是在欧洲摄制的。这些作品中有根据卡夫卡原著改编的《审判》(1962),具有半自传性质,毫不掩饰地表现了战后生活的苦难和导演本人对权势的厌恶。

《公民凯恩》 一位即将离世的美国新闻界巨头凯恩已奄奄一息,手中却还紧攥着一个玻璃球,嘴里不时喃喃着:"玫瑰花蕾。"就这样他离开了人世。记者汤姆逊查看了一部仓促制作的有关凯恩生平的纪录片,认定凯恩是一个重要的、值得了解的人物。于是,他走访了在凯恩一生中与他有过重要关系的几个人。通过查阅曾是凯恩监护人赛切尔的回忆录,汤姆逊知道了凯恩童年时代的一些重要情况及凯恩后来如何与赛切尔作对的起因。在凯恩过去的总经理伯恩斯坦眼中,凯恩既是一个商人,又是一个理想主义者,并说他一生"追求的不是金钱"。而凯恩早年的朋友、《问事报》评论员莱兰认为凯恩参与政治及极力促成前妻苏珊成为一名歌剧演员是试图证明什么。凯恩前妻苏珊和生前的管家雷蒙都谈到了苏珊与凯恩最终分手的原因,雷蒙还介绍了凯恩在苏珊离去后曾砸毁了屋内所有的东西。他当时就曾拿起那个有雪景的玻璃球喃喃自语:"玫瑰花蕾。"至此,汤姆逊已经弄明白了:搞清"玫瑰花蕾"的涵义是了解凯恩其人的关键所在。但他就是搞不懂这四个字到底是什么意思。他终于失望了。而观众们看到这里,却从影片画面的传递中获取了一个重要信息:在凯恩童年时玩耍过而现在正被焚毁的雪橇商标上写着的,正是这样四个字。从某种意义上说,

理解这部影片的关键在于理解这部影片的基本叙事动机。影片中记者先后采访的几个人,都是凯恩一生中曾与他有密切关系的人。但他们谁都未能对凯恩之谜作出一个令人信服的解释。直到影片结局,那个褪了色的带有"玫瑰花蕾"商标的雪橇在炉中被一点点吞噬,人们才似有所悟:凯恩在临终时所不能忘情的仍然是童年时那些纯真的东西。影片以含而不露的艺术处理手法,将一个具有普遍意蕴的社会问题提升到人性异化的哲学高度,从而深刻揭示出人物性格所具有的巨大矛盾:被资本点燃的人类贪婪、专横之火,最终仍被人性纯真之水熄灭。本片艺术上的成就具有划时代意义:它是第一部在全片中系统运用"景深镜头"、长镜头段落、运动摄影和音响蒙太奇的影片,其在视觉技巧的探索上所取得的成就,直到今天仍被世界影坛所公认,被誉为"现代电影的里程碑"。本片曾获1942年奥斯卡最佳剧本奖。此后,在英国《画面与音响》杂志举办的"世界电影十大佳作"评选中,在1962、1972、1982年度均名列第一;在1977年美国电影协会举行的"全美电影十大佳作"评选中名列第二;在1987年纪念好莱坞建立百年而举行的"全美十大佳片"评选中名列第一。

伯格曼与《野草莓》

英格玛·伯格曼(1918～　),瑞典电影导演。生于瑞典乌布沙拉的一个牧师家庭。曾为法国著名导演马赛尔·卡尔内的助理导演,深受影响。1945年起成为导演。他的影片初期比较注意夫妇之间的隔阂与不理解,后转为表现老年人的心理状态及哲学问题。50年代后成为瑞典的著名导演,深受法国及全世界电影人的瞩目。影评界认为"在瑞典电影史上,如果50年代是罗西里尼的时代的话,那么,60年代就是英格玛·伯格曼的时代"。他的作品引起了欧美知识分子的关注,他突破了一般故事片的习惯手法,有意识地用抽象的哲学概念作为影片的中心,从而被人们称作"新理性主义"作家。60年代有著名的信仰三部曲。主要作品有:《第七封印》(1957)、《野草莓》(1957)、《脸庞》(1958)、《处女泉》(1959)、《呼喊与耳语》(1972)、《秋天奏鸣曲》(1977)、《芬妮与亚历山大》(1982)、《美好的愿望》(1992,编剧)。其中《野草莓》是伯格曼享有最高荣誉的影片,曾获1958年柏林国际电影节金熊奖;1959年美国全国影评家协会最佳外国影片奖和最佳男演员奖;1960年威尼斯国际电影节最佳外语片奖。

《野草莓》 76岁的医学教授埃萨克·波尔格做了个噩梦,梦见躺在棺材里的死尸正是自己。这位一直生活在孤独、冷漠中的老人感到了死期的临近。埃萨克和儿媳玛丽安驾车前往隆德,出席授予埃萨克荣誉博士的授衔仪式。途中,他触景生情,回忆起自己和亲人之间的许多往事,他深爱着的表妹莎拉被哥哥西格弗里德夺走,他的妻子因为他的冷漠无情而与别人通奸,他的母亲、儿子、儿媳和自己的关系也不和睦……在授衔仪式后,埃萨克做了个梦,梦见自己回到了温馨的童年。本片也是世界电影史上划时代的一部杰作,被誉为开创了作者电影、主观电影、内省电影的先河。影片在不同程度上触及到伯格曼所关注的三大问题:人的孤独与痛苦;生与死、善与恶的相互关系;上帝是否存在。主人公埃萨克孤独冷漠,与亲人之间难于沟通、理解,其内心寂寞、空虚,在迟暮之年陷入了孤独的痛苦。影片采用多主题、多线索、多层面的复调结构,其中一个经典的原创性场面是年迈的埃萨克与年轻的莎拉在野草莓地里相遇,在这里,过去与现在、梦幻与现实并列在一个画面中,二者进行了跨越时空的相互对话。本片的基本情节由5个相当长的梦构成,开头是一个可怕的噩梦,结尾是一个恬静美丽的梦。借助于梦,伯格曼深入到心灵、意识和下意识的一切领域。片中,野草莓象征着青春、爱情、幸福、光明等一切美好的事物,并构成影片一条明亮的线索。摄影富于表现主义风格,尤其在片头的噩梦中。

雷伊与《远方的雷声》

萨蒂亚吉特·雷伊(1921~1992),印度电影导演。生于加尔各答。当看到让·雷诺阿在加尔各答郊外拍摄《河》以后,决心献身于电影事业,1955年正式成为电影导演。他的第一部影片《道路之歌》描绘了一群地处森林边缘贫穷乡村孩子们的原始生活图景,每个画面都优美动人,该片获得戛纳电影节人权证书奖。在第二部影片《不可征服的人》中,那个贫穷乡村的男孩已长大成人,随家人迁居城市,后来,终于考入了大学。此片对现实观察细致入微,表现手段独具匠心,荣获威尼斯电影节金狮奖。1959年他又完成了与前两部影片情节连贯的"阿菩三部曲"的最后一部《阿菩的世界》。以后,雷伊在技巧上更加刻意求精,注意运用布景、光影等表现手段。在《孤独的女人》(1965)中,他通过移动摄影,光影变化来揭示人物的内心世界取得完美的艺术效果。在《远方的雷声》(1973)中,他通过对一位教师命运的描写,展现了1948年孟加拉遭受饥荒时代的广阔图景,再一次显示了他的艺术才华和独特风格。该片是他后期作品中最出色的一部。雷伊的所有影片均由他本人编剧,大多反映印度的社会现实问题,寓意深刻,风格上具有浓厚的民族色彩。他是享有最高声誉的印度电影艺术家,曾被列为世界五大电影导演之一。1992年病逝前,被美国电影艺术与科学学院授予终身成就奖。

《远方的雷声》 影片的主人公是个婆罗门教徒,他既行医又教书,在一个富裕农民的帮助下,开办了一所乡村小学。在这个地区,由于1942年到1943年间的战争引起大米短缺,接着又发生了一场严重的饥荒。影片的结尾字幕指出,"在1943年孟加拉人为的饥荒中,有500多万人遭受饥饿或者因此而死亡"。为了大米,社会和道德秩序都崩溃了。

影片并未直接描写崩溃的过程,而是通过个人的经历,人物的内心冲突,将它体现出来。因此,尽管描写的事件骇人听闻,影片却仍包含着一种和缓的讽刺味道。同人们极度贫困、濒临死亡的状况相对照,导演坚持表现大自然的美,表现草木生长活动的一些细节,表现静止不动的蝴蝶。《远方的雷声》不是一部鼓动性和控制性的作品,而是一首伤感的哀歌,是雷伊一生创作的代表作品,本片获得柏林电影节最佳影片金熊奖。

特吕弗与《胡作非为》

弗朗索瓦·特吕弗(1932～1984),法国电影导演,"新浪潮"电影主将之一。生于巴黎。1950年以《电影手册》杂志影评人的身份开始了他的电影生涯。他和让－吕克·戈达尔等人一起,倡导了将电影作为个人化表现手段的"作者理论",对传统法国电影提出挑战。1959年第一部长片《胡作非为》(又译《四百下》)问世,获当年戛纳电影节最佳导演奖,标志着他被推到了电影"新浪潮"的前沿。这部反映安托万·杜瓦奈尔生活经历的自传体影片,与以后拍摄的一系列影片的主人公都由同一演员饰演,构成了描写特吕弗"第二自我"的影片系列,在电影史上独具一格。

《胡作非为》 表现主人公少年安托万所在的学校刻板严厉,残害儿童的天性。桀骜不驯的安托万时常被老师粗暴对待,风流放荡的母亲和懦弱的父亲对安托万也缺少温馨的亲情。他在冷漠的环境里艰难而畸形地成长着,他撒谎、逃学、偷东西,只能在自己酷爱的巴尔扎克小说里寻求寄托。一次,他与好同学雷内去父亲所在的办公大楼偷打字机,被不问青红皂白的父亲扭送到警察局,关进少管所。他不堪非人的待遇,逃了出来,奔向向往已久的茫茫大海。本片是新浪潮电影运动的一部代表作,它完整地体现了导演自己所倡导的"作者理论"的理想。影片开拓了自传体影片的新天地,它以导演自己早年的坎坷经历为原型,通过非戏剧性的叙事手法,和一系列日常琐事的层层累积,来步步深入地展现主人公孤

独、苦闷、彷徨的内心世界,透视造成他产生叛逆乃至犯罪心理的社会因素,从而由点及面地探讨了具有社会普遍性的一些问题,如成人的专横冷漠、名存实亡的家庭关系、僵化与体罚式的教学方法对青少年所带来的毁灭性灾难,以引发观众的普遍共鸣。本片打破传统电影的样式界限,以纪实风格为基础,使纪实与抒情、悲剧与喜剧浑然一体。为加强影片的真实可信度,导演适宜地运用了大量长镜头。影片结尾安托万与大海的一段长镜头撼人心弦,已成为经典镜头段落。本片获1959年戛纳国际电影节最佳导演奖;纽约影评协会最佳外语片奖。

1961年,他拍摄旨在摆脱传统观念、提出新道德法规的《朱尔和吉姆》,引起很大反响,使他赢得了广泛良好的国际声誉。他在25年导演生涯中拍摄了23部影片,大部分都获得了国际性褒奖。1980年拍摄的《最后一班地铁》最为令人瞩目。他的影片富于人情味和幽默感,渗透了他对人生、爱情、伦理及至社会的思考和体验,并善于将个性强烈的探索和观众的需求结合起来,甚至逐渐回归传统。主要作品还有:《枪击钢琴师》(1960)、《柔软的皮肤》(1964)、《华氏451度》(1966)、《穿黑衣的新娘》(1967)、《密西西比河的美人鱼》(1969)、《野孩子》(1970)、《两个英国姑娘》(1972)、《美国之夜》(1973)、《阿黛尔·雨果》(1975)、《隔壁的女人》(1981)、《盼望星期天》(1983)。

雷乃与《广岛之恋》

阿仑·雷乃(1922~ 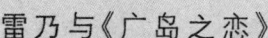),法国电影导演。生于布列塔尼半岛的瓦纳市。14岁开始就尝试用8mm或16mm胶片拍摄电影。以后学习过表演,并参加过巡回演出剧团。1943年进入法国高等电影学院深造。1945年雷乃开始担任纪录片和广告片的摄影师。1959年,他导演了由玛格丽特·杜拉斯编剧的《广岛之恋》,这是阿仑·雷乃首次长片创作。本片获1959年戛纳国际电影节评委会大奖,在法国电影艺

术与技术科学院1979年评选的"法国十大佳片"中名列第7名。

《广岛之恋》 一位法国女演员到广岛拍摄一部宣传和平的影片，与一位日本建筑师产生了短暂的爱情，从而唤起她对初恋情人的回忆。二战时期，在她被德军占领了的家乡内韦尔，她与一个德国士兵相爱了，但恋人被抵抗战士的冷枪打死，她也被视为法奸被剪光了头发。恍惚中，她把两个情人混同起来了。不能实现的爱情、即将到来的离别、广岛遭原子弹浩劫的惨剧、她个人的痛苦回忆……一切都混淆在一起了。他们彼此呼唤着对方："广——岛！内——韦——尔。"影片一问世即轰动西方影坛，被誉为"空前伟大的影片"，"也许和《公民凯恩》同样重要"。《广岛之恋》在一定意义上是西方电影从传统时期进入现代时期的转折点，它宣告了一个与新浪潮电影同时期的流派即"左岸派"的崛起。它也是"作者电影"的代表作，既具有编导者的独特风格，又有十分浓烈的文学色彩。与传统电影通常的单一表现不同，本片意蕴暧昧多义，可作多层次阐释。它既表现了一个爱情故事，又折射了战争，进而达到对和平主义的赞颂。它还以矛盾运动的辩正结构阐发了"忘却"与"记忆"之间的复杂关系，告诫人们不要忘记惨痛的历史。本片一反传统电影的线性叙述，将时空交错的意识流、象征主义、"新小说"的文学语言有机地融为一体，极大地拓展了电影语言的空间。大段的内心独白，祷文式的叠句、咏叹式的朗诵，为一般影片所罕见。导演运用画面表现了人的潜意识活动，形成影片现实与记忆交错，不同时空交叉的意识流叙事方法，同时在视觉与语言之间达到完美的平衡。大量的象征手法使影片的人物与内涵具有抽象和普遍的意义。

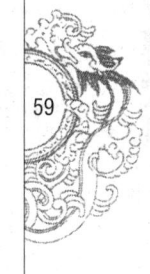

1961年，他与罗伯格-里耶合作拍摄的《去年在马里昂巴德》，更深入地走进了一个现实与幻想始终无法区别的世界来表现人的内心生活的实质。该片因此而成为现代主义电影的经典性作品，并获当年威尼斯电影节金狮奖。他在以后的创作中仍高度依赖视觉形象,紧紧把握节奏和速度,极其成功地运用下意识闪切来探索人物行为和心理的状态。

希区柯克与《精神病患者》

阿尔弗雷德·希区柯克(1899~1980),美国电影导演。生于英国伦敦一个信奉天主教的商人家庭。1955年加入美国籍。1940年赴美国,以《蝴蝶梦》一片开始了在好莱坞的辉煌事业。40年代的杰作《春闺疑云》(1941)、《疑影》(1943)和《爱德华大夫》(1945),奠定了无人能够取代的"悬念大师"的地位。50年代,他进一步致力于将作品主题和风格融为一体,着眼于影片的结构,使之没有一个多余细节,每个细节都是整个结构的有机组成部分,创造出独特的电影表达方式。杰出作品有《列车上的陌生人》(1951)、《后窗》(1954)、《晕眩》(1958)和《西北偏北》(1959)等。60年代以后,他试图拓宽自己的表现领域,但取得成功的依然是表现极端强烈恐怖和以弗洛伊德心理分析为基础的作品,如《精神病患者》(1960)、《群鸟》(1962)和《玛尔尼》(1964)等。构成他作品的基本成分是恐惧、性欲和死亡。他在电影美学方面受到德国表现主义和前苏联蒙太奇理论的影响。1992年英国《画面与音响》杂志评选世界电影史上10位最佳导演,希区柯克在评论家和导演两大投票系列中均榜上有名。

《精神病患者》 某房产公司职员玛丽恩为筹钱结婚,利用工作之便私吞巨款潜逃。她在一偏僻的汽车旅馆投宿,在沐浴时惨遭旅馆主人诺曼杀害。诺曼是个有双重人格的精神变态者,强烈的恋母情结使他无法容忍母亲有情人。他将母亲杀害后又把她的尸体制作成木乃伊供奉起来。他的人格也分裂为二,一半是自身,一半异化为母亲。在这种变态心理的支配下,他杀死了三个女人和一名侦探,后终被擒获。

本片是希区柯克最卖座的一部影片,被誉为"西方恐怖片划时代的力作"、"西方第一部现代恐怖片"。本片以精神分析学说为依据编织成一个离奇而又合理的惊悚故事。希区柯克打破恐怖片的传统模式,以高超的技巧操纵观众。他在情节上处处设疑,制造幻象,利用同化心理一再把观众引向误区。以浴室凶杀为界,巨大的逆转使其前后判若两部影片,这种对传统叙事结构的破坏极大地强化了悬念的力量,使浴室凶杀一场戏具有震撼人心的效果。这是一部有关"人性的恐怖"、"危险来自人自身"的心理恐怖片。导演充分调动纯电影手法,以蒙太奇、场面调度、节奏、布光、摄影机运动、音响的综合运用营造出震骇人心的恐怖效应。浴室凶杀时的45秒内组接了78个刀、人体、喷头、浴缸的近景和特写短镜头,没有一个刀刺中人体的血腥画面,纯粹以蒙太奇的心理效应而产生电影史上罕见的强大视觉冲击力,成为不朽的经典镜头段落。

阿瑟·佩恩与《邦尼与克莱德》

阿瑟·佩恩(1922~),美国电影导演。生于美国费城。他的电影事业巅峰的作品是《邦尼和克莱德》(1967),该片获得观众和评论界的一致赞誉,电影史家们更把它视为旧好莱坞向新好莱坞过渡的里程碑。影片的最后一个场面十分震撼人心:密集的子弹射向这一对走投无路的青年男女,他在这里用了"慢动作",这个手法后来被许多电影导演所仿效。他的影片大多以社会边缘人为主角,如孤独的牛仔(《左撇子》)、残疾人(《阿拉巴麻的奇迹》)、匪徒(《邦尼和克莱德》)等。他从与传统观念不同的新视角来描述他们,表现他们。如西部片《矮小的巨人》(1970)就是典型的实例。在这部影片中印地安人不再是威胁白人生存安全的凶神,相反白人才是进行种族灭绝屠杀黑人的罪人。他是新好莱坞一代的代表人物,他的《左撇子》、《矮小的巨人》和《米苏里河决堤》(1976)构成了有关美国历史发展的新神话版本。

《邦尼与克莱德》 影片男主人公惯偷克莱德在偷汽车时被

少女邦尼看到,她不仅没告发他,反与他结为同伙,共同作案。因为邦尼早已厌倦了这儿死气沉沉的生活,她觉得克莱德所干的这一切很有趣,富于刺激性。他们冲入一家银行抢劫,但那家银行早在3周前就已停业。这之后,他们又结伙打劫了一家杂货店,却又差点被人杀死。在加油站,邦尼和克莱德遇见了傻小子毛斯,于是,他们总算成功地抢劫了一次银行,可慌乱之中毛斯却又将车停错了地方,使他们险些被抓住。克莱德惊慌之中杀了一个银行职员。不久,他们与克莱德的兄嫂聚到了一起,继续他们的强盗生涯。最后,毛斯的父亲将邦尼与克莱德出卖给警方。这一对雌雄大盗终于死在了警察的乱枪之下。影片因深受法国"新浪潮"电影的巨大影响及其艺术上的鲜明特色,被誉为是"新好莱坞主义"的代表作之一。艺术上,它同时具有惊险片、警匪片、传记片、喜剧片、黑帮片的特点。既不同于希区柯克式的悬念惊险片,又不同于詹姆斯·邦德的动作惊险片,而是一部具有社会批评意识的、发人深省的新好莱坞主义的艺术片。为了表现人物性格,导演不顾好莱坞表现"完美"的陈规,在创作中大胆地运用了许多超常规的视觉形象处理,在光色、气氛、角度、构图上进行了大胆创新,从而使本片成为美国电影发展中的一个标志与从传统好莱坞向新好莱坞的转折。本片获1967年奥斯卡最佳女配角和最佳摄影两项奖。

科波拉与《现代启示录》

弗朗西斯·福特·科波拉(1939~),美国电影导演、编剧和制片人。生于底特律,在纽约郊区长大。中学时代便喜爱电影、戏剧、音乐和文学写作。以《巴顿》赢得了他的第一尊奥斯卡金像奖。他导演的描写黑手党家族的《教父》(1972),获得了美国电影史上几乎空前的商业成功,也在国际上引起轰动,并赢得最佳彩色片等3项奥斯卡金像奖。随后,他拍摄了更为精彩的影片《对话》(1974)。该片主人公窃听专家是一种可以使每个人都受到监视的社会制度的代理人,他使用最复杂的仪器,好像生活在真空中,但最后却成了这个制度的受害者,忍受着内心恐惧的煎熬。该片的构思在尼克松执政前,水门事件的发生使它更具现实意义。该片获戛纳电影节金棕榈奖。同年,又推出了《教父(续集)》(1974)。他用平行蒙太奇手法叙述了西西里的科莱昂家族早期历史以及该家族最年轻的族长今天同美国社会大人物之间的斗争,荣获了包括最佳影片和最佳导演在内的6项奥斯卡金像奖。上述影片之所以如此成功,除了艺术上的出类拔萃,更重要的是他理解并强调了美国家庭和个人生活内在困境所导致的悲剧,这是永远无法实现的美国梦。1979年,他编导了以超现实主义手法创作的反映越南战争的巨片《现代启示录》,尖锐与深刻的主题,独特的视觉造型与震撼力可谓登峰造极,影片彻底揭露了20世纪的恐怖以及文明与野蛮之争,获戛纳电影节金棕榈奖。

《现代启示录》 越战期间,美情报机关上尉威拉德受命暗杀已降的沃尔特上校,在途中,枪杀、暴力、抢劫、奸淫、战火和硝烟呼唤着上尉心中的野性,在自立王国的上校身上他仿佛看到了自己的影子。影片具有超现实主义倾向,是70年代美国最有影响、最有代表性的越战片之一。此片使用隐喻、象征手法,以越战为背景,描写这次暗杀的行动,以此来探索人与战争的矛盾,控诉了战争促使某些人心理变态而成为战争狂人。它采用超现实主义手法以取得更大创作自由,借以深化主题。色彩运用、音画配合、气氛营造、场面调度都给人一种怪诞神秘的感觉,超越了哲学和主题所能达到的境界。暴力、恐怖、疯狂、幽默、愤怒、绝望使整个影片充满了激情。该片以其主题的尖锐性、深刻性、视觉独特性和震慑性引起了广泛关注。本片曾获1979年戛纳电影节金棕榈奖;美国电影艺术科学学院最佳摄影、最佳音响两项奥斯卡金像奖;好莱坞外国记者协会最佳导演,最佳男配角两项金像奖;亦获英国影艺学院最佳导演、最佳男配角奖。

斯皮尔伯格与《辛德勒的名单》

史蒂文·斯皮尔伯格(1947~　)，美国电影导演。生于俄亥俄州。从小立志成为电影导演，13岁时拍摄的习作《无路可逃》在业余电影比赛中获奖。在加州大学电影学院就读时摄制的短片《骑马缓行》(1969)，标志其导演生涯的开端。第一部长故事片是《横冲直撞大逃亡》(1974)。1975年，拍摄了轰动世界的灾难片《大白鲨》，由于该片特技、剪辑、音响等方面高超的制作技巧，成功地传达了普通人平时所感到的孤立无援和无能为力感，极大地满足了观众的精神和心理要求，成为70年代中期票房价值最高的影片。1982年推出的儿童科幻片《外星人》，运用高科技的手段，诱使观众进入赏心悦目的现代童话世界，肯定了纯真质朴的人性，成为电影史上票房记录最高的影片。他的影片以大制作、高赢利著称，但他并不单纯迎合观众趣味，而重在描写人情。他的影片叙事结构大致相同，作为普通人的主角在面临异常的对手时，往往进入一个充满幻象的神奇世界，成功地表现了某种社会群体意识。他创作的基本特色是丰富的想像力和纯熟的视觉技巧，充满着一种具有世界性宇宙观的温情主义。主要作品还有：《第三类接触》(1977)、《夺宝奇兵》三部曲(1981)、《紫色》(1985)、《太阳帝国》(1987)、《侏罗纪公园》(1992)、《辛德勒的名单》(1993，获奥斯卡奖最佳作品奖、最佳导演奖)、《迷失的世界》(1995)、《拯救大兵瑞恩》(1998)、《人工智能》。

《辛德勒的名单》　1939年9月，德国企业家奥斯卡·辛德勒来到波兰克拉科夫接收了一个搪瓷厂，保证德军的陶器供应。厂里的劳力都是没有报酬的犹太人。他的会计师和助手伊特兹哈克·斯泰尔恩将工厂变成犹太逃亡者的避难所。1941年3月，辛德勒过上了奢侈的生活。辛德勒不得不亲自从准备开往集中营的列车上将斯泰尔恩搭救出来。1942年冬天，犹太幸存者被成群驱赶到普拉晓

夫劳改营。辛德勒为纳粹暴行惊骇,冒着风险,花钱给党卫队指挥官阿蒙·格特打通关节,想"买"出这些犹太人的生命。在辛德勒的生日宴会上,他因吻了犹太少女而被捕,格特及时赶到他才得救。1944年,一万名犹太人的骨灰像雪片一样从城市上空洒下。纳粹德军接到命令:将普拉晓夫的犹太人送到奥斯维辛集中营。辛德勒和斯泰尔恩列出所谓"必不可少"的工人名单,与格特"商量"要用整箱现金将1100名犹太人转移到捷克边境的新工厂。新工厂安顿好后,辛德勒宣布7个月内不为德军生产有价值的产品。战争结束时,辛德勒遭到破产厄运,身无分文。被他拯救过的犹太人向他赠送辅币以示感谢。他让工人们获得新的自由,自己则逃往西方。

　　这部描写纳粹德国种族灭绝大屠杀的政治恐怖片获得巨大成功。导演将本片划分为两个不同的组成部分:其一是经过出色的美工设计而产生的几乎与新闻纪录片没有两样的纪实影片;其二是对法因斯扮演的野蛮的格特、利亚姆·尼森扮演的温文有礼的辛德勒和本·金斯利扮演的令人难忘的斯泰尔恩三位主角的人物性格研究。他们优秀的表演赋予影片十分强烈而令人难忘的戏剧性。本片获1994年美国奥斯卡奖最佳影片、最佳导演、最佳改编编剧、最佳男演员、最佳男配角、最佳美工指导、最佳摄影、最佳剪辑、最佳原作音乐、最佳服装设计、最佳化妆、最佳音响等12项提名和最佳影片、最佳导演、最佳改编编剧、最佳美工指导、最佳摄影、最佳剪辑、最佳原作音乐等7项奥斯卡奖。

黑泽明与《罗生门》

　　黑泽明(1910~1998),日本电影剧作家、导演。生于东京都品川区。他的电影创作始于战争之前,《姿三四郎》(1943)和《姿三四郎·续集》(1945)是他战前的代表作品。1946年的影片《无愧于我们的青春》,揭开了黑泽明战后电影艺术创作的序幕,以后5年的时间里,他一口气撰写了13部电影剧本、拍摄了7部影片,全部被搬上银幕。其中有《美好的星期天》(1946)、《泥醉天使》(1947)、《静静的决斗》(1949)和《丑闻》等优秀作品,战争与社会现实给日本人精神和心理所造成的痛苦和失据状态,成为他这一时期电影作品的主题。1951年,黑泽明的《罗生门》在威尼斯国际电影节上一举夺冠,使日本电影第一次引起世界的极大兴趣和关注,也使得黑泽明从此享誉国际影坛。影片《罗生门》的叙事成几何式结构,一个故事,4个版本,各唱各的调,无一不是以最完美的一面呈现自我。这种多角度的透视方式,揭示出真理的相对性和主观性,体现了黑泽明不同于战前创作的主题兴趣。而以声、像、光、影合奏所形成的纯电影化的交响乐章,也展示出黑泽明独特的电影观念。黑泽明的《罗生门》使当时的世界影坛,继爱森斯坦和茂脑之后,重新获得了一种久违了的震撼。《罗生门》于1952年还获得了美国奥斯卡金像奖最佳外语片奖。此后,影片中包含着生命的意义的问题、官僚体制问题、利己自私的问题的又一部力作《活着》(1952),仍旧以多音复义、多层面和多角度的相互观察与评价的叙事形式,获得了影内人士的肯定,夺得了柏林电影节银熊奖。历久弥新的《七武士》(1954),当年获得威尼斯电影节银狮奖,此后被人们称之为是黑泽明"男子汉的电影世界"中最具有代表意义的一部影片。黑泽明在这时期的创作中,获得国际大奖的影片还有第一部宽银幕电影《坏蛋睡得香》(1958),获柏林电影节银熊奖,国际影评论家奖。《红胡子》(1965),获莫斯科电影节工会奖,威尼斯电影节圣·乔治奖。"他山之石,可以攻玉",在黑泽明的电影中改编外国名著也是这一时期创作上一大特色:《白痴》(1951)、《在底层》(1957)、《蛛网宫堡》(1957)等。1970年,他创作第一部彩色电影《电车铃声》,获莫斯科电影节电影工人同盟特别奖。1971年自杀未遂。国际影人伸出了友谊之手,邀请黑泽明执导《德尔苏·乌扎拉》(1975),此片获莫斯科电影节金奖、奥斯卡金像奖最佳外语片奖。科波拉与卢卡斯又以海外版权的形式赞助了《影子武士》(1980)的

拍摄,该片获戛纳电影节金棕榈奖,美国奥斯卡奖导演奖,威尼斯电影节特别奖。1982年法国高蒙公司赞助黑泽明拍摄的《乱》(1985),获美国奥斯卡奖服装设计奖,纽约影评家协会奖,美国电影金球奖,美国奥斯卡奖最佳外语片奖。1990年,80岁高龄的黑泽明创作了他的实验电影《梦》(1990),当年获得了美国奥斯卡奖终身荣誉奖。1991年,《8月狂想曲》获前苏联政府颁发的各民族友好勋章、全美导演协会格里菲斯奖。1993年,《一代宗师》获第7届日本京都表现艺术奖,发表《我的电影观》演讲。1998年9月6日病逝。日本政府授予他荣誉国民奖章。

《罗生门》 樵夫进入森林发现一具男尸后跑去纠察使署报了案。行脚僧在森林中曾遇见武士武弘和他的妻子真砂,成为了法庭上的证人。倾盆大雨中的平安城(京都)罗生门前,樵夫和行脚僧向跑来躲雨的打杂儿人谈起了武弘被杀一案在法庭上的不同陈述。被捕后的强盗多襄丸说,他是以机智诱骗、偷袭武弘并使其就范的,并当着他的面强奸了真砂,他原本不想杀死武弘,却因为真砂不愿在两个男人面前出丑,而与武弘展开了决斗,武弘的确武艺高强,但还是被他用长刀杀死了。他表示遗憾的是竟然没有注意到真砂那把名贵的短刀。在真砂的证词中,多襄丸把她污辱后就跑掉,而武弘冷酷的目光更使真砂越发可怜无助,她手持短刀扑到丈夫的跟前,关键的时候她却晕了过去。死去的武弘借女巫之口讲述了他是用妻子的短刀自杀的,以恢复武士的荣誉,冥冥之中,短刀却被人从胸口上抽了出去。在以上3个当事人的各自不同的主观陈述之后,樵夫则以客观的口吻说出了目击事件的全过程,真砂并非可怜无助,在由她挑起的丈夫与多襄丸之间的那场不情愿的决斗,武士不像个武士、强盗也不像个强盗,最后武弘被可耻的多襄丸用长刀杀死,而多襄丸也神智失常地追真砂而去。樵夫的叙述显然是对前3个版本的否定。然而,在这个相对客观的版本中却没有提到前3个版本中的短刀。罗生门前,樵夫痛斥打杂儿人剥夺弃婴

的衣物，却被狡猾的打杂儿人揭露出偷走短刀的人就是樵夫。由此樵夫客观版本的"真实性"也令人表示怀疑，使案件更加显得扑朔迷离。最终樵夫为赎回自己的罪过收养弃婴，使一直处于谎言震撼中的行脚僧终于维持住"人间还是有可信赖的人"的信念。黑泽明在运用电影多角度叙事手段揭示真理的相对性和主观性的同时，鞭挞了人性可悲、不诚实、利己自私的一面。影片以片段交错的剪接营造出电影非线性叙事的特征。《罗生门》丰富的电影语言和摄影技法的运用，也是当年震惊威尼斯，令西方电影人一片哗然的主要因素。最引人注目的是樵夫进入森林的段落，时而摄影机的移动，时而被摄物体的移动，以人物的运动触发摄影机的移动，移动接移动准确地塑造出樵夫走向迷途的过程。《罗生门》的成功标志着日本电影的艺术水准获得了世界影坛的承认。该片于1982年威尼斯国际电影节50周年的历史纪念中，在众多金狮奖影片的评比中，再次拔得头筹，再次获得了"金狮奖中的金狮奖"。

小津安二郎与《东京物语》

小津安二郎（1903～1963），日本电影导演。生于东京。肄业于早稻田大学。1923年进入松竹公司的蒲田电影制片厂，曾作摄影助手、副导演。1927年拍摄了第一部无声片《忏悔的白刃》。1930年，他开始与编剧野田高梧合作，先后拍摄了《那天夜晚我的妻子》（1930）、《东京的合唱》（1931）和《青春之梦》等。1932年，小津安二郎拍摄了他的代表作品《有生以来初次看到的》，深刻地揭露了社会的黑暗和虚伪。影片被评为当年《电影旬报》十部最佳影片之首，得到了极大的赞誉，从而奠定了小津安二郎的导演艺术风格。此后小津安二郎又拍摄了《一念之差》（1933）和《浮草》（1934），均被当年《电影旬报》评为十部最佳影片之首。小津安二郎的早期作品以描写小市民生活题材为主。他坚持拍摄无声片，被称为将无声片拍到最后的一位导演，他的创作也被誉为是日本默片时代的一座顶峰。1937年以后,两次被征入伍。1946年回到日本,再度与老搭档野田高梧(编剧)合作,从《晚春》(1949)开始,以每年一部影片的速度拍摄了《麦秋》(1951)直到《秋刀鱼的味道》(1963)等一系列描写平民阶层、老年人孤寂以及儿女婚姻等问题的影片。小津的风格以低角度摄影、短切镜头、淡化戏剧冲突和注重心理描写而著称。小津安二郎的主要代表作品还有:《独生子》(1936)、《户田家兄妹》(1941)、《父亲在世时》(1942)、《贫民窟绅士录》(1947)、《风中的母鸡》(1948)、《东京物语》(1953)、《早春》(1956)、《东京的暮色》(1957)、《春分时节的花卉》(1958)、《浮萍》(1959)、《小阳春》(1960)、《小早川家的秋天》(1961)和《秋天的午后》(1962)等。

《东京物语》　70岁的老人周吉和67岁的老伴富子离开广岛故乡尾道,到东京探望儿女们。长子幸一是医生,双亲一到东京就住在他家,但因工作繁忙幸一夫妇便请贤惠的次子遗孀纪子陪同老人游览东京。后来,两位老人又搬到开美容院的长女志泉家,长女却嫌父母给她添麻烦,打发二老到热海温泉去。吵闹的旅馆使两位老人根本无法入睡,便提早一天又回到了东京,长女因晚上家中还有聚会而抱怨,二老抱歉地走出长女家,走在街头深感为难。次子遗孀的公寓房间很小,周吉让老伴富子留在那里,自己则去找旧友。富子见已故次子的照片依旧摆在纪子桌上,颇有感触地说,没有任何血缘关系你却比亲生孩子还亲。周吉与两位旧友相约酒店,各自诉说着对儿女的失望,直到半夜酩酊大醉的周吉回到长女家,长女大怒说,从孩提时代就被喝醉的父亲伤透了心。两位老人踏上回归尾道的旅途后,东京的儿女们突然收到电报,老母亲途中身体不适,在大阪下车在三子那里住了一夜后回到尾道。不久,东京儿女又收到老母病危的电报,几人从东京赶到尾道后,次日凌晨老母亲去世。葬礼后,长女感兴趣的是母亲的遗物,而且和长子幸一匆匆赶回东京,三子也为看棒球比赛赶回了大阪,只有次子遗孀纪子留下来帮助料理后事。在尾道做小学教师的小女儿愤慨地责备兄长们过于自私。善良的纪子最后告别周吉返回东京。影片展现的是一段极其平凡的家庭成员之间的心理矛盾，客观地揭示出家庭生活中父慈子孝的传统观念的破灭，从而对现代日本社会的生活、家庭伦理等问题进行了社会分析。全片没有激烈的矛盾冲突和戏剧性的情节变化，但却以活生生的人物形象，性格化的动作和语言，高度风格化的艺术表现，使世俗生活焕发出艺术魅力。小津安二郎导演的独特风格：固定机位的摄影、稍稍仰起的视角、对称而稳定的画面构图、缓慢而匀称节奏等，在影片里都有集中的体现，使《东京物语》成为小津安二郎风格的经典范例。此片当年评选为《电影旬报》十佳影片的第2位，并获得日本文化节文部大臣奖、伦敦电影节国际电影杯奖。

衣笠贞之助与《地狱门》

衣笠贞之助(1896~1982)，日本电影导演。生于三重县龟山市。在早期日本影片的时代，他首创了无字幕默片的新形式。他倾其全部家产摄制的《疯狂的一页》(1926)便是这种新形式的第一部实验作品。公演时由演员德川梦声在一旁解说，全体演职员为此而欣喜若狂，在日本电影史上把这次首映称作新事物降临前黎明时刻的狂热一页。他也被公认为新感觉派电影的创始人。以此为契机，他成立了新感觉派联盟，后改为日本电影史上最早的独立制片的萌芽形式——衣笠贞之助电影联盟，并着手创作第二部实验电影《十字路》(1928)。完成后携片前往欧美，倾听对日本电影的评价，成为最早向欧美介绍日本电影的导演。1953年他拍摄了日本电影史上第一部用伊斯曼彩色胶片摄制的作品《地狱门》。除获国内各类电影奖外，在国际影坛上为日本的彩色电影赢得了荣誉与尊敬。1966年与前苏联合作拍摄《小逃犯》后退出电影界。在他长达半个世纪的电影艺术生涯中，是日本电影史上唯一的永远保持着创新气质的电影巨匠。

《地狱门》 12世纪日本平康之乱时,武士盛远冲破叛军的拦击,救出宫女婆娑,并被其美貌所深深吸引。盛远在平定叛乱中立下大功,在论功行赏时,他请求国君平清盛将婆娑赐给他结婚,遭到平清盛的讥笑。原来,婆娑是平清盛侍从渡边渡的妻子。无法忘却婆娑而苦恼的盛远,在宴会上竟拔剑要与渡边渡决斗。盛远越来越走火入魔,对婆娑和其婶母进行威胁。婆娑深知如不顺从,丈夫将会有生命危险,于是假意让盛远去杀自己的丈夫,而自己却假扮成渡边渡,结果被盛远所杀。几天后,盛远剃光了头,穿着僧衣,离家出走了。

这是一部有关日本中世纪传奇的悲剧影片,是使用伊斯曼胶片,在色彩的自然感和表现力上取得了巨大成功的一部影片。它充分发挥了日本传统戏剧美学的造型风格,并从日本传统色彩感与构图方法上汲取了许多有益的东西,多次运用大远景的俯瞰构图。影片在帮助欧美各国观众了解日本古代民情风俗以及日本电影的民族风格等方面起了很大作用。它是紧跟《罗生门》之后又一部获得国际大奖的影片,标志着日本电影已为西方影坛瞩目。本片获1954年戛纳国际电影节金棕榈奖;第27届奥斯卡最佳彩色片服装设计奖。

沟口健二与《雨月物语》

沟口健二(1898~1956),日本电影导演。生于东京,长于浅草。1923年创作了日本电影史上最初的表现派作品《灵与血》。1929年加入年轻导演"倾向电影"的行列,执导了成为日本经典名片之一的《城市交响曲》。在不断的探索中终于形成了沟口作品特有的风格气质,那就是不幸的女性、情绪和悲恋。最初这种风格形成于1933年《飞瀑如白练》中。这一风格的最高代表作品《浪花悲歌》(1936)、《青楼姐妹》(1936),已成为日本电影的代表名作,日本女性电影发展史上的里程碑。1937年执导的《爱怨峡》,在此风格上又形成了沟口长镜头。该片战后送国外展映,令国际影坛的导演们大为震惊。战后,沟口健二以大明星的塑造与新古装片的创作为日本电影赢来了国际荣誉。他培育了贯穿日本电影史的大明星田中绢代,完成了4部名作《西鹤一代女》(1952)、《雨月物语》(1953)、《山椒大夫》(1954)、《近松物语》(1954)。此后他考虑向现代片进军。1956年创作的《赤线地带》是现代作品,虽然不太成功,但显示了沟口决心突破自己已有的成就,探索新形式的艺术飞跃。可惜这是沟口的遗作,后人无法再继续看到他心中未竟的艺术理想。沟口一生作品的数量很多,其中处于迷惘、平凡之作不少,而成为日本电影史、世界电影史上不朽名片的亦很多。沟口是成长于战前的日本电影史上著名的几位巨匠之一。

《雨月物语》 兵荒马乱的日本战国时代。陶工源十郎和他妻子宫木与妹夫藤兵卫、妹妹阿滨两家各自经营小瓷窑,小本经营,艰难度日。藤兵卫一心想当武士,弃妻而去,结果阿滨沦落为娼。最后藤兵卫做官发财梦破灭,只好带着阿滨回到家乡重操旧业。源十郎本是勤劳的烧窑人,却相信越乱越能发财。他遇上女鬼若狭,几番温存,只觉得幸福天降,一心想与名门之后若狭相亲相爱,心底里只觉得捡了个大便宜。直到一名老和尚指点迷津,他才大梦初醒。而他的妻子已被乱兵杀死。本片没有一句说教,但评论界一致认为这是一部脍炙人口的警世之作:不义之财、非分之想,只能昙花一现,譬如浮云朝露,终难持久。只有勤劳踏实地劳动才是安身立命之本。但无论如何,源十郎与女鬼若狭相恋相爱的场面拍得极富诗情画意,梦幻的意境营造得颇为动人。通观全片,画面干净利索,借鉴了水墨画、浮世绘的风格,许多段落如诗如画,凄迷动人。导演以他所擅长的以景物烘托剧情和人物心境的手法,赋予全片以苍凉哀婉的格调。《雨月物语》真正打动西方影坛的是他与欧洲截然不同的长镜头风格。该片于1953年获威尼斯国际电影节银狮奖;在英国《画面与音响》1962、1972年评选的"世界十佳影片"中,本片均榜上有名。

大岛渚与《青春残酷物语》

大岛渚(1932～　)，日本电影导演，剧作家。出生于京都一个知识分子家庭。1959年，他开始独立执导影片，第一部作品是《爱与希望的街》。影片表现了阶级矛盾的不可调和，结尾的处理冲击感极强，一改松竹公司影片"淡淡的悲伤主义"的传统格调。翌年，他相继导演了《青春残酷物语》和《太阳墓地》，以新颖的手法表达了强烈的反体制思想和对"性"与"暴力"的独特见解，作品严肃地剖析社会，唤起青年一代的共鸣。他与同时代的吉田喜重、筱田正浩等被宣传界誉为日本松竹电影新浪潮，大岛渚被誉为旗手。同年，他创作了《日本的夜和雾》，这是一部反映战后青年一代由奋斗转向消沉的引人注目的影片，评论家认为该片是他对自己青年时代的经历进行反思的产物。1975年，他编导的日法合作影片《感官王国》取材于一真实事件，描述一个心理变态女子，在与恋人分别多年后再相会时，竟割下了恋人的生殖器。该片在戛纳电影节获很高评价，但在国内引起争议，被禁止公映，直至1982年才解除禁令。1978年，他重新剪接了该片，从独特的角度描绘生、死和性的《爱的亡灵》，获当年戛纳电影节最佳导演奖。1982年他拍摄的描写二次大战时期日军残害战俘的影片《战场上快乐的圣诞节》，获1983年戛纳电影节最佳影片提名，在国内获每日电影竞赛最佳作品奖、导演奖、编剧奖。主要电影作品还有：《马科斯，我的爱》(1986)、《御发度》(1999)。

《青春残酷物语》　大学生藤井在街头救出受流氓调戏的高中女生真琴，两人相识了。在海滨飘浮的圆木上，藤井粗暴地征服了真琴，两人同居了。为了享受青春的权利，他们靠敲诈阔老的钱去兜风取乐。为了赚钱，藤井不得不给阔太太政枝当情夫，他因人格受到侮辱而烦恼。秋本和由纪是上一代的青年，他们曾以满腔热情参加学生运动,如今却在为在学生运动中浪费的青春惋惜。藤井深感自己没有力量保护真琴,便和她分手了。他在街头被一帮阿飞毒打致死。真琴为了逃避一个流氓的纠缠而惨死在高速公路上。这部日本新浪潮电影的代表作表现了两代人的残酷青春:以秋本和由纪为代表的积极参加民主政治运动的上一代和以藤井和真琴为代表的以个人反抗方式向社会发泄的新一代。藤井和真琴是50年代末60年代初的青年一代,他们否定上一代青年斗争的经验,试图按自己的意愿去向社会冲击。他们对旧的社会体制不满,但又不知谁是敌人,便采取玩世不恭、甚至以犯罪的形式来发泄心中的郁闷,结果他们的反抗往往是自戕式的。影片深切表达了编导对时代的关心和促进时代前进的愿望,告诉人们战后民主政治运动虽然遭到了挫折,但青年们反体制的热情不应付之东流,其精神永存。影片没有传统电影的故事线,主要以视觉形象来感染、冲击观众。具有安逸、松弛视感的绿色被摒弃在银幕外,以充分渲染人物内心的烦躁不安。影片最后将在两地的藤井和真琴的尸体叠化而成一个"人"字镜头,是撼人心弦的大手笔。

新藤兼人与《裸岛》

新藤兼人(1912~　　),日本电影导演兼编剧。生于广岛,战前主要从事剧本创作。1950年自编自导处女作《爱妻的故事》,一举成名。于是开创了日本独立制片的先驱样式,为了挽救处于经济危机中的独立制片——近代映协,他又勇敢地拍摄了超低预算的《裸岛》,获得了意外的成功。除获国内《电影旬报》十佳作品奖外,还获得了1960年莫斯科电影节金奖,影片畅销世界38个国家与地区,至此他还清了全部债款,还挣出了下一部影片的摄制费。该片在世界电影史上留下了光辉的一页,被称作"没有台词的电影诗"。同时创造了"新藤方式"的摄影法,即"整个日本大地就是我的摄影所"的纯外景拍摄法。他的作品多次在国际获奖,除《裸岛》

外,《裸的19岁》(1970)也获莫斯科电影节金奖。1977年他创作的《竹山孤旅》获莫斯科电影节导演奖。在电影艺术上,他以具有强烈震撼力的纪实性而闻名于世。他作品中所贯穿的对于"性"的描写,已形成自己独特的风格。90年代他转向老人问题题材的创作。1995年创作《午后遗书》,获日本《电影旬报》十佳作品奖第一名,并囊括了几乎日本国内的所有电影奖。1999年创作《我要活》获莫斯科国际电影节金奖。

《裸岛》 海中一个方圆约有六七百米的小岛,住着一个4口人家。男的叫干太,女的叫阿丰,还有他们的两个儿子:8岁的太郎与6岁的次郎。他们辛勤耕耘,把整个小岛从海滩到岛顶端开出了一层层的梯田。小岛没有淡水,干太、阿丰每天从早到晚用船运来大岛上的淡水浇地。他们默默地摇船、挑水、浇地,日复一日年复一年。不料平静的生活起了波澜,太郎突发急病,干太去大岛请医生耽搁了时间,阿丰、次郎眼睁睁地看着太郎死去。阿丰无法忍受如此重复的生活,发疯似地把田中幼苗拔出,摔到干裂的地上。干太却依旧默默地舀水,浇地,过不变的日子。第二天,干太、阿丰又从大岛运来淡水,他们挑着水桶,艰难地爬上层层山坡,阿丰拿起水舀,小心慢慢地浇,让干裂的黄土吮干这点滴的水。《裸岛》又译作《赤贫的岛》,描写一个赤贫之地的赤贫人们的生活,它用黑白片的效果体现了严峻的主题和朴实的风格。它又是一部无对白有声电影,以有声的自然衬托默默耕耘的人们,使观众面对饱经沧桑的土地而产生一种原始力的震撼。"默默"之中,浮出了韵味,浮出了风格,一种精神,默默渗入观众的心田。该片以其强烈的造型感和视觉冲击力而被誉为日本60年代新浪潮的先驱,是日本电影史上独立制片的名作。本片获1961年莫斯科国际电影节最佳影片奖。

今村昌平与《楢山节考》

今村昌平(1926~2006),日本电影导演,生于东京一个医生的家庭。1958年,他独立执导的处女作《被盗窃了的情歌》一问世,即引起评论界的热切关注。在此后的两年时间里,他以《猪和军舰》(1960)的成功,跻身于日本一流导演的行列。60年代,他开始探索从文化人类学的视角拍摄影片。作为社会调查的成果,他拍摄了《日本昆虫记》(1963),对日本下层妇女昆虫般的顽强生命力表现出爱怜与痛恨交加的复杂情感。1967年,他尝试以纪录片的拍摄手法创作的《人的蒸发》,充分揭示了人的内心世界的奥秘。1968年,在《诸神的欲望》中,以南岛习俗为依据挖掘了日本传统文化的原型。1983年创作的《楢山节考》,就日本人对于生与死的理解进行了探讨,获1984年戛纳电影节大奖。他一贯以探索人存在的意义和人的欲望之源为宗旨,注重表现社会底层人物,尤其是农民的生活。1997创作《鳗鱼》,描写当代小人物的生存状态,获戛纳电影节金棕榈奖。主要作品还有:《红色杀机》(1964)、《复仇在我》(1978)、《为什么不行》(1981)、《人贩子》(1987)、《肝脏先生》(1998)、《赤桥下的暖流》(2001)。

《楢山节考》 信州深山中的一个贫穷小村子,由于贫困而沿袭下来一种抛弃老人的传统:所有活到70岁的老人,都要被家人背到楢山上丢弃。今年69岁的阿玲婆离上楢山的日子不远了,可她身体结实,这使她很苦恼。因为担心长子辰平像他父亲一样不敢背母亲上山而惹人嘲笑,她有意敲掉了自己还算结实的两颗门牙。一天,作为续弦的儿媳妇阿玉来到辰平家里,颇受阿玲婆和辰平喜欢。长孙袈裟吉又娶了西屋家女儿阿松做妻,不料因西屋家偷人家的土豆而全家被活埋。阿玲婆既教会阿玉捉鱼的方法,又说通阿金与次子、作为奴崽的利助过一夜性生活,然后准备上楢山的仪式。拂晓,辰平背着阿玲婆走上了白骨成堆、恐怖悚人的楢山,然后忍痛告别妈妈,返回村里。天飘飘扬扬下起大雪,阿玲婆在雪中楢山默默地等待死神的到来。今村导演像研究一块古生物化石或原始生物标本一样,通过影片的特殊语言表现了一个恪守原初习俗和原始的封闭世界,人们拙笨而执著地活着,又在习俗的寒风白雪中死去。朴素的生命观体现了他们生命的顽强,然而这种原始的朴素的道德风俗却无形之中压抑了人性,对自身内部的生物性进行排斥,剥夺了奴崽们一般的性本能的要求,然而这种自身内部与生物性交融一体的人性却深深地刺激了被剥夺者的潜意识。同样,作为观众亦会为之而深思。影片是一曲生的赞歌,将生与死者表现得极富美感和庄严。此片获得1983年戛纳国际电影节最佳影片金棕榈奖。

岩井俊二与《情书》

岩井俊二(1963～　),日本电影电视导演。生于宫城县仙台市。中学时代迷恋电影,遍览日本国内外电影。毕业于横滨国立大学。之后活跃于映像媒体界。执导过电视广告片、电视剧、音乐电视片等。1993年执导富士台电视剧《如果》中的一集《仰望烟火,还是侧看烟火?》,获日本导演协会新人奖。1994年执导电视电影《解绳》,以其独特的映像感觉在日本影坛独树一帜。1995年执导的《情书》获柏林国际电影节最佳亚洲电影奖。这部描写年轻人告别自己初恋情人的心理电影获得了日本国内外的高度赞扬,获日本《电影旬报》十佳作品奖第一,读者选最佳导演奖,成为继日本90年代群体导演之后,新生代导演的代表作家。1996年执导《野餐》获柏林国际电影节电影记者奖。同年还执导了《火龙拳》和《燕尾蝶》。1998年执导《四月物语》。由于岩井精通所有影像形式,并将其综合地运用在电影创作中,因而形成了"岩井美学"的独特风格,被日本影评家们誉为"映像作家岩井俊二"。主要电视剧作品有:《菜肉蛋卷》、《幽灵商店》、《龙拳》。

《情书》　在神户,渡边博子抄下一个无法投递的旧址,给死去的未婚夫藤井树写了一封信,只有两句话:你好吗?我很好。没想到竟收到了回信。但这个藤井树是个女孩,博子决定去拜访这个女藤井树。但她们多次擦肩而过却无缘相见。博子留下信说她的未婚夫叫藤井树。女藤井树说她有个中学同学叫藤井树,可能是她的未婚夫。博子忽然醒悟藤井树爱她因为她像女藤井树。她请女藤井树多讲些男藤井树的事。他们同名同姓在一个班上,引起的混乱可想而知。两人心里产生怪怪的感觉。女藤井树回到中学,图书馆里整理书籍的女生说87本书的借书卡都有藤井树的名字。老师告诉她另一个藤井树已经去世了。博子到藤井树失事处与他道别,对着雪山高叫:你好吗?我很好。整理书籍的女生发现《追忆似水年华》的借书卡背面画着女藤井树的肖像,而这本书,是男藤井树最后一次与她见面时请她代还的。可惜她当时什么也没有发现。这是一部明亮清秀的抒情之作,感而不伤,巧合而含蓄,在生死无常中找到温馨的人情交汇点,不管天南地北、前世今生的时空阻隔,微妙地联系起来,拍得不落俗套,细微动人,婉转有趣。岩井俊二的电影手法没有卖弄,整体拍出情趣,特别是回忆中学往事部分,很有情趣。《情书》珍惜生命和爱情,悼亡场面也是泪中有笑,用笑声驱散人生的冰冷和荒谬,看起来令人舒畅。本片获得日本《电影旬报》评选1995年十大影片第一名,岩井俊二获选最佳导演。

北野武与《花火》

北野武(1947~),日本电影导演、影视演员、相声家、制片人。生于东京。曾以艺名彼得武蜚声日本相声舞台、电视台以及广播电台中心的电视小品节目,并出演广告片和电视剧。1983年出演大岛渚执导的《战场上快乐的圣诞节》,从此踏上电影表演之路。1989年北野武执导了电影处女作《这个男人很凶暴》(又译《小心恶警》),并以"彼得武"艺名出任演员、显示了他多方面的艺术才能和与大制片厂培育的一代导演截然不同的气质,打破了传统的制片模式,惊动了日本影坛。影片即获日本《电影旬报》十佳作品奖。此后几乎每片必获此奖。他的作品几乎都是自编自导自演。

1998年执导《花火》，北野风格达到成熟。他在作品中表现出来的即兴表演，即兴摄影，故事跟着感觉走，突发性暴力冲突，失衡的角色搭配等电影语言为日本影坛带来了全新的映像，也为世界影坛带来了新的视觉冲击。该片获第54届威尼斯电影节金狮奖，欧美影评人惊叹"北野武冲击波袭击威尼斯"。1998年执导自传体电影《菊次郎之夏》，与以往风格截然不同，他自称此片是自己心中寻母三千里思乡之情的结晶。同年担任影片《不活了》的制片人。日本影坛因他第一次打破日本电影史上百年历史形成的制片厂体制，开创了电影创作的自由奔放的氛围，称他为"日本新电影"的代表作家。主要作品还有：《业余棒球队》(1990)、《小奏鸣曲》(1993)、《大家都干吗？》(1995)。

《花火》 刑警西佳敬不停奔波，他面对突然死亡的孩子和身患不治之症的妻子时忽然感到自己竟不知为何奔波。同事崛部的事故使他内心的焦躁爆发了。西佳敬去医院探视妻子，这天崛部遭到杀人犯的枪击。西佳敬内心受到责备，认为他们的不幸与自己有关系。为了与妻子共同度过所剩不多的日子，西佳敬向黑社会借钱。最后在黑社会追杀和警察堵截情况下，西佳敬与妻子在海边自杀。这部影片用美丽夺目的鲜花和熊熊燃烧的烈火来象征爱与暴力，来体现生与死的主题。本片中的暴力是在所爱的人物、事物受到危害时爆发的暴力，使观众能够接受。北野武在片中插入了自己的绘画，创造了一个充满慈爱的宁静世界。影片还展现了大自然的美丽。突破了旧日本电影的一些固有模式。这是北野武第7部影片，达到了一种精炼的成熟。将现实镜头的推进和对突然插进的极其复杂的回忆镜头的处理非常统一自然。这部影片1997年获第54届威尼斯国际电影节金狮奖。

阿巴斯与《樱桃的滋味》

基阿罗斯塔米·阿巴斯(1940~　　)，伊朗电影导演。生于德黑兰。1987年创作《朋友的家在哪里》。1988年两伊战争结束,1989年伊朗电影踏上国际影坛,该片获洛迦诺电影节铜豹奖。1992年创作的《人生在继续》是《朋友的家在哪里》的续篇,获戛纳电影节评委会奖。这两部电影与1994年创作的《穿过橄榄树林》被统称为"之字形道路三部曲"。1997年执导被誉为生命赞歌的《樱桃的滋味》,与日本的《鳗鱼》并列戛纳国际电影节金奖。1999年执导《随风而去》获威尼斯电影节评委会奖。主要作品还有:《下课后》(1972)、《经验》(1973)、《一个问题两种解决方法》(1975)、《我也能做》(1975)、《结婚典礼的服装》(1976)、《颜色》(1976)、《报导》(1977)、《如何度休闲》(1977)、《对老师的赞辞》(1977)、《解决工》(1978)、《最初的下一个的》(1979)、《齿科卫生学》(1980)、《守次序与不守次序》(1981)、《大合唱》(1982)、《牙痛》(1983)、《市民》(1983)、《一年级学生》(1984)、《课外作业》(1989)、《放大》(1990)、《光的诞生》(1997)。

《樱桃的滋味》 中年男子巴迪埃伊先生驾车在德黑兰郊外徘徊。在山丘上,巴请一个年轻士兵搭便车,告诉他自己打算当晚自杀,他愿意给士兵20万伊朗旧金币,只须士兵翌晨来掩埋他的尸体。但这位士兵拒绝为他服务。巴继续前进,带走了一位年轻的阿富汗神学院学生,他又一次讲述了他的计划,但神学院学生告诉他自杀是错误的,所以不能帮他。巴又一次上路,找到乘客巴盖里,巴盖里同意帮他,不过仍然尽力说服他不要自杀,向他谈起生活的乐趣和大自然的美好。巴叮嘱巴盖里在掩埋他的时候必须弄清他是否确实死了。夜里,巴迪埃伊到达小山上他挖好的小坑里……翌晨,士兵们操练时,一个摄制组拍下这些镜头。扮演巴迪埃伊的演员在附近等候他们。拍摄完毕,摄制组整理行装,准备返回城里。

这部影片使伊朗电影崭露头角,在世界影坛占有一席之地。在影片大部分场面里,主人公巴迪埃伊都是一个孤傲、排外、谜一般不可思议的人物。他透过汽车玻璃窗观察世界。这种缄默、节制以及使他与世隔离的无处不在的障碍,使他看上去成为一个捕食他的牺牲品的不祥的人物。观众和片中其他人一样想了解巴迪埃伊自杀的动机,但遭到了失败。影片与阿巴斯前两部影片《橄榄树下》和《特写镜头》一样,以叙事结构上的重复为依据,具有粗浅的叙事风格和简单的故事情节,它们累积的印象与效果可以吸引观众与发生的事件在思想上产生共鸣。片中近景和远景交替使用,暗示有知和无知。在影片开阔的谜一般的结尾,故事达到了最高潮。本片获1997年第50届戛纳国际电影节金棕榈大奖。

吴永刚与《神女》

吴永刚1907年生于江苏吴县。19岁进入上海百合影片公司,师从史东山。1934年他编导了第一部无声影片《神女》,由阮玲玉主演。影片塑造了一位旧上海街头妓女阮嫂的银幕形象。为生活所迫出卖肉体的阮嫂,含辛茹苦地抚养幼子,送他上学,一心想让他成长为"好人"。某夜晚,她因躲避警察的追捕偶遇流氓的掩护,却从此无休止地陷入流氓的纠缠和霸占。爱子是她生存的唯一希望,然而她卑贱的身份又使孩子遭受歧视,老校长也不得已在校董们的迫使下最终将孩子开除出校。阮嫂无奈地想离开上海另谋生路,不料积攒下来的那点钱也被流氓偷走。绝望中的阮嫂失手用酒瓶砸死了流氓,被关入狱。同情母子二人的老校长最后答应阮嫂尽义务承担起对孩子的教育。影片上映时颇受好评,被誉为当年中国影坛的最大收获。《神女》以画面设计简洁真实,电影语言凝练朴素,镜头转换自然流畅,叙事风格缓慢深沉而著称,准确地渲染出作品悲切的气氛,颇具艺术感染力。该片不仅使早期中国电影艺术创作提高到一个新水平,迄今为止也被国际影坛公认为是无声影片中最优秀的作品之一。

此后,吴永刚编导了影片《壮志凌云》(1936),被称作为"充满刚毅勇敢和血腥气味的一部纯粹的国防影片"。抗日战争爆发后,

在"孤岛"生活的他先后又拍摄了《胭脂泪》(1938)、《离恨天》(1938)、《铁窗红泪》(1941)等;1947年后他拍了《迎春曲》、《饿人行》等;1950年后他拍摄了《辽远的乡村》(1950)、《哈森与加米拉》(1952)、《碧玉簪》(1962)、《尤三姐》(1963)和歌剧改编的《刘三姐》(1978)等影片;1980年,吴永刚同吴贻弓导演联手导演《巴山夜雨》(任总导演)。影片拍得细腻、精致,荣获了1981年中国电影金鸡奖最佳故事片奖。吴永刚导演于1982年12月18日在上海逝世。

费穆与《小城之春》

费穆1906年生于江苏吴县。他曾自学过英、德、意、俄多种语言。1930年进入天津华北电影公司任编译主任,主要翻译英文字幕和撰写说明书。1932年任联华影片公司导演,1933年处女作《城市之夜》第一次亮相便以纯熟的导演技巧,体现出对电影观念的独特思考,他率先提出电影艺术"应该早些离开戏剧的形式,而自成一家"的主张。此后,费穆相继导演了影片《人生》(1933)、《香雪海》(1934)、《天伦》(1935)、《春闺梦里人》(《联华交响曲》片断,1937)、《前台与后台》以及戏曲片《斩经堂》等影片。其中,《天伦》被誉为"达到了中国默片的最高峰"之作。1936年他编导了寓言式影片《狼山喋血记》,又一次为电影观众和评论界所喝彩。上海"孤岛"时期,费穆创办了民华影业公司,导演了《孔夫子》、《洪宣娇》、《国色天香》、《世界儿女》等影片。太平洋战争爆发后,他拒绝与日伪合作而转向话剧创作,参与创办上海艺术剧社。抗战胜利后,费穆在主持上海实验电影厂期间,导演了代表他的电影创作最高成就的影片《小城之春》。

《小城之春》 描写了抗战后江南某小城中的一个破落家庭,丈夫戴礼言长期患病,妻周玉纹不爱他,却也克尽做妻子的责任。一天,礼言的老同学章志忱医生来到戴家,竟发现礼言的妻子正是他多年前的恋人。面对现实三人陷入痛苦和矛盾的感情冲突之中。

夜晚,玉纹一次次地走向志忱的房间;清晨,志忱又一次次与玉纹在土城上相会;志忱酒后袒露真情,酒醒过来又为病中的礼言拒绝玉纹;玉纹怀着内疚之情想到自杀,结果自杀未遂的却是发觉志忱和玉纹之间微妙情感的礼言。玉纹终于意识到作为妻子未能尽到自己的责任,志忱也感到了自己所造成的难堪窘境,最后离开了戴家。悔恨交集的玉纹和礼言继续过起平静的生活。影片尽情地渲染了典型中国知识分子的情感纠葛。导演在影片中所营造出的"凄凄惨惨戚戚"的气氛,富有效果地表现出费穆"抒情心理片"的艺术特色。费穆的电影作品富于哲理性,善于剖析复杂的人性,镜头深入人物的内心深处,注重人物心灵的刻画。在艺术处理上,形成了他自然贴切和意境幽深的风格。影片《小城之春》是费穆电影的代表之作,也是中国电影历史上的不朽之作。费穆于1951年1月31日在香港病逝。

谢晋与《红色娘子军》

谢晋1923年生于浙江上虞。1948年进入上海电影界,任副导演,参与了《鸡毛信》、《妇女代表》等影片创作。任导演后拍摄的代表作品有:《水乡的春天》(1955)、大型纪录片《春节大联欢》(1956)和中国第一部彩色体育故事片《女篮5号》(1957),该片是他的成名之作。进入60年代,他的导演艺术更显成熟,1960年导演了影片《红色娘子军》。

《红色娘子军》 表现了海南女奴琼花成长为红军指挥员的传奇故事。30年代的海南岛椰林寨地主南霸天的丫头吴琼花,巧遇装扮成华侨巨商的红色娘子军党代表洪常青,并得救参加了娘子军。吴琼花对南霸天怀有深仇大恨,在执行任务中违反侦察纪律向仇人南霸天开了枪,在洪常青耐心的启发和教育下,琼花从错误的行为中迅速成长起来,洪常青英勇就义后,琼花继任党代表,带领红色娘子军消灭了南霸天的反动势力。影片通过吴琼花的成长过程，揭示了中国妇女只有在中国共产党的领导下，才能获得彻底解放的主题思想。导演以缜密的构思和娴熟的蒙太奇技巧将场景繁多、矛盾冲突复杂的影片有机地组织在一起。影片还成功地使用了当时并不多用的变焦距镜头，以渲染人物起伏激荡的感情和影片跌宕曲折的情节。充满传奇色彩的《红色娘子军》，环境、服装、道具也别具鲜明的南国特色。祝希娟的出色表演和充满人物个性化的魅力，给人们留下了深刻的印象。影片的主题歌《娘子军连歌》雄伟刚毅，广为流传。影片于1962年首届电影百花奖中获得最佳故事片、最佳导演、最佳女演员和最佳男配角奖，并在1964年印度尼西亚第三届亚非电影节上获万隆奖第3名。

在《红色娘子军》之后，谢晋导演于不同年代拍摄的重要作品有：《大李、小李和老李》(1962)、《舞台姐妹》(1964)、《海港》、《春苗》、《青春》、《啊，摇篮》、《天云山传奇》(1980)、《牧马人》(1982)、《高山下的花环》(1984)、《芙蓉镇》(1987)、《最后的贵族》(1990)、《清凉寺的钟声》(1992)、《鸦片战争》(1997)等，大部分影片分别荣获中国电影金鸡奖、华表奖、百花奖中的最佳故事片、最佳导演等奖项，并多次获得国际电影大奖。

郑洞天与《邻居》

郑洞天1944年出生于上海。北京电影学院导演系毕业。1976年调回北京电影学院导演系任教，任导演，现任博士生导师。曾与谢飞联合导演了《火娃》(1976)和《向导》(1979)两部影片，1981年郑洞天与徐谷明联合执导了优秀影片《邻居》。之后，又导演了《鸳鸯楼》(1987)、《密闯金三角》(1989)、《人之初》(1992)、《故园秋色》(1998)、《刘天华》(2001)；郑洞天还执导过多部电视剧：《命运》(1989)、《老师》(1994年)、《父亲是变色龙》(1996)、《寻呼妈妈》(1997)；2003年导演了新片《台湾往事》。

《邻居》 是郑洞天导演在电影艺术形式与技巧上勇于探索、

大胆尝试的一部优秀影片。故事描写了"文革"过后,居住在建工学院的一幢教职工宿舍楼里的院领导和普通群众,多少年来挤在一起邻里为友,和睦相处地生活,却在面临分房的时候楼里掀起了风波,焦点是院领导袁亦方搬走空出来的房子可否当作公共厨房,就是这么一个普通群众的小小要求,最终虽然得到了满足,但为此做出努力的老领导冯汉元却病倒了。在大家欢聚的时候,老冯带来了祝福……影片大胆地触及了城市住房的敏感问题,揭露了社会上的不正之风,并注重发掘生活中蕴藏着的积极力量。影片以现实主义创作方法反映普通人民的生活,纪实性的造型表现风格,使影片颇具现实感:狭窄的楼道、拥挤的厨房、嘈杂的声响,使观众具有身临其境之感。全片无一段"音乐",不加掩饰,影片注重环境气氛、人物形象和音响效果的真实感,质朴无华的审美追求缩短了电影和生活的差距。该片荣获1981年文化部优秀影片奖,第2届中国电影金鸡奖最佳故事片奖和最佳道具奖。

谢飞与《香魂女》

谢飞1942年出生于延安。1965年毕业于北京电影学院导演系并留校任教、任导演,现任博士生导师。最初与郑洞天联合导演了《火娃》(1976)和《向导》(1979),1983年独立执导影片后的代表作品有:《我们的田野》(1983)、《湘女潇潇》(1986)、《本命年》(1989)、《世界屋脊的太阳》(1991)、《香魂女》(1992年)、《黑骏马》(1995)、《益西卓玛》(1999)等。2003年谢飞导演还完成了他执导的第一部电视连续剧《日出》。

《香魂女》是谢飞导演赢得最高艺术成就的优秀作品,获得了第43届柏林电影节金熊奖;获得了1992年广播电影电视部颁发的特别荣誉奖。《香魂女》描写了香魂淀畔的香油坊精明能干女老板香二嫂,她的生意做得红红火火,引来日本投资商的注意。但香二嫂与她瘸腿的丈夫一起生活,饱经拳脚并不幸福,痴呆的儿子找不到媳妇,香二嫂则用重金买了个漂亮勤快的儿媳环环。不幸的香二嫂与任忠实相爱20多年,一次幽会不料被环环撞见,善良的环环对此表示出的理解却使香二嫂感到震撼,她提出为环环解除婚约,但已对生活绝望了的环环认定了自己的命运。影片显示出谢飞导演对中国女性命运的关注和对女性的命运特有的敏锐观察和深切剖析。风格上和《湘女潇潇》相近,注重环境对于人物心境的烘托,香魂淀成为影片的一个重要"角色",构成老少两代女人命运的一种隐喻,摄影画面也使一潭优美的湖水富于女性柔和的象征意义。香二嫂的人物刻画是个既令人同情赞赏,又令人憎恶的形象,她的白天和黑夜的生活被截然分为两块,白天她的外表是有力、能干和成功的;黑夜她的内心是痛苦、压抑和软弱无力的,她的精神是分裂的。谢飞导演的一部部优秀作品得到了国内外电影专家和观众的充分肯定,多次获得了国际、国内各大电影节的奖项。

张军钊与《一个和八个》

张军钊1952年出生于河南长乐。1978年考入北京电影学院导演系,1982年毕业分配到广西电影制片厂任导演。1983年他导演了第一部影片《一个和八个》。影片故事发生在抗战时期的冀中平原。八路军指导员王金被人诬陷为奸细,蒙冤与土匪大秃子等8名罪犯关在一起。在恶劣的环境下,他仍以民族解放事业为重,以自己的广阔胸襟和革命思想感化、教育着同狱的土匪和逃兵,使他们在被鬼子包围的严峻时刻,英勇杀敌以赎回罪过,王金也重新获得了党和人民的信任。影片一改以往战争片的明亮色彩,第一次运用黑白灰三色创造出雕塑般的画面力度感,用不完整的构图揭示出身躯和精神所遭受的扭曲、人物关系的复杂和特定的战争氛围。影片在电影语言的运用上打破了传统的范式,表现出视觉造型的历史个性,在中国电影史上有其特殊的意义。摄影风格也常用大反差的光线和黑白对比的版画式处理与影片主题内容相呼应。这部影片是第五代导演探索电影的开山之作,此后精彩的作品相继呈现。张军钊导演继《一个和八个》之后拍摄的影视作品有:《加油,中国队》(1984)、《孤独的谋杀者》(1985)、《弧光》(1988)、《死拼》(1989)、《台北女人》(1991)、《花姊妹风流债》(1991)以及《生死之间》(1990)、《李正海》(1995)、《爱在夏夜里燃烧》(1997)、《福州国际绑架案》(1998)等。其中,1988年的影片《弧光》具有"体验片"和"心理片"哲学喻意,运用电影的纪实功能以渗透中国画的写意和空灵的精髓,探索再现与表现两种创作倾向在一部作品中的和谐统一。影片获第16届莫斯科国际电影节特别奖。

张艺谋与《秋菊打官司》

张艺谋1950年生于陕西西安。1978年被北京电影学院摄影系破格录取。毕业后任广西电影制片厂摄影师、导演。1984年与萧风联合摄影《一个和八个》,独立摄影《黄土地》(1984)、《大阅兵》(1986)。1986年借调到西安电影制片厂任导演。1987年主演了影片《老井》。1988年作为导演的处女作影片《红高粱》,便一举夺冠荣获1988年第36届西柏林国际电影节金熊奖,以及一系列国内外电影节的大奖,为中国电影走向世界掀开了崭新的一页,也使张艺谋从此走上了导演之路。此后他导演的《菊豆》(1989)、《大红灯笼高高挂》(1991)、《秋菊打官司》(1992)、《活着》(1993),每部影片均得到观众好评,在各大国际电影节上也引起轰动。

《秋菊打官司》 以强烈的纪实风格展现一段真切感人的故事,获得了第49届威尼斯国际电影节金狮奖和最佳女演员奖。影片改编于陈源斌的小说《万家诉讼》,讲述了老实的村民庆来,为承包一事与村长王善堂发生了争执,被村长踢伤。村长认为是按文件精神办事,不承认打人有错。庆来妻秋菊咽不下这口气,为了讨个说法,带着6个月的身孕,寻上级告状。而村长坚持不认错,最后秋菊上诉到市中级法院。除夕夜,秋菊难产,村长不计前嫌,组织人将秋菊送往医院。秋菊生下一个男孩,全家对村长感激万分,当孩子满月时,市中级法院判决下来了,村长因伤害罪被判拘留,秋菊想去为村长说几句好话,可警车却消失在山野之间。影片既有故事性的虚构,又有模拟生活真实的纪实性形态。影片中大量的偷拍、同期录音、地方方言,增强了作品的真实感。影片善于利用幽默手法,大俗又大雅,准确地把握了民风、民俗,使原本严肃的题材充满情趣。演员求真不求美,人物的塑造惟妙惟肖。影片还获得了1992年广播电影电视部的特别荣誉奖、第13届中国电影金鸡奖最佳故事片奖、最佳女主角奖,第16届百花奖最佳故事片奖、最佳女演员奖,第49届威尼斯国际电影节金狮奖、优尔比杯最佳女演员奖;意大利《查克》杂志电影评奖最佳影片奖、最佳女演员奖,意大利《电影文化》杂志电影评奖青年与电影最佳影片奖,温哥华国际电影观摩展最受欢迎影片奖等多种奖项。

此后,张艺谋还导演了《摇啊摇,摇到外婆桥》(1995)、《有话好好说》(1996)、《一个都不能少》(1998)、《我的父亲母亲》(1999)、《幸福时光》(2000)、《英雄》(2002)等影片。1997年张艺谋又开始尝试舞台剧创作,应意大利佛罗伦萨节目歌剧院的邀请,执导了歌剧《图兰朵》,该剧在异国引起轰动。张艺谋以他出众的才华在国内外享有盛誉,1996年被美国《娱乐周刊》选为当代世界二十位大导演之一;1998年被美国《时代周刊》选为"世界十大风云人物";1993年荣获中华人民共和国人事部颁发的"中青年有突出贡献专家"的称号。

陈凯歌与《霸王别姬》

陈凯歌1952年出生于北京。1978年考入北京电影学院导演系。1984年导演了处女作《黄土地》,影片鲜明的造型意识,强烈的主观色彩和深刻的思想内涵,给中国影坛带来了强烈的冲击,是中国当代电影史上一部划时代之作。该片获第5届中国电影金鸡奖最佳摄影奖;并在一系列国外电影节上屡获大奖,最终入围1985年香港电影节10大名片。此后,陈凯歌导演了《大阅兵》(1986)、《孩子王》(1987)、《边走边唱》(1991)。纯熟的电影语言,赋予影片深刻的哲学意味和文化思考,也使他的电影创作走向了成熟。1993年,陈凯歌以《霸王别姬》一片,使中国电影第一次问鼎法国戛纳国际电影节金棕榈大奖。该片同时还获得第51届美国"金球奖"最佳外语片奖;奥斯卡金像奖最佳外语片提名。影片通过两个京剧艺人所经历的时代变幻和命运跌宕,传达出中国人身不由己的悲剧人生。

《霸王别姬》 改编自李碧华、芦苇的同名小说。影片讲述了两个京剧艺人半个世纪的沧桑经历。民国时代,小豆子自小被母亲送进京剧班,学旦角。大师兄小石头豪情仗义,俩人合演的《霸王别姬》红极一时,两人很快成为名角,艺名段小楼和程蝶衣。蝶衣一心想和师兄合演一辈子《霸王别姬》,将历史上英雄美人两情缱绻的悲剧性情景视为自己的人生理想。而段小楼却钟情青楼女子菊仙。菊仙的出现使两兄弟的感情出现不可愈合的伤痕,从此分道扬镳。解放后,当年蝶衣和小楼一起收养的小四在舞台上抢了虞姬的角色。在"文革"中,小四又六亲不认的带头批斗蝶衣和小楼。而段小楼为求自保,再次背叛了师弟和妻子。"文革"后,在舞台上分离了22年的蝶衣、小楼再次合作《霸王别姬》时终成绝唱,蝶衣拔剑自刎实践了自己的人生和艺术理想。此片的创作可说是陈凯歌个人序列中的一次转折,从人文电影向商业电影跨进了一大步,情节波澜起伏,人物命运跌宕,镜头的涵义趋于明确简练,一目了然。他将此前对电影形式的探索与情节剧的结构和引人入胜的商业元素完美结合,又不舍文化思考的主旨,在"舞台小社会,社会大舞台"的故事中折射出理想与现实,执着与背叛的永恒冲突。程蝶衣的梦幻人生有两个内涵,既是舞台情境与现实人生的混淆,又是男性意识与女性意识的倒错,影片的很多喻意正是基于这一人

物复杂的悲剧性和丰富性。陈凯歌电影蕴涵丰厚,有着较强的文化历史批判色彩。在刻意营造的视觉形象中寓以复杂多变的涵义,对中国人的生存状态及这种生存状态积淀的文化传统,进行了理性的反思。

此后,陈凯歌又执导了《风月》(1996),对人性进行更深刻的剖析,被美国《时代周刊》列为96年全球十大佳片,排名第7。进入21世纪,陈凯歌继续向商业电影发出挑战,拍摄了《刺秦》(1999)、《和你在一起》(2002),在人文色彩的关怀下,更注重市场的回报。

何平与《双旗镇刀客》

何平1957年出生于山西。1980年进入北京科学教育电影制片厂,开始了他对导演梦的执着追求。他曾任故事片《竹》的场记,任副导演参与的作品有:《杂技女杰》(1980,舞台艺术片)、《气象小哨兵》(1981,科普故事片)、《初夏的风》(1982)、《欧妹》(1983)等。1985年调入西安电影制片厂,在《东陵大盗》第一、二集中任副导演,1987年联合导演《我们是世界》,1988年独立执导《川岛芳子》受到好评。1989年联合编剧并导演《双旗镇刀客》,1993年导演的《炮打双灯》,2003年完成了影片《天地英雄》。

《双旗镇刀客》 故事发生在河西走廊荒漠中的古城小镇,少年孩哥遵父遗嘱到双旗镇接亲。为了保护未婚妻好妹免遭凌辱,孩哥被迫杀了当地有名的刀客。镇民们为此感到大祸临头,怕遭刀客们报复而不许他带走好妹。威镇四方的刀客一刀仙为弟复仇,果然来到双旗镇,孩哥求助于另一刀客沙里飞的希望又化为泡影。生死关头,他显露出自己也未曾意识到的超人勇敢和武艺,他力劈一刀仙,携好妹告别了双旗镇。影片是一部惊险样式的影片,却没有着眼于猎奇、历险和媚俗,追求着一种具有民族文化底蕴的内涵和高尚的品格,并将通俗片和艺术片融于一体,令人耳目一新。影片以独特的电影语言,富有效果地营造和渲染了叙事空间的氛围,并赋予画面张力和冲击力,人物塑造也同样注重造型感和创造性。此片的出现为日渐颓势的武侠电影引入新的叙事方式与新的精神品格。该片荣获第 11 届中国电影金鸡奖最佳美术奖;荣获 1990 年第 3 届日本夕张国际冒险与幻想电影节最佳影片大奖;1992 年第 10 届意大利都灵国际电影节最佳影片提名;1992 年香港电影金像奖十大最佳华语片之一;1993 年第 43 届柏林国际电影节青年导演作品奖。

电视

电视的发明

电视是现代科技发展的产物,从电视基本理论的提出到电视的公开亮相经历了一个相当长的时期。进入20世纪后,电视的研究开始向电子电视的方向发展。但是,英国人约翰·贝尔德仍然在进行着机械电视的实验。1936年11月2日,英国广播公司采用贝尔德的机械电视系统,在伦敦建立了世界上第一座电视台,正式播出电视节目,世界公认这是电视事业的开端;这一天也因此而在电视发展史上具有重要的意义。不过,电视真正的未来是与电子扫描技术紧紧联系在一起的。1937年3月,英国广播公司正式用休恩伯格的电子电视系统取代了贝尔德的机械电视系统,大大提高了图像清晰度。自此,电子电视完全替代了机械电视。到第二次世界大战爆发以前,在美、英、德等国科学家的不断努力下,电视的发明已接近成功,简陋的电视接收机也已陆续上市。战争一结束,特别是微波技术运用于电视领域之后,电视事业迅速得到发展。各国纷纷建立电视台,电视很快成为现代社会最重要的一种大众传播媒介。

彩色电视的发明

与电影一样,现实世界所有的颜色在最初的电视屏幕上只能被还原为黑白两色。20世纪30年代到50年代初是这种黑白电视的鼎盛期,以后则逐渐为第二代电子电视——彩色电视所取代。研制彩色电视的工作很早就开始了。但直到1940年,世界上第一部彩色电视机才由美籍匈牙利科学家彼得·戈得马研制成功。第二次世界大战使彩色电视的研制工作一度中断。战后1953年,美国"联邦传播委员会"宣布决定采用"国家电视系统委员会"所审定的"NTSC"系统,以其作为美国彩色电视的制式标准。1954年,美国正式播出了彩色电视节目,成为世界上第一个开办彩色电视的国家。继美国之后,日本于1960年9月正式播放彩色电视节目;加拿大于1966年,法国、联邦德国、前苏联、英国于1967年,都先后开办了彩色电视。

卫星和电视广播

1962年7月,美国把世界上第一颗通信卫星"电星1号"发射升空,并成功地进行了横跨大西洋的电视节目传送实验。1963年11月22日,肯尼迪总统遇刺的实况通过"接力1号"卫星立刻传送到了日本和欧洲,初次显示了卫星的威力。1964年4月,国际卫星通信组织成立,并于1965年4月6日把第一颗国际商用同步卫星"国际通信卫星"1号发射升空。同年6月,该卫星正式投入使用,为北美和欧洲之间传送电话、电报、无线电传真以及广播电视节目。这标志着世界正式进入了卫星通信的时代。紧随美国之后,前苏联于1965年4月把"闪电"1号卫星发射升空,承担起前苏联全境及其和东欧国家之间的电视转播。1974年以后,加拿大、日本、意大利、英国、联邦德国、印度尼西亚等国先后发射了本国的卫星。

1984年,日本成功发射了世界上第一颗实用电视直播卫星,并于5月开始试播;1987年7月开始全天播出卫星直播电视节目。自此,卫星技术从传送电视节目发展到直接播出。"直播卫星"(英文缩写为DBS)是指用90厘米以内的抛物面天线便能接收到信号的通信卫星。

另一方面,卫星新闻采集(SNG)也在20世纪80年代发展起来。装有卫星传送设备的卡车使记者可以到地球上任何一个地方去采访,并即刻送回他们的报道。借助卫星新闻采集技术,地方电视台也可以派出自己的记者越洋跨洲地报道重大新闻,这极大地改变了地方台与电视网的关系。随着卫星技术的进步,电视在未来必然会有更大的发展。

有线电视

有线电视作为一种相对独立的电视传播网络,现在已成为发达国家极其重要的一种信息传播方式。随着电子互联网络技术的发展和普及,有线电视系统引起人们更大的关注。

20世纪50年代的美国,当时居住在山区的一些电视用户由于不能接收到清晰的电视信号,他们就把天线架在高地的顶上,然后把电线一直拉到下面的房子里。这一系统被称为"CATV"或"社区共用天线系统",就是现在有线电视(又称电缆电视)的雏形。继美国之后,英国、加拿大和日本等国为了解决边远山区和高楼林立的城市接收电视信号的问题,也先后应用了有线电视技术。但有线电视并没有仅仅满足于接收、传递电视信号的功能。60年代,有线电视传送的节目中增加了一部分自行编排的节目,开始形成有线(电缆)电视网。70年代中期,同步通信卫星的发射使有线电视台大大扩展了传送的范围,增加了传送节目的套数,这成为有线电视发展历程中的一个转折点。自此,各发达国家开始大力发展有线电视,使之逐渐成为人们观看电视的主要途径。

随着互联网技术的发展,现在的很多人已着手将有线电视网开发为容量最大、速度最快捷的一种网络信息的转播渠道。

电视剧

一种以电视摄录像技术制作的,通过电视传播媒介播放的具有声音和图像的新的叙事艺术形式。电视剧是现代科学技术和叙事艺术结合的产物,它综合了文学、音乐、戏剧、电影等艺术形式的特点和表现方法,在制作方式和传播手段上更加先进和自由。电视剧以叙述故事见长,以人物对白为主,拍摄场景较电影变化少,多采用中景、近景和特写镜头,制作周期较短,有较强的生活气息,深受当代观众的喜爱。

电视小品

是电视屏幕上最短小的电视剧样式,一般通过对社会生活的片断表现,阐述耐人寻味的生活哲理。它形式短小、人物性格鲜明、言简意赅、耐人回味。电视小品的取材十分广泛,可以触及社会生活的各个角落,常常通过一两个人物和情节、三五个场景创造一种情境,给观众带来艺术的享受和哲理性的思考。

家庭影院

近年来,在欧美以及日本等国家流行着一种"家庭影院",只要对家用电视机进行改装配套便可收看。目前流行的有3种形式:

电视专线电影:在电视机上增设一条电视台指定的专门线路,到时即能直接收看到新电影,它不受商业广告的干扰。

彩色磁带电影:在电视机旁增设一个还像机,播放录像磁带。除能放出色彩鲜艳的画面外,还可以放出高保真立体声和两种语言对白,并可随意倒放或停止,以便于选看其中引入入胜的画面。这种磁带轻便易携带。许多国家都建有"磁带电影发行公司",让观众根据自己的兴趣爱好,购买或租赁磁带电影回家观看。

激光唱片电影:在电视机旁附设一个放录机,把激光唱片放上,即可将画面和声音还原在电视屏幕上。其独特之处在于播放速度可以自由调节,可快、可慢、可停,一般的影片只有两三张激光唱片。

科贝电视

"科贝"电视,已成为愈来愈多美国公众欢迎的一种电视技术。所谓"科贝"电视,即由用户付费申请后,电视公司便为他们接上专用的电视电缆,节目播放一天 24 小时,内容包括宗教政治、科技文化、娱乐婚姻等。"科贝"电视与众不同的是公司还为每家用户提供一个"家庭控制盒",盒子上布满了一排排按钮,可以用来选择不同的频道,而其中 5 个特殊的按钮则更是"科贝"电视得天独厚之处。用户通过规定的方法操纵这些按钮,便可以对诸如"智力游戏"、"民意测验"、"商品选购"以及"节目点播"等特别电视节目作出直接反映。"科贝"电视还经常使用这种方法通过电视进行各类选举活动,所有的用户反馈均由电视台的电脑处理。

"科贝"还利用电脑发展了一些辅导性的服务项目,如防火防盗、急救报警等。

电视电影

对于电视电影的界定直到目前为止尚未在影视研究中达成共识。从它的英文表达"movie made for TV"来看,是指专用胶片来拍摄、在胶片上直接或经胶转磁后剪辑、专供电视传播网播放的影片,不进入商业院线发行。从这个角度说,电视电影与电影的区别仅仅在于发行路径与观看方式的不同,在艺术规范、质量等方面的

要求与电影并无原则区别；电视电影与电视剧的区别和电影与电视剧的区别也基本一致，如：胶片拍摄、长度限制等方面。这并不抹杀三者的不同。因为，无论是电影、电视剧，它们首要面对的问题都是：视听语言。

中国中央电视台电影频道自1999年开始投入大笔资金制作及收购电视电影，这批电视电影几乎都是用磁带拍摄的。无论整体艺术质量如何，对电视电影的界定已经突破了严格意义上的胶片记录的限制。电视电影概念的拓宽，有一个正面效应是值得肯定的：将使影视创作者、影视批评家和影视观众更为关注电影语言本体及其艺术质量。

非线性剪辑

"非线性"在英文中的译文是 nonlinear。这是针对磁带的编辑方法而言。如果我们将磁带编辑方法称作线性，即连续的、带式的编辑，则电影就是一种非线性、非连续性的随机性的编辑方法。

在数字化时代，由于音、视频信号的数字化，使得运用计算机平台进行后期编辑处理成为了现实：即利用计算机高效处理数字信号的功能处理需要随意编辑的、已经数字化的素材数据，从而形成一种全新的数字式的非线性后期编辑方法。集电影剪辑和电视剪辑两者的优势为一体，为活动影像节目的创作者和制作者提供了前所未有的、简便高效的后期制作工具。

文 学

文学形象

文学作品中所塑造的表现作家审美意识、反映客观对象审美属性的具体生动的形象,是文学创作的直接结果。文学形象是靠语言来塑造的,也是文学欣赏的对象和起点。

人物性格

文艺作品所描写的各种人物身上所体现出来的独有的思想、品质、行为、习惯等特征。不同时代不同阶级的人或同一阶级但处于不同社会环境中和具有不同生活经历的人,其性格特征就各不相同。

意　境

文艺作品中所描绘的生活图景和表现的思想感情融合一致而

形成的一种艺术境界。其特点是描述生动具体、意蕴丰富,能够激发读者的联想和想像,获得超越具体形象的更深广的艺术时空。

构　思

作家、艺术家在孕育作品的过程中所进行的思维活动。包括选取、提炼题材,酝酿、确定主题,探索最适当的表现形式和结构方式,在叙事性作品中考虑人物活动与事件进展的布局等。构思受一定的世界观和创作意图的制约。

灵　感

指人类思维活动中一种富有创造性的精神状态。文艺、科学创造过程中由于思想高度集中、情绪高涨、思虑成熟而突发出来的创造能力。创作者在丰富实践的基础上进行酝酿思考的紧张阶段,由于有关事物的启发,促使创造活动中所探索的重要环节豁然开朗,乃至得到明确的解决,一般称之为获得灵感。具有突发性和偶然性的特点。

虚　构

指作家在创作时运用想像充实素材,补充人物、情节中的不足部分,丰富人物的性格,设计情节以构成整个形象体系的过程。所虚构的人物和事件来源于社会生活,而又比普通的实际生活更典型,使作品更具有真实性和感染力。

夸　张

文艺创作的一种表现手法。以现实生活为基础,并借助丰富的想像,抓住描写对象的某些特点加以夸大和强调,以突出所反映事物的本质特征,加强艺术效果。

讽　刺

文艺创作的一种表现手法。用讽刺和嘲讽的笔法描写敌对的和落后的事物，有时用夸张的手法加以暴露，以达到贬斥、否定的效果。

情　节

叙事性文艺作品中人物性格形成和发展的演变过程。由一组以上能显示人物与人物、人物和环境之间的错综复杂关系的具体事件和矛盾冲突所构成，用以展示人物性格和表现主题。一般包括开端、发展、高潮、结局等，有的作品还有序幕和尾声。

细　节

文艺作品中描绘人物性格、事件发展、社会环境和自然景物的最小的组成单位。社会环境和人物性格的完整描写是由许多细节描写所组成的。细节描写要具有真实性，要服从艺术形象的塑造、故事情节的展开和主题思想的表达，以具体生动地反映事物的特征、增强艺术感染力为目的。

冲　突

情节的构成因素之一。指叙事性文学中人物之间由于人生态度、思想感情、生活经历的差异而形成的矛盾或对立。是叙事作品构成情节的基础，是展示人物性格的手段。戏剧作品特别注重冲突的展示，没有冲突就不能构成戏剧。

结　构

文艺作品的组织方式和内部构造。指作家、艺术家根据对生活的认识，按照塑造形象和表现主题的需要，运用各种艺术表现手法，把一系列生活材料、人物、事件等分为轻重、主次，合理而均匀地加以安排和组织，使其既符合生活的规律，又适应一定作品的题材要求，达到艺术上的完整和谐。

素 材
作家、艺术家在生活实践中积累的尚未经过提炼和加工的原始材料，包括印象、感受、事件、人物、场景等，是作品题材的基础。

主 题
又称"主题思想"。文艺作品通过描绘现实生活和塑造艺术形象所体现出来的中心思想，是作品内容的核心。是作家通过提炼题材形成的思想结晶，体现作家对生活的主观评价。也指乐曲中具有特征的、处于显著地位的旋律，表现一个相对完整的音乐思想，为音乐的核心，亦为其结构与发展的基本要素。

体 裁
又称"样式"。文学作品形式的要素之一。指各种文学的类别。如诗、散文、小说、戏剧等。由于在反映社会生活、表达思想感情方面各具特点和不同的效能，而形成体裁。

韵 律
诗歌中的声韵和节律。包括音的高低、轻重、长短的组合，有规律的间歇或停顿，一定位置上相同音色的重复出现，以及句末或行末利用同韵同调的音形成的和谐，构成了韵律，以加强诗歌的音乐性和节奏感。

伏　笔

文学创作中描写、叙述的一种手法。指作者对将要在作品中出现的人物或事件，预作提示或暗示，以求前后呼应。这种手法有助于全文达到结构严谨，情节发展合理的效果，在戏剧创作中又称"伏线"。

高　潮

叙事性文艺作品中主要矛盾冲突发展到最尖锐、最紧张的阶段，是决定矛盾双方命运和发展前景的关键一环，为情节结构的组成部分之一。在高潮中，主要人物的性格、作品的主题思想都获得最集中、最充分的表现。在戏剧术语中，高潮又称"顶点"，通常出现在全剧的后半部。

外国文学

希腊神话

希腊神话主要由神的故事和英雄传说组成。神的故事包括天地的开辟、神的产生、神的宗谱、神的活动、人类的起源等。希腊神话里的神有新老之分。根据赫西奥德的记载,宇宙中最先生出了卡奥斯(混沌),"胸脯宽大的"盖亚(大地)、塔尔塔罗斯(地狱)和埃罗斯(爱)。卡奥斯生了尼克斯(黑夜)和埃瑞波斯(黑暗),这二者又生了太空和白昼。盖亚生了乌拉诺斯(天空)、高山和大海。乌拉诺斯成为世界的主宰,与盖亚结合生奥克阿诺斯、许佩里翁、伊阿佩托斯、忒亚、瑞亚、忒弥斯、谟涅摩平涅和克罗诺斯等6男6女,还生了3个独眼巨怪和3个百手巨怪。许佩里翁和忒亚使世界有了赫利奥斯(太阳)、塞勒涅(月亮)和埃奥斯(曙光)。乌拉诺斯被克罗诺斯阉割,从他的血液中生出了巨神吉伽斯和复仇女神埃里尼斯。这两代就是希腊神话里老辈的神。克里诺斯和瑞亚也生了6

儿6女,最小的是宙斯。宙斯推翻了自己的父亲,成为世界的主宰。宙斯与他的哥哥姐姐得黑忒尔、赫拉、哈得斯、波塞冬等,子女雅典娜、阿波罗、阿尔忒弥斯、阿瑞斯、阿佛罗狄忒、赫菲斯托斯、赫尔墨斯等,就是所谓的"新神",又称"奥林波斯众神"。这里提到的"新神"在希腊神话里统称十二主神。在古典时代及以后的神话里,有些神失去了新和老的区别。例如,太阳神赫利奥斯原是老辈的神,自公元前5世纪开始即与"新神"阿波罗混同;埃罗斯也是最古老的神,后来却成了爱与美之神阿佛罗狄忒的儿子,调皮的小爱神。在文学作品中,希腊的神都是人格化了的形象,和人不同的地方在于他们被描写成是永生的,在各自的领域内往往具有无与伦比的威力,他们的好恶对人有决定性的影响。

　　传说里的英雄多是神和人所生的后代,每个英雄都是特定的希腊部落(后来是城邦)崇拜的对象。主要的英雄有佩尔修斯、赫拉克勒斯、忒修斯、伊阿宋(阿尔戈船英雄)、奥狄浦斯、阿基琉斯、奥德修斯等。以不同的英雄或事件为中心,形成了几个传说系列,如关于赫拉克勒斯的传说,关于忒修斯的传说,关于忒拜的传说,关于特洛伊战争的传说等。

　　希腊神话产生于希腊的远古时代,曾长期在口头流传,是古希腊人的集体创作,散见于荷马史诗、赫西奥德的《神谱》及以后的文学、历史等著作中。现在常见和系统的希腊神话都是后人根据古籍编写的。英雄传说中有神话化了的历史事件,也有讲述远古社会生活和人与自然斗争的故事。除此以外,希腊神话还包括不少解释某些自然现象的成因、某些习俗和名称起源的故事。希腊神话经历了丰富的时代变迁和历史风云,它几乎成为希腊乃至欧洲一切文学和艺术活动的基本素材。它从传说进入歌咏,从歌咏进入故事,从故事进入戏剧,最后进入通行全希腊的史诗,而且还在罗马文化中生根落户,成为全欧洲的文化宝藏。今天,欧美的戏剧、诗歌和其他的文化活动都在滔滔不绝流经于世的希腊神话中汲取新的营养,成为文艺再创造的重要源泉。

荷马史诗

相传为古代希腊两部著名史诗《伊利亚特》和《奥德赛》。作者为荷马。传说荷马是一位盲乐师。生于公元前9或者8世纪之间。荷马史诗《伊利亚特》和《奥德赛》,每部都长达万行以上,《伊利亚特》共有15693行,《奥德赛》共有12110行,两部都分成24卷。这两部史诗开始时只是根据古代传说编成的口头文学,靠着乐师的背诵流传下来的零散篇章,荷马就是最终把这两部史诗初步定型的职业乐师。古代关于攻打伊利亚特的战争和奥德修斯等神话传说还有很多,散见于古代希腊作家的著作里。而这两部史诗只选择了伊利昂城战争中第10年的51天,集中叙述了阿基琉斯的愤怒和奥德修斯在海上漂游10年之后终于回到故乡这一段,这样处理显然是一位会讲故事的古代诗人精心设计的结果。荷马史诗是在民间口头文学的基础上所形成的。它的原始材料是许多世纪里积累起来的神话传说和英雄故事,保存了远古文化真实、自然的特色,同时表明了在远古地中海东部的这个古代文化中心,文学曾达到了相当高度的繁荣。

伊索的寓言集

伊索(公元前6世纪),古希腊寓言家,弗里吉亚人,原为奴隶。公元前5世纪末,"伊索"这个名字已为希腊人所熟知,希腊寓言开始都归在他的名下。现在常见的《伊索寓言》是后人根据拜占廷僧侣普拉努德斯搜集的寓言以及后来陆续发现古希腊寓言传抄本编订的。《伊索寓言》大多是动物故事,其中的一部分如《狼与小羊》、《狮子与野驴》中,用豺狼、狮子等凶恶的动物比喻人间的权贵,揭露他们的专横残暴,反映了平民或奴隶的思想感情;《乌龟与兔》、《牧人与野山羊》等则总结了人们的生活经验,教人处世和做人的道理。伊索语言短小精悍,比喻恰当,形象生动。耶稣传教会曾于明代把伊索寓言传入中国。

安徒生童话

安徒生(1805~1875),丹麦作家。生于丹麦菲英岛欧登塞的贫民区。家庭贫困,没有受过正规教育。少年时代即对舞台发生兴趣,幻想当一名歌唱家、演员或剧作家。1819年曾在哥本哈根皇家剧院当了一名小配角。后因嗓子失润被解雇。从此开始学习写作。1829年进入哥本哈根大学学习。同年他的第一部重要作品《1828和1829年从霍尔门运河至阿迈厄岛东角步行记》游记出版,得到了社会的初步承认。1833年去意大利创作了一部诗剧《埃格内特和美人鱼》及其一部以意大利为背景的长篇小说《即兴诗人》。这些作品的出版标志着安徒生开始享有国际声誉。安徒生终身未婚,一生坚持不懈地进行创作,共撰写了168篇童话和故事。许多童话脍炙人口,如《卖火柴的小女孩》、《丑小鸭》、《皇帝的新衣》等。他把他的天才和生命献给了未来的世世代代。安徒生的童话与民间文学有着血缘关系,作品中大量运用丹麦下层人民的日常口语和民间故事的结构形式。语言生动、自然、流畅、优美,充满浓郁的乡土气息。继承并发扬了民间文学的朴素清新的格调。在世界文学上占有重要位置。

狄更斯的小说

狄更斯(1812~1870),英国小说家,于1812年2月7日生于朴次茅斯的波特西地区。他是19世纪英国伟大的批判现实主义作家,也是一个自学成才的代表人物。他一生刻苦写作,晚年常常是白天写作,晚上被邀请去朗诵自己的作品。1870年6月在写作小说《艾德温·德鲁德之谜》时去世。狄更斯生活在英国由封建社会向资本主义社会的过渡时期。资本主义的发展使大批小资产阶级贫困、破产，无产阶级遭到残酷的剥削而沦为赤贫。当时，英国的宪章运动给予狄更斯很大的影响，他的作品反映了宪章运动时代人民群众的情绪和要求，但是他始终是个改良主义者。他同情劳苦人民，又害怕革命。他抨击资本主义制度，不断地揭露其罪恶，但他不主张推翻这一制度。希望通过教育和感化来改造剥削者，并依靠他们的善心和施舍来消除社会矛盾。他在34年的创作生涯中，撰写了14部长篇小说（其中一部未完成）和许多的中、短篇小说以及杂文、游记、戏剧等。主要的作品有《奥列佛尔》、《老古玩店》、《董贝父子》、《大卫·科波菲尔》、《艰难时世》、《双城记》和《远大前程》等。狄更斯小说的风格轻松自然，他常用讽刺、幽默、夸张的手法，使人物性格鲜明，个性突出；他的文学语言精练、语汇丰富，他的创作把英国文学创作推向了前所未有的高峰，对英国现实主义文学的发展产生了深刻影响。

契诃夫的短篇小说

契诃夫(1860~1904)，俄国小说家、戏剧家。生于罗斯托夫省塔甘罗格市。祖父是农奴。1879年进莫斯科大学医学系。毕业以后行医，广泛接触平民和了解生活，对他的文学创作产生了良好的影响。19世纪90年代和20世纪初是契诃夫创作的全盛时期，当时俄国的解放运动进入了无产阶级革命的新阶段。契诃夫积极投入社会活动。这一切使他的创作有了一个新的突破。契诃夫在世界文学中占有自己的位置，他的短篇小说可以和莫泊桑齐名。契诃夫创造了一种言简意赅、艺术精湛的抒情心理小说的独特风格，截取片段平凡的日常生活，凭借精巧的艺术细节对生活和人物做出了真实地描绘和刻画，从而展示了重要的社会内容。这种作品抒情气味浓郁，抒发了他对丑恶现实的不满和对美好未来的向往，把褒扬和贬抑、欢悦和痛苦之情融化在作品的形象体系之中。代表作品有小说《变色龙》、《在钉子上》、《一个官员的死》；戏剧《海鸥》、《万尼亚舅

舅》、《樱桃园》和《三姊妹》等。他的小说和戏剧几乎全有中文译本。

但丁与《神曲》

但丁·阿利吉耶里(1265～1321),意大利诗人,中古到文艺复兴的过渡时期最具有代表性的作家。恩格斯称他为"中世纪的最后一位诗人,同时也是新时代的最初一位诗人"。《神曲》是但丁最主要的作品,它采取了中古梦幻文学的形式。诗中叙述但丁"在人生旅途的中途"迷失正路后走出了森林,刚开始登山,就被三只野兽(豹狮狼)挡住去路。正在危急时刻,古罗马诗人维吉尔出现,他受贝雅特里奇(但丁的精神爱人)的嘱托来搭救但丁,引导他游历地狱和炼狱,接着贝雅特里奇又引导他游历天国。和许多中古文学作品一样,全书的情节充满了寓意:在新旧交替的时代,个人和人类从迷惘和错误中经过苦难和考验,达到真理和至善的境界。《神曲》广泛地反映了现实,给中古文化以艺术性的总结,同时也显现出文艺复兴时代人文主义思想的曙光。《神曲》是一部长篇史诗,《地狱》、《炼狱》、《天国》各有33章,加上全书序曲共100章,长达14233行,每部曲最后一行都以"星"字作韵脚。《神曲》是用三韵句写成,这是但丁以民间诗歌中流行的一种格律为基础创造的新格律。更为重要的是《神曲》用意大利俗语写成,对于解决意大利文学用语问题和促进意大利民族语言的统一起了很大的作用,这使但丁成为了意大利第一位民族诗人。

卜伽丘与《十日谈》

卜伽丘(1313～1375),意大利作家。他是人文主义者和意大利文艺复兴运动的先驱。他的作品有传奇、史诗、叙事诗、十四行诗、短篇故事集、论文等。而最为出色的作品是故事集《十日谈》(1348～1353)。作品开头有段"序曲"式的故事,叙述1348年黑死病流行时,10名青年男女在乡村一所别墅避难时,终日游玩、欢宴,每人每天讲一个故事,10天讲了100个故事,故名《十日谈》。其中许多故事取材于历史事件、中世纪传说和东方故事。人文主义思想是贯穿于《十日谈》全书的一根红线。卜伽丘在许多故事里批判天主教会,抨击僧侣的奸诈和伪善。这种批判表达了当时平民阶级摆脱中世纪教会宗教的束缚和要求。赞美爱情,谴责禁欲主义,维护社会平等和男女平等。故事里面还塑造了许多的多才多艺、全面发展的新兴资产阶级的理想人物。但是其中某些故事也渲染了情欲和庸俗趣味。《十日谈》是欧洲文学史上的一部现实主义巨著。卜伽丘把古典文学和民间文学的特点兼收并蓄,作品语言精练、生动、幽默,写人状物,微妙尽致,为意大利艺术散文奠定了基础,并开创了欧洲短篇小说这一独特的艺术形式。他主要代表作品还有《菲洛柯洛》、《大鸦》、《但丁传》等。

席勒和《阴谋与爱情》

席勒(1759~1805),德国诗人、剧作家。生于内卡河畔的马尔巴赫。幼年受牧师默泽尔的启蒙教育,以后对席勒影响最大的是克洛卜施托克的《救世主》和莎士比亚的《奥赛罗》以及法国启蒙思想家卢梭的作品。他向往自由的革命思想。席勒从1776年开始写一些抒情诗作。1782年席勒用了7个星期写成了《路易斯·密勒林》,后改编为剧目《阴谋与爱情》。1784年公演,大获成功。《阴谋与爱情》是部市民悲剧,描写的是某邦宰相儿子斐迪南爱上了乐师的女儿路易斯。宰相的秘书用阴谋破坏两人的爱情。斐迪南中计,毒死了自己和路易斯。宰相归罪于秘书,秘书又揭发宰相害死前任的罪行,两个歹徒暴露了彼此凶残面目。这是席勒青年时代最为成功的一部剧本。反映了当时德国统治阶级政治的腐败,生活的奢侈,精神的空虚,宫禁的秽行。恩格斯评价它的"主要价值就在于他是德国第一部有政治倾向的戏剧"。席勒的主要剧作还有《强盗》、《华伦斯坦》、《奥尔良的姑娘》、《威廉·退尔》、《唐·卡洛斯》

和《斐爱斯柯》等。席勒以最富有现实主义的精神无愧于德国狂飙突进运动后期最优秀的作家。

歌德与《浮士德》

歌德(1749~1832),德国诗人。生于美因河畔的法兰克福。他一生从事文学创作,研究自然科学,并参与政治活动。他的文学作品不仅在德语文学,而且在世界文学中也占有重要地位。歌德从狂飙突进时期起直到他逝世前一年才完成了他的代表作品《浮士德》,前后延续了将近60年。《浮士德》取材于德国16世纪关于浮士德博士的传说。在传说中浮士德与魔鬼结盟,演出了许多罪恶的奇迹,死后灵魂被魔鬼掠去。歌德把这粗糙的民间传说经过加工改造,将浮士德提高为一个在人间不断追求最丰富的知识、最美好的事物、最崇高的理想的人物。歌德对于浮士德所结盟的魔鬼也赋予了深刻的意义,魔鬼代表虚无主义,自以为看破世情,处处帮助浮士德加深罪恶,阻碍浮士德向上,但是终以失败告终。因为无论是帮助还是阻碍向上,都刺激不了浮士德不断努力地追求。浮士德与魔鬼这两个截然不同而又结成伙伴的形象体现出美与恶、积极与消极的辩正关系。诗剧结构庞大,情节复杂,充满了浪漫主义气息。歌德的主要作品还有小说《少年维特之烦恼》、《威廉·迈斯特》;历史剧《葛兹·冯·伯利欣根》;诗剧《普罗米修斯》等。除文学外,歌德在美学、哲学、历史和自然科学方面也都有卓著的成就。

巴尔扎克和"人间喜剧"

巴尔扎克(1799~1850),法国小说家。生于巴黎以南的图尔城。巴尔扎克的一生,处于19世纪前50年,经历了拿破仑帝国的战火纷飞的岁月,动荡不安的封建复辟王朝,以及以阴谋复辟帝制的路易·波拿巴为总统的第二共和国。他以总标题为"人间喜剧"的一系列小说,反映了剧烈的社会变革时期的法国生活。"人间喜剧"分为三大部分："风俗研究"、"哲理研究"和"分析研究"。其中"风俗研究"内容最为丰富，包括小说最多，有著名的《高老头》、《欧也妮·葛朗台》、《夏倍上校》等。"哲理研究"和"分析研究"规模都相对比较小。"人间喜剧"按照总目录应有小说137部。到巴尔扎克去世为止共完成了90余部。"人间喜剧"被称为"社会百科全书"。它通过90余部小说，2400多个人物，展示了19世纪前半叶整个法国社会生活画卷。它是法国文学史上规模空前宏伟、内容空前丰富的现实主义作品。

惠特曼与《草叶集》

惠特曼(1819~1892)，美国诗人。生于长岛，幼年家庭生活贫困。1855年《草叶集》的第一版问世时，只收录了12首诗歌，到1892年第9版出版，共收入诗歌383首。《草叶集》代表着美国浪漫主义文学的高峰，也是世界文学宝库中的精品。《草叶集》反映了美国在内战前后从农业经济发展到一个工业大国的进程，用一种新的乐观的声音歌颂一个新民族的崛起。惠特曼不为趋附宗教与现行制度而创作，也不屑于附庸上流社会品茗赏画的琐碎风雅。他歌颂的对象都是处于社会下层的体力劳动者，并对美国的前途充满了信心，是一位真正的民族诗人。在风格上，惠特曼彻底摒弃了古板的格律，用自由体的形式抒发自由的思想。其代表作还有散文集《典型的日子》等。

伏尼契与《牛虻》

伏尼契(1864~1960)，英国女作家。生于爱尔兰科克市。1885年毕业于德国柏林音乐学院。1887年在伦敦结识了不少流亡的革命者，其中俄国民粹派作家克拉夫钦斯基对她的思想和创作影响最深。她曾经侨居俄国两年，回到伦敦后参加了流亡者创办的《自由俄罗斯》杂志的编辑工作。1892年与波兰流亡者米哈伊·伏尼契结婚。1897年出版了作品《牛虻》。这部小说描写了19世纪30年代意大利革命者反对奥地利统治者、争取意大利独立和国家统一的斗争。主人公"牛虻"是出身富裕家庭的青年,在严酷的现实教育下识破了天主教会的虚伪,愤然出走,经历无数磨难,成为一个坚定的革命者,被捕后英勇不屈,从容就义。伏尼契的主要作品还有《奥丽维亚·拉塔姆》、《中断了的友谊》等。

罗曼·罗兰与《约翰·克利斯朵夫》

罗曼·罗兰(1866~1944),法国作家。生于法国中部高原上的小市镇克拉姆西。《约翰·克利斯朵夫》发表于1912年。1916年获诺贝尔文学奖。《约翰·克利斯朵夫》描写了出生于德国莱茵河畔的一个小城里的主人公,他从小随宫廷乐师的父亲进宫廷演出,目睹了封建贵族的骄横、小市民的奴颜,他鄙视豪门,攻击市侩。然而他在同情人民的苦难时,却又孤芳自赏,最后万念俱灰。这部写作长达20年的十卷本巨著,以克利斯朵夫的一生反映了当时具有民主思想的一代知识分子的叛逆、彷徨、追求和幻灭。罗兰坚持人道主义,反对战争,1919年他发表《精神独立宣言》号召世界各国知识界联合起来,抵制帝国主义的战争阴谋。罗兰的著作大致分为文学和音乐两大类,在音乐理论与音乐史方面,最重要的是七大卷《贝多芬的伟大创作时期》;文学方面有《贝多芬传》、《米开朗基罗传》、《托尔斯泰传》、《甘地传》、《弥莱传》等。

高尔基与自传体三部曲

高尔基(1868~1936)前前苏联作家。生于诺夫哥罗德城(高尔基市)。他幼年丧父,童年生活艰难,11岁就到"人间"谋生。但是他没有停止过学习。19世纪90年代,高尔基的无产阶级世界观还没有形成,艺术方法也在摸索阶段,他早期作品中现实主义与浪漫主义两种风格并存;20世纪初,高尔基逐渐接受马克思主义世界观,积极参与革命活动,这一切推动了他文艺思想的发展,前苏联十月革命使高尔基成为坚定的革命者,进入了创作高峰期。代表作有自传体三部曲《我的童年》(1913～1916)、《在人间》(1913～1916)和《我的大学》(1922～1923),这三部小说是高尔基遗产中最优秀的部分之一。他描写了作家从生活的底层攀上文化高峰、走向革命道路的经历,同时也反映了俄国一代劳动者在黑暗中寻找真理、追求光明的艰难曲折的历程。高尔基是无产阶级文学和前苏联文学的奠基人。他还为前苏联文学确立社会主义现实主义的创作方法做出了卓越贡献。他的代表作品还有《母亲》、《克里姆·萨姆金的一生》等;戏剧《小市民》和《底层》等。

马雅可夫斯基与"楼梯诗"

马雅克夫斯基(1893～1930)前苏联诗人。生于格鲁吉亚库塔伊西省巴格达吉村。1908年加入共产党。马雅可夫斯基于1912年开始从事创作时正逢俄国颓废派艺术泛滥时期,他也曾错误地把革命活动和艺术工作对立起来,开始接受未来主义的影响。1915年他和高尔基的会面给予了他巨大的影响。前苏联十月革命以后,马雅可夫斯基的创作进入了新阶段。他曾把"十月革命"称之为"我的革命"。1924年他进入创作的成熟期,写了大量的诗歌和戏剧。前苏联"十月革命"以后出现了一种新的诗体,诗句结构特殊,往往一句分成若干行,有时甚至一个词也分成若干行,排列成楼梯式。它洗练严谨,突出了诗歌的顿歇作用,强调了最有分量的词语,节奏分明、刚健有力。特别适合于朗诵,人们将其称之为"楼梯诗"。它的创建者正是马雅可夫斯基。代表作品还有《穿裤子的云》、《一亿五千万》、《列宁》和《关于这个》等。

卡夫卡与《变形记》

卡夫卡(1883～1924),奥地利小说家。生于布拉格的一个犹太家庭。1901年进入布拉格大学学习文学,后转修法律,1906年取得法学博士学位。卡夫卡受丹麦哲学家、存在主义先驱者克尔凯戈尔的影响很大,后者对他的思想和创作产生了深刻的影响。他也对中国的老庄哲学有浓厚的兴趣,并在创作中有所反映。卡夫卡的短篇小说《变形记》描写一个小职员格里高尔·萨姆沙在一天清晨突然变成一只甲虫,因而失去了职业,成为家庭的累赘,最后在寂寞和孤独中死去。小说深刻而生动地揭示了人与人之间关系的冷漠,描绘了资本主义社会中的"异化"现象。

海明威和《老人与海》

海明威(1899~1961),美国小说家。早期以"迷惘的一代"代表人物而著称。他风格独特,文体简练,在欧美很有影响。《老人与海》在题材所限的范围内几乎达到形式上的完美无缺,处理方法谨严,注意时间和地点的统一,行文简洁而内涵很深。海明威的这篇小说读起来和他多数的巨著一样,有着不止一层的丰富涵义。这是一个激动人心的带有悲剧性的冒险故事。讲述了一个精神沮丧的老渔人,冒险远航至墨西哥湾并在那里钓得了一条该水域中从未见过的最大的马林鱼。在因奋力叉住这条大鱼而耗尽了力气之后,被迫地投入了一场和一群海盗似的鲨鱼绝望的搏斗之中,结果那群鲨鱼只给他留下的猎获物是一具骨架。这也是一个寓言式的故事,它描述了人所具有的不可征服的精神力量,即一个人如何从灾难和实际失败的环境中攫取精神上的胜利。1954年,海明威获诺贝尔文学奖。

爱伦堡与"解冻文学"

爱伦堡(1891~1967)前苏联作家、社会活动家。生于基辅一个工程师家庭。1910年开始发表作品,其中的中篇小说《解冻》不仅是作家的代表作品,更是前苏联文学史上具有划时代意义的作品。小说发表于1956年,以斯大林去世后前苏联国内面临的思想动荡和改革为背景,描写了伏尔加河沿岸一家工厂1953到1954年发生的变化。作品抨击官僚主义,嘲讽势利小人,讴歌高尚纯洁的知识分子。这在当时万马齐口音的前苏联社会是有胆有识的非凡之举,它传达出了前苏联政坛及社会全面解冻的声音。此后便涌现出一批"解冻文学"。尽管《解冻》标志着一种思想解放的潮流,但客观地说,《解冻》是一种特殊意识形态话语中的写作。在数十年的前苏联社会主义实践中,一直存在着两种文学:一种是主流文学,这种文学被命名为社会主义现实主义的文学;一种是反主流文学,亦可命名为社会主义人道主义的文学,《解冻》当属于后者。无论是社会主义现实主义,还是社会主义人道主义,其特殊意识形态话语是预先给定的前提。这个前提造就了一个与我们今天生活的社会截然不同的社会,即一个非市场、非消费——消费社会。《解冻》中的人物就生活在这样一个社会中。这个社会随着冷战时代的结束而逐渐消失了踪影。在今天这个意识形态日趋多元的世界,我们会觉得《解冻》中的人物有着一种与我们截然不同的社会存在本质。他们的爱与恨、乐与忧、拒绝与追求,在我们这些已开始承受市场经济压力的人看来,颇有点不可思议。然而,《解冻》所描述的生存状态还是会使我们记起人类还曾经进行过这样一次功过难明的巨大实验。这次实验造就了一种第二世界的文化,当它存在之时,人们感受到了它的深刻缺陷;当它终于解体,人们又意识到后现代社会的不尽如人意。因此,尽管《解冻》中人们对善与美的单纯明快的追求已随着第二世界文化的解体而烟消云散,但阅读《解冻》,不仅是一种温故,而且也可能意味着一种知新。爱伦堡的代表作品还有《巴黎的沦陷》、《暴风雨》、《九级浪》和《人·岁月·生活》等。

肖洛霍夫与《静静的顿河》

肖洛霍夫(1905~1984),前苏联作家。生于顿河维辛斯卡亚。1926年开始创作《静静的顿河》,经过14年才完成。小说描写前苏联1912年至1922年间两次革命(二月革命、十月革命)和两次战争(第一次世界大战、国内战争),叙述了重大的历史事件和顿河哥萨克在这10年里的动荡生活,广泛地反映出哥萨克独特的风土人情和各个阶层的变化,塑造出在复杂的历史转折关头被卷入历史事件强大旋涡中的主人公葛利高里·麦列霍夫及其悲剧性的命运。葛利高里是中农哥萨克,勇敢顽强,热爱劳动,热爱自由,忠于爱情,并且具有积极行动、探索真理的性格。他在革命与战争中,从一个堡垒投入到另一个堡垒,反复寻找所谓正确的道路。他处在历史事件的急流当中,同各种社会力量的代表人物,不论是布尔什维克,革命的哥萨克,还是白军军官、反动将军们都发生过冲突。他的生活道路典型并特殊地表现了一部分哥萨克所走过的艰难曲折的历程。他在历史的歧路上徘徊,甚至沦落为匪徒,直到最后才逃出匪帮,回到已经建立了苏维埃政权的家乡。这部长篇小说场景宏伟,画面生动;气势雄浑的革命和战争场面与细腻的日常生活场面相互转换,风景描写与人物心理变化彼此衬托;众多的人物及其命运在历史事件的复杂交错中得到了深刻的表现。小说1941年获斯大林奖,1965年获诺贝尔文学奖。肖洛霍夫其他主要作品还有《一个人的遭遇》和《被开垦的处女地》等。

积极浪漫主义作家——雨果

雨果(1802~1885),法国作家。生于法国东部的贝藏松。他崇拜法国早期浪漫主义作家夏多布里昂。1830年2月25日,法国文学史发生了一个重大事件,巴黎法兰西剧院上演了雨果的韵文剧《欧那尼》,观众中喝彩和喝倒彩的乱成一片,主要是因为雨果在剧中把反暴君的大盗欧那尼写成了英雄,借此抒发自己反暴君的情绪。此后浪漫派占领了戏剧舞台,28岁的雨果也从此确立了自己浪漫派领袖的地位。在《欧那尼》之后的第二年他又创作了《巴黎圣母院》,小说无情地揭露了封建贵族和宗教神职人员的虚伪和狠毒,赞扬了平民的高贵品质。1851年雨果终于因为反对路易·波拿巴政变而被流放了19年之久,期间他完成了政治讽刺诗《惩罚集》和长篇小说《海上劳工》、《悲惨世界》、《笑面人》等。雨果的代表作品还有小说《九三年》;游记《莱茵河》;诗歌《做祖父的艺术》、《至高的怜悯》;戏剧有《多尔格玛达》、《自由剧作》等。1885年5月22日雨果逝世于巴黎,法兰西为他举行国葬,成千上万的巴黎民众参加了葬礼。

父子作家——大仲马与小仲马

大仲马(1802~1870),法国作家。大仲马10岁以前上过几年小学。他主要是靠自学获得了学识和文学才能。他有极高的写作速度,一生写了200多部小说。其代表作品有《基督山伯爵》、《三个火枪手》、《玛尔戈王后》和《沙尔尼伯爵夫人》等。

小仲马(1824~1895)法国小说家。他是著名作家大仲马的私生子。7岁时大仲马才认其为子,却仍旧不认其母为妻。私生子的身世使小仲马在童年和少年时代受尽了世人讥讽。成年后他痛感法国资本主义社会的淫糜之风造成许多像他们母子这样倍受侮辱的遭遇,决心通过文学改变社会道德。其代表作品有《茶花女》、《私生子》、《半上流社会》、《放荡的父亲》等。他的作品大多以妇女、婚姻和家庭为题材,比较客观地表现了社会生活的真实。

大仲马曾说,"我从我的梦想中汲取题材,我的儿子是从现实中汲取题材;我闭着眼睛写作,他睁着眼睛写作;我绘画,他照相。"大仲马的这段描述,或许为我们提供了这一对父子作家在创作方法与风格上所存在的不同。

师徒作家——福楼拜与莫泊桑

福楼拜(1821~1880),法国作家。青年时期学习法律,法国大文豪巴尔扎克对他影响甚大。福楼拜一生经历了复辟王朝、二月革

命、第二帝国、普法之战、巴黎公社和第三共和国。其代表作有《包法利夫人》、《圣·安东的诱惑》和《萨朗宝》等。福楼拜终身过着独身生活，是晚辈作家莫泊桑从事文学创作初期的导师。

莫泊桑（1850～1893），法国作家。生于法国西北部诺曼底省迪耶普小城附近一没落的贵族家庭。1870年去巴黎攻读法学，后入伍。退伍以后，拜福楼拜为师从事文学创作。莫泊桑以短篇小说见长，有短篇小说巨匠的美称。

福楼拜堪称严师，经常对莫泊桑进行"速写"训练。要求他要有敏锐的观察力。莫泊桑正是在导师的严格指导下，花了将近10年的苦功，于1880年发表了《羊脂球》，博得老师的拍案叫绝。在仅仅10年的时间里，他创作了300多部中、短篇小说，6部长篇小说，3部游记，一部诗集和许多的政治杂文。其代表作品还有《一生》、《俊友》、《菲菲小姐》、《项链》和《我的叔叔于勒》等。

马克·吐温与杰克·伦敦

马克·吐温与杰克·伦敦是美国文学史上的两颗璀璨的明星。他们都是来自社会底层的作家，都对资本主义社会的种种罪行深恶痛绝并以文学作品对其进行了有力的批判。

马克·吐温（1835～1910），原名塞缪尔·朗赫恩·克莱门斯。生于密苏里州佛罗里达镇。他出身寒微，通过写作而变得富有，享有盛名。他最重要的创作源泉是密西西比河和他在河上的生活，因而他被称为美国"文学中的林肯"。他对语言运用自如，在一部小说中他使用了几种美国南方的方言及美国黑人的口语。萧伯纳认为他是英语的语言大师。其重要的代表作品是《哈克贝里·费恩历险记》，小说通过黑奴孩子吉姆和白人孩子哈克在逃亡途中所遇到的种种"意外"，描绘了密西西比河沿岸的贫困和凄凉，鞭挞了美国"天堂"生活的神话。马克·吐温的代表作品还有《汤姆·索耶历险记》、《傻瓜威尔逊》、《贞德传》等。

杰克·伦敦(1876~1916)与马克·吐温齐名。杰克·伦敦生于加利福尼亚州的旧金山,家庭非常贫困。他优秀的现实主义作品对于资本主义社会的黑暗面做了深刻地揭露与批判。他擅长以人物的行动来表现主题思想,人物形象具有鲜明的个性,故事情节紧凑,文字精练生动,有相当的感染力。1916年因经济问题和家庭纠纷服毒自杀。其代表作品有《荒野的呼唤》、《海狼》、《马丁·伊登》、《白牙》等。

自然主义创始人——左拉

左拉(1840~1902),法国小说家。生于巴黎,父亲是意大利人,母亲是希腊人。幼年丧父,生活艰辛。巴尔扎克对其有重要的影响,但是他不满足于模仿前人,认为新时代需要创建新的文学,立志"自己摸索一条道路"。受法国科学技术突飞猛进的影响,左拉参考了把社会看作生物学机体的孔德的实证主义哲学,提出了他的自然主义文学理论,成为19世纪后半叶法国最有影响的作家和理论家。他曾伏案25年创作出一部包括20部长篇小说的巨著《卢贡-马卡尔家族的命运》,真实地描写了19世纪后半叶法国社会的生活画面。其代表作品有《克洛德德忏悔》、《萌芽》、《俎上肉》、《小酒店》等。

罗伯-格里耶与新小说派

罗伯-格里耶(1922~   )法国作家。生于法国布列斯特,原为农艺师。1955年后任巴黎子夜出版社的文学顾问,并开始从事写作和电影编导。他的论文《未来小说的道路》(1956)和《自然、人道主义、悲剧》(1958),被称之为新小说派的宣言。新小说派又称"反传统小说派",20世纪50年代出现于法国文坛,开始不被理解,60年代后逐步扩大影响。新小说派认为传统的文学创作方法无法表现动荡、变化的现实和人的主观世界,因此主张革新小说的创作方法,以便更深刻地反映事物和真实。他们师承普林斯特、卡夫卡、福克纳,不注重情节描写和性格描写,而着力于外界事物的描绘,有时甚至用号码代替人物姓名,完全打破时间和空间概念,作品中大量出现梦境、回忆、幻觉和潜意识。反对以人物作为写作的中心,他们主张小说要把人与物区分开来,要着重物质世界的描写,认为小说的主要任务不是塑造人物的形象,更不在于表达作者的思想感情、政治立场、道德观念等,而是要写出"一个更实在的,更直观的世界"。他的作品还有小说《橡皮》、《窥视者》;电影剧本《去年在马里昂巴德》。他所编导的电影《不朽的女人》,曾获得德路克电影奖。

赫勒与《第二十二条军规》

赫勒(1923~   )美国作家。第二次世界大战期间曾任空军中尉。1950年以后曾任《时代》和《展望》等杂志编辑。1958年开始写作。他最为重要的作品是长篇小说《第二十二条军规》(1961)。描写第二次世界大战期间美国空军内部的专横、残暴、贪婪和人们受到的迫害,反映了现代社会各种权势利欲的争夺。"第二十二条军规"没有确定内容,经常被执法者按照自己的需要加以解释,以便随心所欲地置人于死地。赫勒是黑色幽默文学的代表人物,他的创作方法往往是超现实而不是从写实的角度出发,经常以夸张的手法将生活漫画化。其代表作还有《出了毛病》和《像黄金一样好》等。

马尔克斯与《百年孤独》

加西亚·马尔克斯(1928~   ),哥伦比亚作家。生于马格达莱纳省的阿拉卡塔卡镇一个医生家庭。大学攻读法律,1955年开始发表作品,1967年出版《百年孤独》。这是一部极其丰富的、多层次的小说。它是一部关于霍塞·阿卡狄奥·布恩狄亚几代子孙的家庭编年史;它描写了一个象征着马尔克斯故乡阿拉卡塔卡的小镇马孔

多的时代变迁,同时也是哥伦比亚、拉丁美洲和现代世界上一个世纪以来风云变幻的神话般的历史。从更深远的意义上说,它是西方文明的一个总结,从它的源头古希腊神话、荷马史诗、《创世记》中的创世神话开始,带着对蒙昧状态的伊甸园的净土世界那种质朴和纯洁的深深的怀念。读者从作品中读到,这部编年史是一个吉卜赛智者用梵文写的手稿,只有布恩狄亚家族的最后一个男人才能译解,并且只有在每一个读者单独读它时,才能理解它的涵义。这是一个充满神奇与狂欢的故事,是这个世界和它的困境、迷信的一面镜子。同时它也是一个充满虚构的世界,吸引每一个读者步入令人浮想联翩的幻境。作品反映和评价了哥伦比亚和拉丁美洲被西班牙征服以来的社会历史事件。其代表作品还有《家长的没落》和《恶时辰》等。他的作品主要的特色是用幻想与现实巧妙地结合来反映社会与现实生活。1982年加西亚·马尔克斯获诺贝尔文学奖。

渡边淳一与《失乐园》

渡边淳一(1933~   ),当代日本文学的代表人物之一。生于日本北海道,医学博士、外科医生出身。后弃医从文。1965年以小说《死化妆》登上文坛。1980年其长篇小说《遥远的落日》获日本文学大奖"吉川英治文学奖"。其代表作品《失乐园》在日本发行260万册并被拍成电影。中国人大多是因《失乐园》及其电影而"结识"了渡边淳一。外科医生出身的渡边淳一,巧妙地把医学眼和文学眼做了最佳的结合,找到一个特殊的视角透视男女关系。他对现代社会的婚姻和家庭怀有深深的疑问。他认为不论如何相爱的男女,如果他们结成夫妻,那么他们就会迅速失去恋爱时的热情,难以产生强烈的性爱和情爱。而且,很多作家的小说写过社会责任与爱的话题,这样的小说太陈旧。他关注更多的是文学作品发掘人内心深处的本能和愿望。

罗琳与《哈里·波特》

J·K·罗琳(1965~　　　)，本名乔安妮·凯瑟琳·罗琳。生于英国的格温特郡。罗琳小时候是个戴眼镜相貌平平的女孩，非常爱学习，有点害羞、流着鼻涕、还比较野。罗琳从1994年开始写《哈里·波特》，到现在已经写完5部，前3部已经被搬上银幕。迄今为止，《哈里·波特》前4部书的总销量已达1.92亿册，在全球200多个国家和地区中，《哈里·波特》至少用55种语言讲述着自己的故事。小波特因父母被沃尔德莫特爵士杀害，而被寄养在舅舅家。他从一批神奇的来信和一位叫哈格里德的巨人的指导中，在他11岁生日时意识到自己是个巫师，具备到霍格沃茨巫师学校念书的资格。他在学校人缘好，玩游戏老是夺得头筹。与舅舅一家度完一个讨厌的夏天后，哈里乘着一辆会飞的汽车返回霍格沃茨，开始第2年的学习。作者在本书里引入了邪恶的因素：绑架、妖魔和恐怖声音。故事关键是发现谁把学生陷入致命昏迷状态。天生巫师和由普通人转变的巫师之间，出现了紧张的对峙。在巫师学校第3年，突然降临的监狱看守，让小波特重新触动父母遇难前那一刻的可怕记忆。来者是巫师监狱阿兹卡班的看守，前来追索一个出逃的巫师、小波特的教父布莱克。霍格沃茨新来了一位教授防御诡计的教授，他帮助小波特懂得过去，以及为什么斯奈普教授讨厌他。在第4年，事态变得更为糟糕。坏巫师沃德莫特打开一本记载残酷谋害一个无辜者旧事的书。霍格沃茨学校迎来有一个世纪传统的竞技比赛会：巫师奥林匹克运动会。小波特必须同过去和邪恶巫师赛高下，并且要同法国和比利时对手较量。

《哈里·波特》系列对于孩子们的吸引力诚然可以解释为从现实世界中逃离，并因此获得强而有力的幻想作用，再加上这些故事的确轻松、有趣，而且有恰到好处的惊险。罗琳的魔法世界没有神的位置，这个世界所适应的读者的幻想生活仅仅局限于电视卡通，

还有一个经过夸张的镜像世界,包括了肥皂剧,以及跟踪拍摄一些人生活真实细节的真实电视节目和名人闲话,这种夸张是让人觉得更加刺激的,而不是更加危险。这个世界里每一个人的目标就是保护或者破坏哈里·波特和他的朋友及家庭,除此之外,没有别的。《哈里·波特》一书的出版以及影片的全球发行,使得作者乔安J·K·罗琳成为英国最富有的女性之一。罗琳和她的《哈里·波特》带动了全球的奇幻文学热,还促使那些儿童文学作家反思自己创作中存在的问题。

中国文学

《诗 经》

中国最早的诗歌总集。它收集了从西周初期至春秋中叶大约500年间的诗歌305篇。先秦称为《诗》,或取其整数称《诗三百》。西汉时被尊为儒家经典,始称《诗经》,并沿用至今。

《诗经》所录,均为曾经入乐的歌词。《诗经》的体例是按照音乐性质的不同来划分的,分为风、雅、颂三类。风是指是不同地区的音乐,共160篇,大部分是民歌。雅是周王朝直辖地区的音乐,即所谓正声雅乐,是宫廷宴享或朝会时的乐歌,按音乐的不同又分为大雅(31篇)、小雅(74篇),共105篇。除小雅中有少量的民歌外,大部分是贵族文人的作品。颂是宗庙祭祀的歌曲歌辞,内容多是歌颂祖先的功业。颂又分为周颂(31篇)、鲁颂(4篇)、商颂(5篇),共40篇。全是贵族文人的作品。

《诗经》全面地展示了中国周代时期的社会生活,真实地反映了中国奴隶社会从兴盛到衰败时期的历史面貌。它是中国现实主义文学的光辉起点。由于其内容、思想和艺术上的高度成就,在中国以至世界文化史上都占有重要的地位。它开创了中国诗歌的优良传统,对后世文学产生了不可磨灭的影响。

屈 原

屈原(约公元前339~约公元前278),战国末年楚国人,杰出的政治家和爱国诗人。名平,字原;又自云名正则,字灵均。楚武王熊通之子屈瑕的后代。

屈原的主要作品有《离骚》、《天问》、《九歌》、《九章》、《招魂》等,共23篇。其中《离骚》是屈原的代表之作,也是中国古代文学史上最长的一首浪漫主义的抒情诗。《天问》是古今罕见的奇特诗篇,它以问语形式一连向苍天提出了172个问题,涉及天文、地理、文学、哲学等许多领域,表现了诗人对传统观念的大胆怀疑和追求真理的精神。《九歌》是在民间祭歌的基础上加工而成的一组祭神乐歌,诗中创作了大量的形象,大多是人神恋歌。

屈原是中国文学史上第一位伟大的爱国诗人。是浪漫主义诗人的杰出代表。作为一位杰出的政治家和爱国志士,屈原坚持真理、宁死不屈的精神和人格,千百年来感召和哺育着无数中华儿女,尤其是当国家民族处于危难之际,这种精神的作用就更加明显。作为一个伟大的诗人,屈原的出现,不仅标志着中国诗歌进入了一个由集体歌唱到个人独创的新时代,而且他所开创的新诗体——楚辞,突破了《诗经》的表现形式,极大地丰富了诗歌的表现力,为中国古代的诗歌创作开辟了一片新天地。后人也因此将《楚辞》与《诗经》并称为"风骚"。"风骚"是中国诗歌史上现实主义和浪漫主义两大优良传统的源头。同时,以屈原为代表的楚辞还影响到了汉赋的形成。

司马迁与《史记》

司马迁(约公元前145～公元前87),字子长,夏阳(今陕西韩城县南)人,西汉伟大史学家、文学家和思想家。其父司马谈是西汉著名学者,通百家。大约20岁时,司马迁开始游历全国名山大川,不久被擢升为郎中。父亲去世后,司马迁继承其父之职,官太史令,执掌天时星历,管理皇家图籍。公元前104年,与唐都、落下闳等共同制定《太初记》。此后,司马迁开始撰写《史记》。公元前99年,李陵出击匈奴,兵败投降,司马迁为李陵辩护,触怒汉武帝下狱,遭受宫刑。后获赦出狱,为中书令,发愤著书,终于完成了《史记》这部伟大的著作。

《史记》是中国第一部纪传体通史。初名《太史公书》,又称《太史公记》、《太史记》。该书上起传说中的黄帝,下至汉武帝,历时3000余年。所述史事,包罗万象,而又融会贯通,脉络清晰,叙事完整。据《太史公自序》记载,全书130篇,包括12本纪(记述历代帝王的传)、10表(用表格的方式,将历代大事记录下来)、8书(典籍、文献)、30世家(诸侯、贵戚和将相名臣的史事,《孔子世家》和《陈涉世家》例外)、70列传(各时代重要历史人物的传记,包括《太史公自序》),共52.65万字。

作为一部通史巨著,《史记》在中国古代散文史上也有着重要的地位,其文学价值也相当高。他成功地描写了众多的人物形象,主要通过人物的重要活动、事迹予以表现,大都写得栩栩如生,呼之欲出。同时注意选择一些生活小事,详细描述,使人物形象更加丰满。《史记》中塑造的典型人物形象,其数量之多,形象之美,可与《三国演义》、《水浒传》和《红楼梦》相媲美。"史家之绝唱,无韵之离骚"是鲁迅对《史记》的史学价值和文学价值的高度评价和精辟概括。由它开创的纪传体史书影响深远,为以后的历代正史所采用。

刘勰与《文心雕龙》

刘勰(约466~约539),中国南朝齐、梁时期文学理论批评家。原籍东莞莒县人。关于他的生卒年,诸家说法不一。少孤、家贫,无力婚娶,曾依靠沙门僧祐居上定林寺10余年。他精研佛理,饱览经籍,于南齐末年写成文学理论名著《文心雕龙》。梁武帝时,历任奉朝请、东宫通事舍人,世称刘舍人。晚年出家。此外刘勰还有《灭惑论》等流传后世。

《文心雕龙》是中国文学理论批评史上第一部有严密体系的文学理论专著。全书共10卷,50篇。从第1篇到第4篇是全书的总论,首先提出"文原于道"的原则,其次说明写作必须学习儒家圣贤的经典,最后指出"纬书"的不可信。从第5篇到第25篇,分别讨论了骚、诗、乐府、赋等35种文体,诠释每种文体的名称和特征,说明他们的起源和演变,评论作家作品的优缺点,指出写作的方法。这是关于文体论的探讨,也是前人创作经验的总结,为建立自己的理论打下稳固的基础。从第26篇到第49篇,深入地分析了有关创作和批评的重要问题,系统地提出了自己关于这两方面的理论,是全书中最主要的部分。最后一篇《序志》说明了这部书的名称、写作动机、全书的基本内容、对过去一些文论的意见、对后代读者的期望,等等。

《文心雕龙》在文学批评史上的突出贡献是:1.初步建立了文学史的观念。他认为,文学的发展变化,终归要受到时代及社会政治生活的影响。2.分析论述了文学创作内容和表现形式的关系,主张文质并重。在《风骨》篇里,他主张"风情骨峻";在《情采》篇里,他强调情文并茂。但在二者之间,他更强调"风""情"的重要,他主张"为情而造文",反对"为文而造情",坚决反对片面追求形式的倾向。3.从创作的各个环节上总结了经验,提出了应该避免的失败教训。他指出,在创作上,作家"神与物游"的重要,强调了情与景的相互影响和相互转化。此外,他对创作中诸如韵律、对偶、用典、比兴、夸张等手法的运用,也提出了许多精辟的见解。4.初步建立了文学批评的方法论。提出了"六观"的批评方法:一观位体,看其内容与风格是否一致;二观致辞,看其文辞在表达情理上是否确切;三观通变,看其有否继承与变化;四观奇正,看其布局是否严谨妥当;五观事义,看其用典是否贴切;六观宫商,看其音韵声律是否完美。

《文心雕龙》在中国古代文学批评和文艺理论的发展史上具有巨大的奠基意义和深远的影响,是一份十分宝贵的遗产,受到世界上许多国家理论工作者的注意和重视。

李 白

李白(701~762),字太白,号青莲居士。中国唐代杰出诗人。在唐代就被誉为"谪仙"。李白少年时代的学习范围很广泛,除儒家经典、古代文史名著外,还浏览诸子百家之书,并"好剑术"。相信道教,有超脱凡俗的思想,同时又有建功立业的抱负。天宝元年(742),被玄宗召入长安,供奉翰林,作为文学侍从之臣。不满两年,即被迫辞官离京。此后11年内,继续在黄河、长江的中下游地区漫游,"浪迹天下,以诗酒自适"。天宝三载,李白在洛阳与杜甫认识,结为好友,次年分手后未再会面。晚年流落在江南一带。

李白诗歌散失不少,尚存900多首,内容丰富多彩。李白一生关心国事,希望为国立功,不满黑暗现实。他的《古风》59首是这方面的代表作品。李白诗歌丰富的想像力在篇幅较长的七言歌行中表现得尤为突出,这方面明显地可以看出受到屈原的影响。在载体方面,李白擅长比较自由的古诗和绝句,不爱写格律严整的律诗。他在乐府诗中的五古,继承汉魏六朝乐府民歌的优良传统,文笔朴素生动,并倾注着诗人洋溢的热情。他的七言古诗具有更大的创造性。写景则形象雄伟壮阔,气势磅礴,色彩缤纷,抒情则感情奔放激荡,跳跃起伏,变化多端。李白擅长绝句,他的绝句,在南北朝乐府民歌的基础上,锻炼提高,更为精警。李白诗歌语言的最大特色,可以说是"清水出芙蓉,天然去雕饰"。具体表现为语言直率自然,音节和谐流畅,浑然天成,不假雕饰,散发着民歌的气息。李白诗歌对后代产生深远影响。唐代韩愈、李贺,宋代欧阳修、苏轼、陆游,明代高启等著名诗人,都在不同程度上向李白诗歌汲取营养,受其影响。

杜 甫

杜甫(712~770),中国唐代大诗人。字子美,书中尝自称少陵野老。祖籍襄阳。

杜甫诗歌现存1400多首。这些作品深刻地反映了唐代安史之乱前后20多年的社会全貌,生动地记载了杜甫一生的生活经历,把社会现实和个人生活紧密结合,达到思想内容与艺术形式的完美统一,代表了唐代诗歌的最高成就。但杜甫并非客观地叙事,以诗写历史,而是在深刻、广泛反映现实的同时,通过独特的艺术手段表达自己的主观感情。杜甫对不同性质的战争态度不同。反对朝廷穷兵黩武,消耗国力的有《兵车行》、《又上后园山脚》等;支持平息叛乱,抵御外侮的有《观安西兵过赴关中待命二首》、《观兵》、《岁暮》等。"三吏"、"三别"中,诗人同情人民的痛苦,憎恨野蛮抓丁,但大敌当前,兵源缺乏,他只能忍痛含泪劝慰被征者,表现出作者内心尖锐复杂的矛盾冲突。

杜甫的诗被后人称作诗史,主要在于他的诗歌具有史的认识价值。他以律诗写咏怀、宴游、山水、时事等,扩大了律诗的表现范围。他的诗讲究炼神,他曾说:"为人性僻耽佳句,语不惊人死不休。",恰能代表杜诗在遣词造句上的贡献。杜甫诗歌内容广阔深刻,感情真挚浓郁,艺术上集古典诗歌之大成,并加以创新和发展,在内容与形式上大大拓展了诗歌领域,给后世以广泛影响。杜甫也被后人尊为诗圣。

唐宋八大家

是指唐、宋两代八位散文大家的并称。即唐代的韩愈、柳宗元和宋代的欧阳修、苏洵、苏轼、苏辙、曾巩、王安石。明初朱右采录韩柳等八家古文为《八先生文集》，遂起用八家之名。明中叶唐顺之所纂《文编》中，唐宋文也取八家。明末茅坤承二人之说，选辑了《唐宋八大家文钞》，此书流传甚广，唐宋八大家之名也随之流行。自明人标举唐宋八家后，治古文者皆以八家为宗。

"三言二拍"

"三言二拍"是指明人编著的5种话本及拟话本集的总称。"三言"是指明末冯梦龙编纂的《喻世明言》、《警世通言》和《醒世恒言》，"二拍"是指明末凌濛初编纂的《初刻拍案惊奇》和《二刻拍案惊奇》。统称为"三言二拍"。冯梦龙和凌濛初都是明代通俗文学的大家，尤其冯梦龙以明末通俗文坛第一人著称于世。

"三言二拍"共辑小说198篇。其中宋元话本大约占三分之一，多数为明代话本和文人的拟作，但都经过了冯梦龙和凌濛初的整理、润色，有着鲜明的时代特色。有些作品肯定了经商致富的行为；有些歌颂了中下层妇女的美德；还有一些作品则揭露了社会的各种丑恶现象。

"三言二拍"是明末商品经济冲击文坛的产物，但作者的创作态度是严肃的。虽然在作品中有不少封建伦理的色彩，但作者以文劝世的创作态度是难能可贵的。"三言二拍"的语言具有通俗化、大众化的特点。作为古代短篇小说，在我国小说发展史上具有重要的地位。

《三国演义》

《三国演义》全称《三国志通俗演义》,是中国最杰出的长篇历史演义小说。元末明初罗贯中著。小说所依据的史料主要来自晋代陈寿的《三国志》和南朝宋时裴松之的注,同时在吸收民间传说和杂剧、话本故事基础上,作者熔铸进自己的生活体验,经过再创造而成为一部宏伟的长篇巨著。

《三国演义》以三国时期的历史为基本内容,通过艺术的想像和集中,概括了比三国时期远为丰富的社会历史内容。小说从汉灵帝建宁二年(169年)写到晋武帝太康元年(280年)晋灭吴统一全国为止的100多年的史事,其间着重描写了大约半个世纪魏、蜀、吴三国的纷争和兴衰过程。

《三国演义》在艺术上也取得了很高的成就,情节曲折生动,引人入胜;塑造了曹操、诸葛亮、刘备、关羽、张飞、赵云等众多栩栩如生的人物形象;艺术结构既宏伟而又严密;小说的语言"文不甚深,言不甚俗",是文人素养和民间文学的巧妙结合。它是中国文学史上第一部成熟的长篇小说。

《水浒传》

《水浒传》,又名《忠义水浒传》。中国明代长篇小说。相传为元末明初施耐庵之作。

《水浒传》是民间无名作者文人集体创作的成果,其成书经历了一个漫长的流传演变过程。《水浒传》描写的以宋江为首的农民起义发生在宋徽宗宣和年间(1119~1126),因声势极盛,在民间产生许多奇闻异说,流传中不断得到无名作者的加工增饰。施耐庵正式把这些在不同地区流行的故事传说汇集起来,经过选择、加工、再创作,才写成了这部优秀的古典小说名著《水浒传》。

《水浒传》是中国文学史上第一次大规模地直接描写了封建社

会的农民革命斗争,展示了宏伟壮丽、波澜壮阔的斗争生活场面。小说揭露了封建社会的黑暗和统治阶级的罪恶,写出了"官逼民反"、"乱由上作"的历史真实,揭示出农民起义的社会根源在于残酷的封建压迫和剥削,肯定和歌颂了农民革命斗争的正义性。小说描写了从高俅到郑屠之流上上下下各色统治阶级的代表人物和由他们组成的黑暗统治网,给劳动人民带来的深重灾难。小说塑造了李逵、鲁智深、武松、林冲等一系列光彩照人的英雄形象,歌颂农民起义英雄的反抗精神,表现了他们的优秀品质、英雄气概、斗争意识和伟大力量。

《水浒传》在艺术上取得了杰出的成就。人物形象的塑造能写出复杂的性格内容,人物性格的形成有环境的依据,同时随环境的变化而发展。人物形象带有理想色彩,同时又深深地扎根于生活的土壤之中。《水浒传》不单以情节的生动紧张取胜,还有较真实的细节描写。小说在民间口语的基础上创造出一种通俗、简练、生动、富于表现力的文学语言。

《西游记》

中国明代长篇小说。全书20卷100回。吴承恩根据历代民间传说,对传统题材加以改造,注入现实生活的感受和认识创作而成。

《西游记》由三个部分组成。第一部分写孙悟空的出身和大闹天宫。第二部分写唐僧身世及取经缘由。第三部分写孙悟空皈依佛门,与猪八戒、沙和尚一起保护唐僧到西天取经,一路上降妖捉怪,与险恶的自然环境作斗争,历经九九八十一难,终于取回真经,成了"正果"。《西游记》通过神话的形式,表现了丰富的社会内容,曲折地反映出现实的社会矛盾,表达了人民的愿望和要求,鞭挞了黑暗、邪恶势力,劝诫人们透过现象认识本质、对敌要狠、除恶务尽。从而使这部书具有了深刻的寓意。作品着重表现了孙悟空斩妖除怪、不畏艰险、勇敢无畏、积极乐观的精神和美好品德。

《西游记》在艺术上有着鲜明的特色。故事情节生动、奇幻、曲折，表现了丰富大胆的艺术想像力。书中人物既有浓厚的神奇色彩，又有强烈的现实感。神性、人性、物性三者的有机的结合，是《西游记》人物塑造的一个突出特点。《西游记》的语言生动、流利，人物对话具有鲜明的个性特征，而且具有浓烈的生活气息，表现了一种幽默诙谐的艺术情趣，使整部作品充满了艺术魅力。

《西游记》在中国小说史上占有重要地位，是明代神魔小说的杰出代表。

《金瓶梅》

中国明代长篇小说。成书约在隆庆至万历年间。作者署名兰陵笑笑生。兰陵今属山东，作者大约是山东人，但笑笑生的真实姓名尚不清楚。

《金瓶梅》借《水浒传》中武松杀嫂一段故事为引子，通过对兼有官僚、恶霸、富商三种身份的封建时代市侩势力的代表人物西门庆及其家庭罪恶生活的描述，暴露了明代中叶社会的黑暗和腐败，具有较深刻的认识价值。

《金瓶梅》在中国古典小说发展史上具有不可忽视的意义。是中国文学史上第一部由文人独立创作的长篇小说。从此，文人创作成为小说创作的主流。《金瓶梅》之前的长篇小说，莫不取材于历史故事或神话、传说，而《金瓶梅》摆脱了这一传统，表面上写的是宋代的人物和故事，实际上却反映了作者所处的明代中叶的社会现实，使中国小说现实主义创作方法日臻成熟，为其后《红楼梦》的出现做了必不可少的探索和准备。

《金瓶梅》的思想内容存在着一些严重缺点。作者对于暴露的黑暗现实，缺乏鲜明的爱憎感情和严肃的批判态度。在解释人生和社会生活方面，有宿命论思想和虚无观念。有些描写过于琐屑，不

够精练。

《红楼梦》

《红楼梦》，又名《石头记》。中国清代长篇小说。作者曹雪芹（约1715～1763），名霑，字梦阮。

《红楼梦》以贾宝玉、林黛玉、薛宝钗之间的恋爱婚姻悲剧为线索，描写了以贾家为代表的四大家族的兴衰，揭示了封建大家庭的各种错综复杂的矛盾，表现了封建的婚姻、道德、文化、教育的腐朽、堕落，塑造了一系列贵族、平民及其奴隶出身的女子的悲剧形象，展示了及其广阔的封建社会的典型生活环境，曲折地反映了封建社会必然崩溃的历史趋势。作品还歌颂了贵族的叛逆者和违背封建礼教的爱情，体现出追求个性自由的初步的民主主义思想，并深刻而全面地揭示了贾宝玉、林黛玉、薛宝钗之间爱情婚姻悲剧的社会根源。

《红楼梦》在艺术上取得了辉煌的成就。它的叙述和描写就像生活本身那样丰富、深厚、逼真、自然。《红楼梦》在艺术表现上普遍运用了对比手法。比如，作者安排了鲜明对照的两个世界：一是以女性为中心的大观园，这是被统治者的世界；一是以男性为中心的世界，这是统治者的世界。两个社会对比着写，用善恶、美丑的对比，揭露封建社会的黑暗和腐朽。

《红楼梦》善于处理虚实关系，它实写而不浅露，虚写而不晦暗，创作出一个含蓄深沉的艺术境界。《红楼梦》是一部百科全书式的长篇小说。它以一个贵族家庭为中心展开了一幅广阔的社会历史图景，社会的各阶级和阶层都得到了生动的描画。《红楼梦》的博大精深在世界文学史上是罕见的。

鲁迅

鲁迅（1881～1936），中国现代文学家、思想家。原名周树人，字豫才。浙江绍兴人。鲁迅是他1918年发表《狂人日记》时开始使用的笔名。鲁迅1902年赴日本留学,1904年到仙台医学院专科学校学医,后弃医从文。1912年到南京临时政府教育部任部员。后在北京任社会教育司科长。1918年初,鲁迅参加了陈独秀主编的《新青年》编辑工作,并在《新青年》上发表了白话小说《狂人日记》,指出中国社会的历史是人吃人的历史。这是中国现代文学史上第一篇用现代体式创作的白话短篇小说,也是鲁迅彻底反封建的第一声呐喊。此后鲁迅陆续发表了《孔乙己》、《药》和《阿Q正传》等十几部小说,塑造了没落知识分子、城市贫民、人力车夫和被压迫的农民等形象。这些作品以"表现的深切和格式的特别",激动了青年读者的心,"显示了文学革命的实绩",使鲁迅成为中国现代文学的伟大奠基人。

《阿Q正传》是鲁迅小说的代表作品。它以辛亥革命前后的农村未庄为背景,塑造了深受精神毒害的贫苦农民阿Q的形象。阿Q受尽了惨重的剥削和压迫,可是他在精神上却"常处优胜"。它夸耀过去,幻想未来,自我安慰,自轻自贱,始终不能正视严酷的现实,并且还沾染了游手好闲之辈的狡猾和恶习。他原以为革命就是造反,因此对革命深恶痛绝;但革命到来时统治者的惊慌使他快意,他又要求革命。最后,未庄一切依旧,阿Q却被抓去枪毙了。小说集中反映了阿Q在辛亥革命中的表现和命运,塑造了阿Q这一不朽的典型。鲁迅在描写被压迫人民的不幸时,常常是期望他们能够奋起抗争,同时也以极大的愤怒来揭露封建阶级、封建思想的残酷统治。它反映农民问题的深刻性,反封建的彻底性,都是中国过去的文学作品所未曾达到的。

在散文领域,鲁迅的《野草》和《朝花夕拾》分别开创了现代散文的两个创作潮流与传统,即"独语体"和"闲话风"的散文。鲁迅还是中国现代杂文的开拓者。他的杂文所表现的不拘一格的形式,寓热情于冷峻之中的文笔,通过抨击时政和鞭挞习俗来揭示生活哲理,并将诗和政论结合在一起的风格,被人们称之为"鲁迅风",他开创了现代杂文的新风,影响了一代又一代的杂文作者。他的《中国小说史略》是中国第一部小说史,打破了中国小说历来无史的局面。在鲁迅的著述中,也常流露出他诗人的特性,如他赞誉《史记》是"史家之绝唱,无韵之离骚"。

鲁迅是一个文学家,也是一个文学史家,一个学者。在他的作品里,有他的启蒙,更有他的内省。

郭沫若

郭沫若(1892~1978),中国现代作家,诗人,剧作家,历史学家,考古学家,古文字学家,社会活动家。原名郭开贞,又名郭鼎堂等。四川乐山人。

郭沫若出生于中等地主兼商人的家庭。从小就开始广泛地接触文学作品。1914年初赴日本留学,原学医科,后从事文艺运动。阅读了歌德、泰戈尔等人的文学作品以及斯宾诺莎的哲学著作,受到泛神论思想的影响。1918年开始新诗创作。1921年,与郁达夫、成仿吾、张资平等人组织文学团社"创造社",并出版第一部诗集《女神》。

《女神》是郭沫若的第一部诗集。这部表达五四时期个人和民族的情感与欲求的诗集,以自由奔放的激情和雄浑瑰丽的诗风构成了中国新诗史上一道亮丽的风景,它抨击旧物,呼唤光明,充分体现了五四的时代精神,成为中国新诗运动的奠基之作。《女神》受五四诗歌审美观念的影响,创造了自由诗的形式。郭沫若主张"写诗",而不赞成"做"诗,认为诗以情感的自然流露为上乘,不必拘泥格式。

郭沫若写于抗战时期的历史剧,是继《女神》之后在他的文学道路上出现的第二个高峰。他的《棠棣之花》、《屈原》、《虎符》、《高渐离》、《孔雀胆》和《南冠草》6部剧作,在历史剧领域中开辟了一条崭新的道路。其代表作品《屈原》是在抗日民主运动中影响最大的一部作品。

中华人民共和国成立后,郭沫若被选为全国文联主席,期间继续进行文艺创作,发表了《蔡文姬》等历史剧作,对发展新中国科学文化教育事业做出了重大的贡献。

茅 盾

茅盾(1896~1981),中国现代杰出的文学家,社会活动家。浙江桐乡人。原名沈德鸿,字雁冰,茅盾是他第一篇小说《幻灭》发表时所用的笔名。

1927年到1928年,茅盾完成三部曲《蚀》——《幻灭》、《动摇》和《追求》的创作。1930年他加入中国左翼作家联盟,并一度担任左联执行书记。20世纪30年代是茅盾创作的成熟和丰收时期。这时完成的有中篇小说《路》、《三人行》和优秀的短篇小说农村三部曲《春蚕》、《秋收》、《残冬》,以后又创作了《林家铺子》等。1931年出版了长篇小说《子夜》。

《子夜》是五四以来新文学运动中产生的一部杰出的现实主义长篇巨作,是左翼文学的重要收获,也是茅盾的代表作品。小说全方位地描绘了20世纪30年代社会各阶层人物的思想、性格、命运及其历史纠葛和流动,揭示了30年代中期尖锐的阶级矛盾和民族矛盾,成功地塑造了吴荪甫、赵伯韬、杜竹斋等中国资产阶级的群像。《子夜》把个人、群体和民族的危难连在一起,把艺术审美和历史理性完美地结合起来,从而使其成为中国现代文学史上革命现实主义小说创作的里程碑。

茅盾的文学创作以小说著称,他是中国现代文学史上当之无愧的长篇小说巨匠。著名小说有:《霜叶红似二月花》、《子夜》、《虹》、三部曲《蚀》、《林家铺子》、《春蚕》、《腐蚀》等;散文《白杨礼赞》等。

巴 金

巴金(1904~2005),中国现代小说家、散文家。原名李尧棠,字芾甘。生于四川成都一个豪门大户,熟悉封建大家庭的生活和内幕。1927年到法国留学。1928年写作中篇小说《灭亡》,1929年回国后走上了文学写作道路。创作有"激流三部曲"——《家》、《春》、《秋》,"爱情三部曲"——《雾》、《雨》、《电》,《第四病室》、《憩园》和《寒夜》等。建国后先后担任全国文联副主席、中国作家协会副主席、全国政协副主席等职。巴金晚年最主要的作品是记录他真实思想和真挚感情的随笔《随想录》。巴金作品结构严谨,语言酣畅明快,笔底感情热烈欢快,小说创作和散文创作都具有很高的艺术成就。巴金的作品以《家》的影响为最大。

小说《家》通过一个官僚地主家庭的生活内幕,深刻地暴露了封建社会的黑暗与腐朽,塑造了觉慧、觉新和鸣凤等典型形象。情节的曲折,感情的激荡以及人物形象的典型生动,使这部小说的可读性极强。巴金在小说中表现出的最大的特色是那丰沛的激情,如滚滚江水,一泻千里。小说倾向单纯、热情、坦率,以情动人,整体上有一种冲击力,能渗透读者的心。《家》在20世纪40年代就被曹禺改编成剧本,此后被多次搬上舞台。50年代被拍成电影,成为新中国的经典影片之一。

在中国现代文学馆的大门上,雕有一个巨大的手印,象征着一只巨手开启了中国现代文学的大门。这个手掌印就是巴金先生的,足见巴金在中国现代文学史上的重要地位。

老 舍

老舍(1899~1966),小说家、剧作家。原名舒庆春,字舍予。满族,北京人。老舍是他最常用的笔名。1918年毕业于北京师范学校。1924年赴英国讲学,期间创作了反映市民生活的长篇小说《老张的哲学》、《赵子曰》、《二马》,三部作品都以清脆的北京口语,俏皮的幽默笔墨,渲染北京的民俗风情,通过闭塞守旧、苟且偷安的民族心理的剖析,表现了对于祖国命运的忧虑,显示出与众不同的艺术个性和思想。1929年回国,1936年后从事文学创作,发表小说《骆驼祥子》、《月牙儿》和《我这一辈子》,话剧《残雾》、《张自忠》和《面子问题》等。在《骆驼祥子》中,以从农村来到城市的人力车夫祥子的个人毁灭,写出了一场沉痛的社会悲剧。把城市底层暗无天日的生活引进现代文学的艺术世界,这是老舍的一大建树。《骆驼祥子》是他个人也是中国现代文学史上的重要作品。1946年出版《四世同堂》一、二部,同年赴美国讲学,期间写完《四世同堂》第三部及长篇小说《鼓书艺人》。

建国后的创作以戏剧为主,这一时期的剧作最有价值的是《龙须沟》和《茶馆》。《龙须沟》是老舍创作的里程碑之作,为此他被北京市人民政府授予"人民艺术家"的称号。他一生创作了多种题材和样式的文艺作品,成功地描绘了城市平民阶层的生活,同时努力表现了新社会的可喜变化。老舍是中国现代文学史上为数不多的幽默作家之一,语言平实、生动,风格独特。

在现代文学史上,老舍的名字总是与市民题材和北京题材联系在一起,或许他所反映的社会现实可能不够广阔,但在他所描绘的范围内,却把历史和现实、四季景色、社会气氛、风俗习惯,直至三教九流,各色人等的喜怒哀乐、微妙心态浓缩在一起,有声有色,生动活泼,形成一个完整丰满的"京味"世界。这是老舍在现代文学史上做出的特殊贡献。

赵树理

赵树理(1906～1970),中国现代作家。山西沁水人。幼年家境贫困,少年时即参加农业劳动,深受农民的生活情趣、语言、民间文艺和地方戏曲的熏陶,1925年考入省立长治第四师范学校,接触了五四新文化思潮和新文学，还参加过学生运动。参加革命工作后，他认识到"要使文艺为群众接受，非通俗化不可"。并下决心为农民而写作。1943年发表《小二黑结婚》、《李有才板话》等小说。其中，《小二黑结婚》是赵树理的代表作品之一。

《小二黑结婚》叙述青年农民小二黑和小芹为争取婚姻自主，在民主政权的支持下，冲破思想落后的家长二诸葛和三仙姑的阻挠，战胜混入基层政权的坏人的迫害，终于获得成功。小说取材于抗日边区的农村干部迫害并致死争取婚姻自由的青年农民的一桩真实案件。作者经过改编和艺术加工，将其处理成结局圆满的喜剧。他的作品着力表现了发生历史性变革的农村社会中，不同阶层、不同年龄的农民群众的精神风貌，善于提出现实生活中普遍存在的问题，获得群众的喜爱。故事性强是这部小说的突出特点。语言朴实又非常生动传神。赵树理锤炼语言的宗旨是"让一般识字的人一看就懂，不识字的人一听就懂"。

《小二黑结婚》的出版，受到了广大群众的热烈欢迎。各地的农民剧团自发地将其搬上舞台，自编自导自演。许多农村青年因此勇敢地冲破封建枷锁，大胆追求自主恋爱和自主婚姻。赵树理也因而获得了"一位具有新颖独到的大众风格的人民艺术家"的声誉。

清末四大谴责小说

清朝末年，清政府在镇压了戊戌变法、出卖了义和团运动之后，国势衰微到了极点，民族危机愈加深重，广大群众对腐朽无能的清帝国已感到无望。具有改良思想的小说家纷纷通过小说来抨击政府和时弊，提出挽救国家的主张，人们把这一时期出现的小说称为"谴责小说"。而李宝嘉的《官场现形记》、吴沃尧的《二十年目睹之怪现状》、刘鹗的《老残游记》和曾朴的《孽海花》则代表了这类小说的最高成就，被后人称为"清末四大谴责小说"。

谴责小说作家虽出身于社会中下层，关心国家前途和命运，但政治上不出君主立宪的范围,鼓吹政治的或社会的改良,不赞成革命运动。但由于其基本内容是揭露和抨击清末政治的腐败和黑暗,无论从内容到形式,都突破了传统的封建文艺的樊篱,在当时产生了很大的作用和影响。

"五四"文学革命

"五四"文学革命是指从1917年初至1919年五四运动后一段时期里发生的反对旧文学提倡新文学的文学变革。这是中国新文学的开创时期。

1911年孙中山领导的辛亥革命推翻清王朝,成立了中华民国。1915年中国新文化思想史上最重要的刊物之一《新青年》创刊,各种新思想、新潮流涌入中国,给长期封闭的中国带来了生机。

1917年至1918年,陈独秀、胡适、周作人等发表言辞激烈的文章,竭力提倡白话文学,反对封建腐朽的文学,擎起了文学革命的大旗,为五四新文化运动的到来奠定了坚实的理论基础。陈独秀在《新青年》上发表了《文学革命论》一文,正式高举起文学革命军的大旗。陈独秀以激进的姿态,从社会革命与思想革命的关系上阐述了文学革命的必然性,明确提出了以反对封建文学为目标的文学革命"三大主义",即:推倒雕琢的阿谀的贵族文学,建设平易的抒情的国民文学;推倒陈腐的铺张的古典文学,建设新鲜的立诚的写实文学;推倒迂晦的艰涩的山林文学,建设明了的通俗的社会文学。这"三大主义"反映了反对封建旧文学,建设现实主义新文学的历史要求,使得文学革命的目的和任务更加明确了。

这一时期的中国文坛最为活跃,各种文学社团层出不穷,鲁迅、郭沫若、叶圣陶、冰心等知名作家,都是这个时期开始文学创作的。当时他们还属于小资产阶级发动的旧民主主义思想启蒙运动的范畴。

"五四"文学革命,特别是前苏联十月革命的曙光和马克思主义理论的影响，使他们逐渐转变成为具有初步共产主义思想的知识分子，同一些激进的小资产阶级知识分子一起，成为新文化运动统一战线的领导骨干。文学革命的理论和主张也带上了更为鲜明的彻底的反帝反封建色彩。《新青年》发表了鲁迅的猛烈抨击吃人的封建礼教和封建制度的白话小说《狂人日记》、《孔乙己》和《药》等；郭沫若发表《凤凰涅槃》等都洋溢着彻底反帝反封建的狂飙突进的时代色彩。"五四"文学革命明显地存在一些弱点，如对待过去的文学传统缺乏具体分析的历史的批判精神，所提倡的平民文学只是城市小资产阶级市民文学，因而还不能使文学同广大人民群众密切接近，但是就其理论主张的时代性质和创作实绩的崭新特征来看，这毕竟是一次前所未有的伟大革命。它宣告了中国封建时代文学的结束，无产阶级领导的反帝反封建的新文学的诞生。

"左联"与左翼文艺运动

"左联"，"中国左翼作家联盟"的简称，现代文艺团体。1930年3月2日在上海召开成立大会，到会40余人，最初盟员50余人。会上选举沈端先（夏衍）、冯乃超、钱杏邨、鲁迅、田汉、郑伯奇、洪灵菲为常务委员，鲁迅在会上的讲演《对于左翼作家联盟的意见》，对于以后的左联工作具有指导意义。其理论纲领宣布："我们的艺术是反封建阶级的，反资产阶级的，又反对'失掉社会地位'的小资产阶级的倾向。我们不能不援助而且从事无产阶级艺术的产生。"左联成立后，以马克思主义文艺理论指导自己的实践，积极倡导革命文艺创作和文艺大众化，努力培养新作家，壮大革命文艺队伍。对于粉碎当局的文化"围剿"和推进革命文艺运动的发展，做出了巨大贡献。

左翼文艺运动在创作上取得了突出的实绩，革命作家在进步刊物上发表了大量的作品，如鲁迅的《故事新编》和瞿秋白的杂文，茅盾的《子夜》、《林家铺子》、《春蚕》，丁玲等人的小说，田汉、夏衍等人的剧作,并培养了沙汀、艾芜、艾青、聂绀弩等一批文学新人。

但由于受到左倾路线的影响,左联在工作中有过教条主义、宗派主义的错误倾向。有些作品有公式化、概念化的弱点。对此,鲁迅曾进行过中肯而切实的批评。1936年春,为适应抗日救亡运动的新形势,左联自行解散。

一分钟小说

一分钟小说又称微型小说,超短篇小说,小小说。过去它作为短篇小说的一个品种而存在,后来的发展使它已成为一种独立的文学样式,其性质被界定为"介于边缘短篇小说和散文之间的一种边缘性的现代新兴文学载体"。一分钟小说具有立意新颖、情节严谨、结局新奇三要素。一分钟小说在写作上追求的目标是:微、新、密、奇。微:指的是篇幅微小,不超过1500字。新:指的是立意新颖,风格清新。密:指的是结构严密。奇:指的是结尾要新奇巧妙,出人意料。

伤痕文学

是新时期出现的第一个全新的文学思潮。直接起因于揭露文革的灾难,描述知青、知识分子、受迫害的官员在文革中的悲剧性遭遇。《人民文学》杂志1977年发表的北京作家刘心武的短篇小说《班主任》,是"伤痕文学"的发轫之作。"伤痕文学"这一特定概念的命名,是上海作家卢新华发表在1978年8月《文汇报》的短篇小说《伤痕》而确定下来。"伤痕文学"的主题,是揭露和抗议"文化大革命"的极左路线对人性的残害,特别是对青年人的伤害。"伤痕文学"可以说是中国当代文学史上的第一个悲剧高潮。在思想上,它对彻底否定文化大革命做出了历史性的贡献;在艺术上,它第一次给当代文坛带来悲剧意识。这一意识可以说是新时期文学的"原色"之一,其整个文学时期的悲凉格调也由此而出。这便是"伤痕文学"在当代文学史上的意义所在。

寻根文学

1985年随着我国对外开放政策的实施,现代化建设的发展,势必要学习西方现代化的经验和引进先进技术,西方现代文化思想也就相应地进入我国,打破了过去意识形态方面闭关自守的愚昧状态。同时也存在着中外文化的交流、融合与碰撞的问题。于是20世纪80年代中期,中华大地出现外来文化热、民族文化热。

"文化寻根"是这股文化热在文学艺术领域的反映,它与弘扬民族文化的国家意识和引进西方现代主义的文学思潮巧妙地结合在一起,注重表现浓厚的民族文化意识,或在生活的直感般的艺术世界中执着追求那沉眠于文化土壤中似乎凝固着的民族伦理、道德及心态,或重在揭露国民性中病态心理、封建陋习。

寻根文学的代表作有:阿城的《棋王》、《孩子王》、《树王》,张承志的《北方的河》、《黑骏马》、《残月》,韩少功的《爸爸爸》、《归去来》、《女女女》等。

改革文学

中国自1978年十一届三中全会之后,便开始了自上而下的全国性经济体制改革。与此同时,许多作家开始把创作的目光由历史拉到现实,一面关注现实中的改革发展,一面在文学创作中发表自己关于社会发展的种种思考和设想。这就是风骚一时的"改革文学"。

改革文学由于反映的是新时期,所以明显具有与历史同步、回答时代性课题的特点。改革文学不仅是新时期文学对由"文化大革命"到"十七年"再到新时期的真实描写而形成的第三次突破,而且也是新时期文学本体继续发展的又一个层次上的深入。改革文学与现实社会联系之紧密、反映现实生活之快捷为其他文学无法比拟。这表明了信息社会出现的新的文学特点。而改革文学由写改革进而到反省文学本身，文学本体的改革也就开始了。因而改革文学触发了文学观念的演变。

从《乔厂长上任记》到《沉重的翅膀》、再到《新星》乃至 90 年代中后期的《大厂》、《分享艰难》等，就可以看出改革思想演变的总体脉络。

北大荒文学

特指新时期以来表现北大荒知青生活的文学作品，北大荒文学是知青文学创作的一条支流。从 50 年代末的 10 万转业官兵到 60 年代一批又一批的城市知青在北大荒拓荒造田和开发建设，由此产生和反映出北大荒生活和精神风貌的文学作品，被称之为北大荒文学。作品中表现出了某种相对稳定的"精神个体性"，人们又称之为"朔雪风格"，即刚劲、壮美、雄浑、粗犷的风格，北大荒文学是和时代风格、民族风格、流派风格、语言风格相并列的一种地域风格，是北大荒这一地域特色在文学作品中的体现，当然，也包括生活在这一特定环境中并体现在作品里人物的精神风貌。梁晓声的《这是一片神奇的土地》、《今夜有暴风雪》及《雪城》等可以作为重要的代表作品。尤其是《雪城》的出现，标志着知青文学的进一步延续和深化。北大荒文学不仅仅是小说，也包含散文、诗歌、电影、戏剧和电视剧的文学脚本等等。

戏剧·戏曲

戏 剧

艺术种类之一。由演员扮演角色,在舞台上当众表演故事情节,并有机地辅之以其他艺术手段的一种综合艺术。在中国,戏剧是戏曲、话剧等艺术形式的总称。也常特指话剧。在西方,戏剧(drama)即指话剧。戏剧起源于古希腊祭祀大典上的歌舞表演。在长期的发展中,戏剧成为由文学、导演、表演、舞台美术、音乐等多种文艺成分有机组成的综合艺术,是一种由各艺术部门共同创作、具有集体性的艺术。戏剧的基本特征是动作,即剧作不以作者的口吻,而是通过剧中人物自身的言语行为来展示故事情节,塑造人物形象,最终通过演员的表演形象化地体现在舞台上。由于舞台空间和演出时间的严格限制,戏剧比其他叙事体更要求集中、精练。戏剧表现人物性格及意愿的冲突,使之充分展现并迅速解决。戏剧能激起观众的情感反映,具有艺术价值和教育作用。戏剧按体裁可分为悲剧、喜剧、正剧等；按题材可分为情节剧、心理剧、历史剧、童话剧等；按表现手段可分为话剧、歌剧、舞剧、广播剧、电视剧等。

话 剧

话剧是它在中国的一种特殊称谓。在欧洲，发端于古希腊的悲剧和喜剧等舞台演出形式drama通常译为戏剧，有别于歌剧、舞剧、哑剧等。20世纪初，这一剧种传入中国，最初曾被称为新剧、文明戏、爱美剧等。1928年，中国话剧家洪深提议定名为话剧，将其与传统戏曲及其他舞台演出形式相区别。话剧综合了多种文艺成分，以语言（对白、独白、旁白）和形体动作为主要表现手段，塑造各种人物形象，直观地展现社会生活的丰富层面和矛盾冲突。中国话剧随着时代和社会的发展，表现题材、体裁、风格及手法等不断丰富，涌现出一批批优秀的艺术家和优秀的剧目。

正 剧

戏剧主要体裁之一。又称悲喜剧，是在悲剧与喜剧之后形成的第三种戏剧体裁。

从古希腊到17世纪古典主义时期，一般只承认悲剧和喜剧两种体裁。实际上，莎士比亚的很多戏剧兼有悲剧和喜剧的成分，有些剧目甚至难以归入这两种体裁。到18世纪，欧洲启蒙运动时期的进步作家从反对封建专制和教会黑暗，宣传资产阶级的政治理想和生活愿望的需要出发，提倡这种戏剧类型。

正剧的基本特征是不受古典主义创作原则的束缚，兼有悲剧和喜剧的因素。正剧理论的首创者是法国的思想家、理论家狄德罗，曾把正剧称之为"严肃的喜剧"。之后，法国戏剧家博马舍就正剧的内容和形式作了进一步的阐述，并定名为"严肃戏剧"。19世纪以后正剧成为戏剧的主要类型之一。随着时代和社会的发展，正剧的内容和形式也在不断发生变化。

悲 剧

戏剧主要体裁之一,渊源于古希腊,由酒神节祭祀仪式中的酒神颂歌演变而来。古典主义时期以前,悲剧多取材于神话、传说、民族史诗;近代,悲剧愈益面向现实、平静的日常生活,重视表现人的内在精神活动。

悲剧一般分为4种类型。1.英雄悲剧。这类悲剧往往表现政治斗争、阶级斗争、民族斗争中的重大题材。如古希腊悲剧《被缚的普罗米修斯》,中国古典戏曲《清忠谱》、《赵氏孤儿》等也可归属于英雄悲剧。2.家庭悲剧。表现家庭之间、家族内部各种复杂的伦理关系及不同的人生价值观念、道德法则酿成的激烈矛盾冲突。这种类型的悲剧是在社会政治风云变幻的背景下,透过家庭关系和伦理道德观念的冲突展现出时代的种种矛盾。如莎士比亚的《罗米欧与朱丽叶》,中国戏曲《牡丹亭》、《梁山泊与祝英台》及曹禺的话剧《雷雨》等。3.表现人们日常生活需求,即"小人物"平凡命运的悲剧。现代剧作家往往把平凡的"小人物"作为悲剧的主人公,与他们相对立的不是某一个人,而是来自社会和各个角落的有形与无形的巨网。例如奥尼尔的《安娜·克里斯蒂》、米勒的《推销员之死》。4.最后一种类型的悲剧,它所表现的矛盾冲突贯穿于整个人类社会生活,表达了人类对自由的向往、追求以及对理想的渴望,并力图驾驭自然、社会及人自身,展现着人类从必然王国走向自由王国的艰难历程。这种类型的悲剧实际上是必然与自由的悲剧冲突。古希腊的"命运悲剧"就是这种悲剧。《俄狄浦斯王》便是一部与命运抗争的悲剧。

无论哪一种悲剧,都要探索到人类的本质力量这一人生最深的底蕴。人们意识到的与意识不到的要求、欲望、情感、意志、思维、兴致等等,都是历史的产物、文化的产物。然而,悲剧人物又不可能在现实中实现自我的意愿。人是由自己创造的,人也就会被自

己所毁灭,而不论战胜或者毁灭,都来自于人自身内在的有意识或无意识的力量。这使得我们把自己意识到的或意识不到的欲望、情感、意志、思维、行动、命运都提升到人类自我创造的历史进程中去,从而获得发展与完善。所有的悲剧都体现出人生有价值的东西的毁灭。悲剧打动人心的力量来自于主人公不甘于命运的安排,并以有限的力量向强大的环境所做的抗争,以个人渺小的力量体现出人类的伟大。在这个意义上,悲剧不愧是戏剧的最高境界,是人类精神极致的艺术丰碑。

喜 剧

戏剧主要体裁之一。喜剧起源于古希腊,最初是农民在葡萄收获时节为祭祀洒神装扮成鸟兽,载歌载舞进行狂欢的一种形式。公元前7世纪初演变为滑稽戏,即喜剧的前身。此后,逐渐形成为一种戏剧体裁。在中国,喜剧的雏形可追溯至秦汉,约12世纪才趋于成熟。

喜剧的基本特征是:遵从滑稽突梯的艺术规律,运用反常规的表现方式和手法,诉诸于语言、动作、人物的外貌及情态、人物、故事情节等均加以喜剧化。喜剧性作为一个审美范畴,主要表现形式是滑稽与幽默,其本质在于引人发笑。根据不同的审美属性和审美价值,喜剧可划分为讽刺喜剧与幽默喜剧、欢乐喜剧与正喜剧、荒诞喜剧和闹剧等不同的类型。

欧洲最早的喜剧是古希腊喜剧,代表作家是阿里斯托芬等;16、17世纪以莎士比亚和莫里哀的喜剧作品为代表,宣扬人文主义思想;18世纪意大利的哥尔多尼和法国的博马舍等开始了欧洲启蒙运动时期的喜剧阶段;19世纪俄国的果戈理和奥斯特罗夫斯基等人的喜剧作品具有批判现实主义精神。中国戏曲中描写喜剧性矛盾的优秀作品,大都在讽刺反面形象的同时歌颂正面人物的勇敢和机智,具有鲜明的民主性和强烈的乐观主义精神。

戏剧性

指戏剧的特性在作品中的具体体现,属美学的一般范畴。指在假定性情境下,人物心理通过外部动作、语言、表情等直观外化,诉诸于观众感官。在戏剧作品中表现人物心理的外部形式和手段,往往受到具有戏剧性内涵的假定性情境的规定和制约。因此,体现在作品中的特定情境、特定心理和特定动作,就成为戏剧性重要的因果性关系链。关于戏剧性的特性问题,戏剧理论家们的观点各有不同,大致有以下几点:1.以戏剧冲突为核心,所谓"没有冲突就没有戏",其中所强调的戏剧性就在于作品的紧张感和冲突感;2.突出人物之间相互关系的作用力,戏剧性基于人物之间的相互感知、影响和较量等;3.戏剧性应有别于小说、抒情诗等叙事艺术,以体现人物意志和行为的内心活动、反映和心灵触动;4.戏剧性在于剧场演出的和观赏相动的过程之中,"以虚构人物的表演,通过感情渠道,使场内观众发生兴趣"。谈及戏剧性较为原始和外在涵义还时常涉及巧合、偶然性等概念。

荒诞派戏剧

现代戏剧流派之一。1962年,英国戏剧评论家马丁·艾思林出版了《荒诞派戏剧》一书,"荒诞派戏剧"一词从此诞生。20世纪50年代,欧洲出现了一批新剧作家和作品:贝克特的《等待戈多》、《呼吸》;尤内斯库的《秃头歌女》、《椅子》;热内的《女仆》、《阳台》;品特的《一间屋》、《生日晚会》等等,马丁·艾思林将这些作品概括为荒诞派戏剧。荒诞派剧作家拒绝像存在主义的剧作家那样,以传统、理智的手法反映荒诞的生活,而是用荒诞的手法直接表现荒诞的存在,荒诞派戏剧在艺术上反对戏剧传统,摒弃结构、语言和情节上的逻辑性及连贯性;以象征、暗喻的手法表达主题;以轻松的形式,表达严肃的悲剧性主题。荒诞派戏剧作为一种强大的戏剧潮流已成为历史,但这一戏剧流派对西方剧坛的影响却是深远的。

歌舞伎

日本剧种之一,形成于江户时代。最初以歌舞为主,由女子演唱。宽永6年歌舞伎曾被禁演,此后出现了"野良歌舞伎",即由壮年男子扮演,直至今日仍保持着全部由男性表演的传统。歌舞伎在漫长的发展中,吸收了"能乐"、"傀儡剧"和民间歌舞的表演艺术与曲调,逐渐形成了独具特色的戏剧形式,并以"义太大狂言"(滑稽剧)、"时代物狂言"(历史剧)、"世话物狂言"(时事剧)和"所作事"(舞蹈剧)等4种剧式为基础,腔调为"净琉璃"、"长呗"等。扮演者自绘脸谱,人物表演动作夸张,只承担念白,唱诗班在侧幕伴唱,并在剧场两侧设有通过观众席的"花道",供表演者上下场之用。"歌舞伎十八番",指传统剧目中《劝进帐》等18出著名作品。

古希腊悲剧与三大悲剧家

悲剧一词用在古希腊戏剧上可能会引起人们的误解,因为古希腊悲剧的着意在"严肃",而不在"悲"。

古希腊悲剧起源于古希腊人祭祀酒神的仪式。古希腊农民于收获葡萄时节装扮成牧羊人,举行歌舞,崇拜酒神狄俄尼索斯,这种歌叫做"酒神颂"。表演时,临时编几句诗来回答歌队长提出的问题,讲述酒神在人世间漫游和宣教的故事。

古希腊悲剧的题材大多取材于神话、传说和史诗,通过神话和英雄传说反映当时的社会现实。这些悲剧涉及命运观念、宗教信仰、国际与国内战争、政治问题、民主制度、社会关系、家庭问题,并且提出了悲剧诗人对这些问题的看法。

古希腊产生了三大悲剧作家。

第一个是埃斯库罗斯,现存7部较完整的悲剧。他使悲剧有了深刻的内容和完备的形式。他的悲剧布局比较简单,抒情气氛十分浓厚，人物气魄雄伟，风格庄严崇高，语言雄浑有力。他首创三联剧的悲剧形式，使希腊悲剧趋于完善，被称作"悲剧之父"。代表作是《被缚的普罗米修斯》。

第二个是索福克勒斯，现存7部完整的悲剧。他使悲剧艺术趋于完善，他的悲剧布局复杂、严密、完整，人物性格鲜明，风格朴质、简洁。他的作品多描写理想化的英雄人物与命运的冲突，但终究不能挣脱命运的摆布而走向毁灭，反映了雅典奴隶主民主政权盛极而衰时期的社会面貌。作品《俄狄浦斯王》是他最著名的悲剧。

第三个是欧里庇得斯，现存作品18部。在他的悲剧中，对雅典统治者对外侵略、对内剥削的高压政策，对于压迫和虐待奴隶的问题，对社会上存在的贫富悬殊、男女不平等、道德败坏的现象，都进行了揭露和批判。他善于描绘人物的心理，风格比较华丽，语言流畅，接近口语，十分自然。代表作品是《美狄亚》。

公元前4世纪，雅典在内战中失败之后，民主政治衰落了，悲剧也随之衰落。雅典的大酒神节举行到公元前120年为止，至此古希腊悲剧的历史便告结束。

"喜剧之父"阿里斯托芬

阿里斯托芬（约公元前445～前385），古希腊早期喜剧的代表作家。写过40部喜剧，现存《阿哈奈人》《骑士》等11部。

阿里斯托芬的喜剧是生动有力的，剧中包含着许多滑稽、诙谐、讽刺、嘲笑以及狂欢粗野的成分，也有幻想和抒情成分。他的喜剧组织结构一般比较松散，人物性格不够深刻，但讽刺的语言机智锋利，抒情的词句优美动听。在欧洲文学史上，像阿里斯托芬这样指名攻击当权者的政治喜剧，只产生在古希腊民主政治时期。他的喜剧形式自由奔放，并使喜剧与抒情诗相结合，对后世喜剧作家的影响很大，被称作"喜剧之父"。

莎士比亚及其戏剧

莎士比亚(1564~1616),英国文艺复兴时期的诗人、戏剧家。

莎士比亚在20余年内共写了37部戏剧,还写了两首长诗和154首十四行诗。他的戏剧多取材于历史记载、小说、民间传说和老戏等已有的素材,反映了封建社会向资本主义社会过渡的历史现实,宣扬了新兴资产阶级的人道主义思想和人性论观点。

莎士比亚的戏剧创作活动可分三个阶段:1590~1601年,主要是富于乐观精神的英国历史剧和喜剧;1601~1608年,大多是反映深刻矛盾,表现怀疑情绪的大悲剧和罗马剧;1608年以后,则是倾向于妥协和幻想的悲喜剧或传奇剧。

莎士比亚的戏剧作品,可分为喜剧、悲剧和历史剧三类。喜剧以《仲夏夜之梦》、《威尼斯商人》、《无事生非》、《第十二夜》为代表;悲剧以《哈姆雷特》、《奥赛罗》、《李尔王》、《麦克白》和《罗密欧与朱丽叶》为代表;历史剧以《理查三世》、《亨利四世》、《亨利五世》为代表。

莎士比亚在作品中塑造出了众多栩栩如生的人物形象,描绘了五光十色的社会生活图景,以悲喜交融、富于诗意和想像力的创作,使其戏剧富有人生哲理和批判精神而著称。

莎士比亚的戏剧以人文主义的观点反映了英国封建制度解体,资本主义兴起时期的社会矛盾;刻画了以新兴资产阶级为主的众多人物形象,表达了他们的政治要求和生活理想;在揭露封建贵族的没落腐朽、谴责封建暴政的同时,也批判了资产阶级追求财富与权力的不择手段和贪得无厌。他剧中的人物性格鲜明,情节生动丰富,语言精练而富于表现力,对欧洲文学和戏剧的发展有重大的影响。但莎士比亚生前没有出版过自己的剧作。

易卜生及其问题剧

易卜生(1828~1906),挪威戏剧家和诗人。1828年3月20日出生于挪威,1849年,他完成了第一部剧本《卡提利那》,并于1850年出版。1849年,他的第二部剧本《勇士之墓》上演获得成功,大大激发了他的戏剧创作热情。1851年,易卜生在民族剧院担任剧院编导。从1851年到1857年,易卜生共为剧院完成6部剧本。1857年,易卜生改任首都挪威剧院的导演,写出了讽刺剧《爱的喜剧》和历史剧《觊觎王位的人》。由于对挪威的现实社会问题进行了揭露和批判,遭到保守分子的强烈反对。1864年,在丹麦-普鲁士战争期间,挪威政府拒绝出兵援助丹麦,使他满怀愤怒离开了祖国。直到1891年回国。他生活困顿,1906年5月23日去世。挪威议会和各界人士为他举行国葬。

易卜生被称作欧洲现代戏剧之父。他的主要创作成就在现实主义戏剧方面,以他的四大社会问题剧——《社会支柱》、《玩偶之家》、《群鬼》和《人民公敌》为最高标志。这些作品不仅具有深刻的生活和思想内容,而且是以一种崭新的戏剧样式出现的。从古希腊戏剧分成悲剧和喜剧两大类以后,这个分类传统就长期被保留下来。18世纪法国启蒙戏剧家狄德罗曾经要求突破这个传统,创造一种介于悲剧和喜剧之间的严肃体裁的戏剧,这到易卜生手里才真正得以实现。易卜生的社会问题剧,既不是喜剧,也不是悲剧,这使易卜生赢得了欧洲戏剧史上划时代作家的地位。

易卜生在揭露和批判资本主义社会丑恶现象的过程中,曾经提出一些"僻论",集中地反映了易卜生的思想和观点。那就是把一切问题都归咎于人们的道德堕落。在创作方法上,易卜生的现实主义戏剧堪称典范。他十分重视创作技巧,结构精致完美,显示力图更好地反映现实社会问题,发挥戏剧艺术应有的社会教育作用。

易卜生是挪威民族戏剧的创始人，生前一直遭到挪威保守分子的反对。在他的直接影响下，挪威产生了一批戏剧家。

斯坦尼斯拉夫斯基

斯坦尼斯拉夫斯基（1863~1938），前苏联著名演员、导演、戏剧教育家和理论家、舞台艺术改革家。斯坦尼斯拉夫斯基一生导演和担任艺术指导的话剧和歌剧共有120余部，并扮演过许多重要角色。他创立的演剧体系继承和发展了俄罗斯和欧洲的艺术成果，著有《我的艺术生活》、《演员自我修养》等书。1936年获前苏联人民艺术家称号。

斯坦尼斯拉夫斯基演剧体系包括表演、导演、戏剧教学等系统知识的专业体系，它是斯坦尼斯拉夫斯基对世界演剧艺术大师们的经验总结，也是他毕生创作和教学的经验总结。体系继承了19世纪俄罗斯革命民主派朴素唯物主义的美学观点，强调戏剧真实反映生活，具备社会使命和教育作用。体系产生于20世纪俄国无产阶级革命运动高涨之际。在苏维埃时代，其美学思想又有所进步和发展：追求思想性与艺术性、内容与形式的统一；要求揭示人物性格与生活矛盾的深刻复杂性；强调生活真实与艺术真实的关系，即"普通的、日常的生活真实，转变、净化和升华为艺术真实"；重视创作的生活源泉，提出演员"要学习、观察、倾听、热爱生活"。

体验派表演体系理论包括了演员艺术创造及表演教学的理论和方法。其体系最主要的特征是：强调表演艺术必须以演员的内部体验为基础，并把这种内部体验的过程视为演员艺术创作主要的、必要的步骤：即演员要深入体验感受与他所要扮演的剧中人物（角色）相似的感情，以求演员与角色之间思想感情的相通相融，达到"角色即我"的艺术感觉，从外部言行到内部感情都与角色融而为一，创造出生动的、有魅力的艺术形象。

斯坦尼斯拉夫斯基体系的创立过程同莫斯科艺术剧院的演出实践密切相关,该体系是斯坦尼斯拉夫斯基一生从事戏剧艺术创作经验的总结,他的主要著作有《我的艺术生活》、《演员自我修养》等,对世界表演艺术影响巨大。

布莱希特和他的戏剧理论

布莱希特(1898~1956),德国剧作家、戏剧理论家、导演、诗人。布莱希特20年代末参加德国工人运动。1933年因反对纳粹政权被迫流亡国外,仍坚持反法西斯斗争。1948年回到德意志民主共和国。曾任德意志民主共和国艺术科学院副院长,荣获1951年国家奖金和1955年列宁和平奖金。

布莱希特重视戏剧的教育作用,多年探索"宣传、鼓动和艺术"相结合的问题,提出"史诗戏剧"理论和"间离效果"的表演方法。

所谓"史诗戏剧"是要以辩证唯物主义和历史唯物主义的思想认识生活、反映生活,突破"三一律"编剧法,采用自由舒展的戏剧结构形式,多侧面地展现生活宽广多彩的内容,让观众透过众多的人物场景,看见生活的真实面貌和它的复杂性、矛盾性,促使人们思考,激发人们变革社会的热情。

"间离效果"是布莱希特提出的一个新的美学概念,也是一种新的演剧理论和方法。它的基本涵义是利用艺术方法把平常的事物变得不平常,揭示事物的因果关系,暴露事物的矛盾性质,使人们认识改变现实的可能性。就表演方法而言,"间离方法"要求演员与角色保持一定的距离,不要把二者融合为一,演员要高于角色,驾驭角色,表演角色。他还反对幻觉式布景,以破除舞台上的生活幻觉,使观众能够冷静地分析和判断。他在戏剧中增加了叙述因素,并把歌唱作为话剧的有机组成部分,同时使用分场标题和定场诗,明白告诉观众戏中将要发生的事情,以强调创作过程中的理性因素。这构成了布莱希特现实主义演剧方法的特点。

布莱希特共写了约50部多幕剧和短剧,比较著名的有《大胆妈妈和她的孩子们》、《伽利略传》、《四川一好人》和《高加索灰阑记》等。

布莱希特戏剧是20世纪德国戏剧的一个重要学派,对世界戏剧产生了很大影响。

斯特林堡

斯特林堡(1849~1912),瑞典戏剧家、小说家、诗人,留存下来数十卷各种体裁的文艺作品,仅剧作就有60多部。他是一位具有独创性的戏剧家,对现代欧美戏剧创作有广泛的影响,斯特林堡早期的作品如《父亲》、《同志》、《朱丽小姐》等,创作上接受左拉自然主义的影响;中期在梅特林克的象征主义戏剧的影响下,创作了《到大马士革去》三部曲和《降临节》。除此之外,他还写了一些象征主义戏剧。斯特林堡的晚期作品中,有两部是特别令人重视的:一部是《一出梦的戏剧》,另一部是《鬼魂奏鸣曲》。《一出梦的戏剧》中除了深刻揭露现实之外,也反映出作者悲观主义和神秘主义的思想感情。《鬼魂奏鸣曲》则是一部室内剧戏剧,具有强烈的表现主义和超现实主义的艺术特征。斯特林堡去世后,1916年,《鬼魂奏鸣曲》在柏林上演曾引起欧洲各国的强烈反响。

斯特林堡的大量剧作被译成多种文字,广泛传播,斯特林堡成为北欧继易卜生之后又一位戏剧大师。

元杂剧

杂剧是我国古代最早出现的真正完整的戏剧形式。它大约产生于宋金时期的两河地区(今山西与河北相邻一带),流行于北方,成熟于元代。元杂剧是指蒙古灭金前后,以宋杂剧和金院本为基础,融合宋金以来的音乐、说唱、舞蹈等艺术而形成的戏曲艺术。文学史上与唐诗、宋词并称的元曲,实际上还包括散曲,并不专指元杂剧。元杂剧先在中国北方流行,到元灭南宋(1279)以后,又逐渐流行到中国南方。元代后期,元杂剧渐趋衰落。

元杂剧的形成,是中国戏曲艺术发展到成熟阶段的重要标志。部分优秀剧目:关汉卿的《窦娥冤》、《救风尘》,王实甫的《西厢记》,马致远的《汉宫秋》,白朴的《梧桐雨》,纪君祥的《赵氏孤儿》,石君宝的《秋胡戏妻》,康进之的《李逵负荆》等,其中《西厢记》、《赵氏孤儿》、《看钱奴》等还流传至国外,影响深远。

元杂剧在中国戏曲史上占有光辉的一页。它的部分优秀剧目长期保留在中国舞台上,其表演艺术和创作经验,也为后来的演员和作家所继承。

李渔及其戏剧理论

李渔(1610~1680),清代戏曲理论家,作家。本名仙侣,后改名渔,字笠翁。李渔一生著述甚丰,作有《比目鱼》、《风筝误》等传奇10种,合称《笠翁十种曲》。李渔的戏曲理论见于《一家言·闲情偶寄》,其中,《词曲部》论述戏曲创作,《演习部》和《声容部》的若干内容论述舞台艺术。

戏曲历史发展到李渔的时代,已经历了元杂剧和明传奇两次创作高潮,李渔有感于理论落后于创作,他汲取前人的理论成果,结合自身的创作经验及当时戏曲创作的实际,对戏曲理论进行了较为全面、系统的总结。

李渔强调剧本创作命题和结构的重要性,认为词采和音律都是为命题和结构服务的。他认为剧作者首先应该精心设计作品的结构,并系统地阐述了戏曲作品结构所要遵循的具体原则,提出了"立主脑"、"减头绪"、"密针线"等完整的主张。他说"主脑","即作者立言之本意",即主要人物和主要事件;"减头绪",即"头绪繁多,传奇之大病也",他告诫作者"以'头绪忌繁'四字刻刻关心";

"密针线"即要求作者"每编一折,必须前顾数折,后顾数折。顾前者,欲其照映;顾后者,便于埋伏"。以便使戏剧作品浑然一体,天衣无缝。李渔的理论突破了前代曲论中填词首重词采或音律的主张。

李渔要求作者在写作时要想到演员和观众,戏曲语言要适应舞台演出,只有这样,才能使戏曲语言真正做到"好说"、"中听",收到良好的舞台演出效果,赋予它舞台艺术的特性。他着重强调戏曲语言"贵浅不贵深",这是由于戏曲艺术的演出性和群众性决定的,他认为"能于浅处见才,方是文章高手"。李渔还就戏曲语言提出了性格化的要求,"说一人肖一人,勿使雷同"。

李渔强调戏曲取材的创新。他批评那些抄袭模拟的作品,不可能获得艺术生命力,不过是"枉费辛勤,徒作效颦之妇"而已。他还正确地指出了创新要植根于现实生活的土壤,从常事中求新,从人情中求奇。他还告诫人们,创新决不可满足于作品外表的新奇,脱离内容的求新,更不可追求怪诞。

李渔从导演的角度阐述了"首重选剧"对演出的重要意义,要求"择术务精,使人心、口皆羡之为得也"。他认为在排演旧有剧目时,应对其进行再处理,以适合观众的欣赏需要。李渔还总结了训练演员的经验,认为表演艺术塑造人物不可能摆脱"勉强",它是由"勉强"而达到"自然"统一的过程:他强调从扮演人物的"勉强",达到表现人物的"自然",没有别的捷径可走。这种见解道出了戏曲表演艺术的基本表现规律。

李渔的戏曲理论除以上系统性和完整性之外,值得注意的特点还有:1.编剧要密切联系舞台的演出实际进行探讨,深入浅出地揭示戏曲创作的若干规律,并使编剧理论获得了鲜明的特色;2.他对前人较少涉及的"登场之道",作了初步的系统的总结,这在中国古代戏曲理论发展史上,是一个值得重视的突破;3.他的理论概括和表达方式,也具有鲜明的民族特点,自成体系。

四大徽班与京剧

清代乾隆年间活跃于北京剧坛的三庆、四喜、和春、春台四个著名徽班的合称。徽班,是以安徽籍艺人为主,兼唱二簧、昆曲、梆子、啰啰等腔的戏曲班社。清乾隆五十五年(1790),为给皇帝祝寿,从扬州征调了以著名戏曲艺人高朗亭为台柱的"三庆"徽班入京,成为徽班进京的开始。此后又有四喜、启秀、霓翠、和春、春台等安徽班相继进京。在演出过程中,六班逐步合并成为三庆、四喜、春台、和春四大徽班。徽班在原来兼唱多种声腔戏的基础上,又合京、秦二腔,特别是吸收秦腔在剧目、声腔、表演各方面的精华,以充实自己。同时适应北京观众多方面的需要和发挥各班演员的特长,逐渐形成了四大徽班各自不同的艺术风格,表现为:"三庆的轴子(指以连演整本大戏见长);四喜的曲子(指以演唱昆曲戏著称);和春的把子(指以擅演武戏取胜);春台的孩子(指以童伶出色)"。嘉庆、道光年间,徽班又吸收楚调的特点,为汇合二簧、西皮、昆、秦诸腔向京剧衍变奠定了基础。因此"四大徽班"进京,被视为京剧诞生的前奏,在京剧发展史上具有重要意义。

梅兰芳与四大名旦

梅兰芳(1894~1961),京剧演员,工旦角。原籍江苏泰州,生于北京。出身京剧世家。

梅兰芳8岁学戏,10岁第一次登台。在半个世纪的舞台生活中,创造了多种艺术形象,其中有赵艳容(《宇宙锋》)、白娘子(《金山寺》、《断桥》)、林黛玉(《黛玉葬花》)、晴雯(《千金一笑》)、梁红玉(《抗金兵》)、穆桂英(《穆柯寨》、《穆桂英挂帅》),还有西施(《西施》)、虞姬(《霸王别姬》)、杨玉环(《贵妃醉酒》)。这些性格鲜明的艺术形象,体现了中国妇女各种美好的品德与个性。梅兰芳善于运用歌唱、念白、身段、舞蹈等技巧,把人物的心理状态刻画入微。他善于表现人物细腻的感情,运用艺术手段自然、和谐,富有节奏感,在质朴中见俏丽,妩媚中显大方。

梅兰芳在50余年的舞台生涯中,精心钻研,勇于革新,创造了众多优美的艺术形象,积累了大量优秀剧目。他对京剧旦角的唱腔、念白、舞蹈、音乐、服装和化妆各方面都有所创造和发展,形成一个具有独特风格的艺术流派,世称"梅派"。他深受国内广大群众的喜爱,并在国际上享有盛誉。被誉为"四大名旦"之首。

四大名旦是指20世纪20年代京剧旦行先后成名的四位有代表性的演员:梅兰芳、尚小云、程砚秋、荀慧生。1927年,由北京《顺天时报》发起选举,由群众投票,并未指定名额。选票印于该报一角,选举人剪下选票,填上拟选演员的姓名即可。但选票上规定:被选旦角以挂头牌而又有个人小本戏的为限。选举结果,前四名的名次依次为梅兰芳、尚小云、程砚秋和荀慧生。这就是四大名旦的最早来源。四大名旦在艺术上不断进取,表演、唱腔精益求精,各有独门剧目陆续问世,形成流派。四大名旦在京剧史上的地位,也成为稳固不易的局面。

关汉卿与《窦娥冤》

关汉卿,约生于金亡(1234)前后,死于元成宗大德年间(1297～1307),中国元代杂剧作家。在元杂剧作家中,关汉卿的创作年代较早,著有杂剧67部,现仅存18部。其中《窦娥冤》是关汉卿创作的杂剧中最杰出的代表作。

《窦娥冤》是关汉卿晚年的作品,成功地塑造了窦娥的艺术形象,描写了她一生的悲惨遭遇。贫苦书生窦天章因家境贫寒将年幼的窦娥卖给蔡家做童养媳,婚后丈夫夭亡,婆媳相依为命。一日,蔡婆婆出门要债,被赛卢医骗到无人处,企图谋财害命。恰逢张驴儿父子路过,救活了蔡婆婆,并强迫他们婆媳与张驴儿父子结成夫妻,窦娥坚决拒绝。张驴儿阴谋毒死蔡婆婆,使窦娥失去依靠,就会答应嫁给他,不料反而毒死了张父,他转而诬陷窦娥。官府严刑逼供,窦娥为救护蔡婆婆,只好屈招,被判处斩刑。临刑之时,窦娥发下三桩誓愿,以表冤屈:一要在刀过头落后,一腔颈血飞洒在丈二白练之上;二要六月降雪,掩盖她的尸体;三要当地大旱三年。后来一一应验。三年后,朝廷派其父窦天章去审查案卷,窦娥托梦给父亲痛诉冤情,在窦天章的主持下,作恶者最终归案伏法。窦娥的沉冤大白于天下。

《窦娥冤》始终把戏集中在窦娥身上,先写她悲惨的身世,继而展开她与张驴儿的冲突,再写贪官污吏对她的压迫,最后写她的复仇抗争。在关汉卿笔下,窦娥的形象有血有肉,个性十分突出。其他人物也栩栩如生。在处理戏剧冲突方面,关汉卿善于提炼激动人心的戏剧情节,从而使剧情紧凑集中,主要矛盾突出。

关汉卿不愧是杰出的语言大师。语言的风格首先表现在人物语言的性格化上,窦娥语言的朴实无华,张驴儿语言的流里流气,都非常符合人物的身份。不务新巧、不事雕琢、通俗流畅、生动入耳的语言,使关汉卿成为元曲中本色派的代表作家。

关汉卿的剧作是中国古典戏曲艺术的一个高峰。作者在塑造人物形象、处理戏剧冲突、运用戏曲语言方面都有杰出的成就。

关汉卿是一位伟大的戏曲家,在中国戏曲史上占有重要的地位。他被后人列为"元曲四大家"之首。

王实甫与《西厢记》

王实甫,中国元代杂剧作家,大都(今北京市)人,生卒年与生平事迹不详。王实甫所作杂剧今知有13种,《西厢记》为代表作。

《西厢记》的故事说的是:崔相国死后,其夫人携女儿崔莺莺和丫鬟红娘护送灵柩回乡安葬。因道路受阻,暂住在普救寺的西厢房内。书生张君瑞赴京赶考,途经这里,在佛殿上窥见到崔莺莺的美貌,顿生爱慕之心,便改变赶考的打算,也在寺中住了下来。此后张生和崔莺莺暗通信息,互表倾慕之心。这时叛军头目包围了普救寺,扬言要强娶莺莺为妻。无奈之中,老夫人许下诺言,谁能退兵,便将莺莺许配给谁。恰逢张生故交白马将军就驻扎在附近,张生便写信求救,解了普救寺之围。但老夫人却只应允张生和莺莺以兄妹相称,张生一气之下病倒。莺莺十分焦急,派红娘前去探望。在红娘的帮助下,两人私定终身。被老夫人识破后,狠狠拷问了红娘,红娘机智应对,驳得老夫人哑口无言,只好勉强同意了这门婚事,但以"相门不招白衣女婿"为由,令张生进京赶考。张生果然考中。而此时莺莺的表哥郑恒却造谣,说张生已经被魏尚书招赘,于是老夫人改变主意,欲将莺莺许配给郑恒,莺莺悲痛欲绝。此时张生回来,真相大白。郑恒因羞愧撞树而死。张君瑞和崔莺莺结成美满姻缘。

《西厢记》是一部杰出的现实主义作品,它歌颂了以爱情为基础的男女结合,第一次喊出了"愿普天下有情的都成了眷属"的主张,否定了封建社会传统的联姻方式。《西厢记》共有五本二十折,是我国最早一部以多本杂剧表演一个故事的大型剧作。它人物性格鲜明,语言秀美典雅,意境深远含蓄,剧情跌宕起伏,在思想上、艺术上都有很高的成就。

汤显祖与《牡丹亭》

汤显祖(1550~1616),中国明代戏曲作家。代表作《牡丹亭》,又名《还魂记》。

《牡丹亭》的故事梗概:杜丽娘是南安太守杜宝的女儿。她受《诗经·关雎》启发,私出游园,梦中和一书生柳梦梅幽会。从此一病不起,怀春而死。柳梦梅进京赴试,借宿园中。他掘墓开棺,使杜丽娘起死回生,两人结为夫妇,同往临安。杜丽娘的教师陈最良前往淮安告发柳梦梅盗墓之罪。柳梦梅在临安应试后,恰逢金兵入侵,延迟放榜。安抚使杜宝在淮安被围。柳梦梅受杜丽娘之托,送家信传报还魂的喜讯,被杜宝囚禁。敌兵退去后,柳梦梅由阶下囚一变而为状元,杜宝也升了官,但拒不承认女儿的婚事。纠纷闹到皇帝面前,才得到圆满的解决。

《牡丹亭》感人的力量,在于它具有强烈的追求个人幸福、反对封建婚姻制度的浪漫主义思想。这个理想是作为和封建思想对立的力量而出现的,善良与美好的东西都属于杜丽娘。这是她自己思想和行动的主宰。汤显祖写杜丽娘的外貌很成功,而描写杜丽娘的感情和理想的那些片段更具魅力。《牡丹亭》表达了当时广大青年男女要求个性解放,要求爱情自由、婚姻自主的呼声,也暴露了封建礼教对人们幸福生活和美好理想的摧残。

孔尚任与《桃花扇》

孔尚任(1648~1718),中国清代戏曲作家。山东曲阜人,孔子第六十四代孙。代表作是《桃花扇》。

《桃花扇》的基本内容是:明崇祯年间,复社文人、河南名士侯方域在南京避乱,其间欲寻一位秦淮女子以慰寂寞。听说名妓李香君貌美绝色,非常想结识。但苦于无钱,不敢冒昧前往。奸臣马士英的妹丈杨龙友得知此事,向魏忠贤的余孽阮大铖献计,要他帮助出资,以拉拢侯方域,希望侯方域为阮大铖说情,让复社领袖陈贞慧和吴应箕不要再和阮大铖作对。

侯方域与李香君一见钟情。新婚之际,杨龙友向侯方域说明真相。侯方域听信了杨龙友的话,答应帮助阮大铖。可因为阮大铖是祸国殃民的阉党,李香君严辞叫侯方域拒绝。因此,阮大铖对侯方域、李香君怀恨在心。

这时武昌统帅左良玉要移师南京,侯方域怕引起内乱,就写信劝阻左良玉。阮大铖借此事诬陷侯方域勾结左良玉搞叛乱,怂恿凤阳巡抚马士英杀他。侯方域逃往史可法处避难。

甲申三月,明崇祯帝自尽,奸臣马士英、阮大铖马上迎立福王,在南京建立南明朝廷。马、阮二人又开始作威作福。阮大铖强逼李香君给人做妾,香君不从,撞头倒地,血喷满地,连侯方域送给她的定情诗扇都溅上了血,总算由人顶替才算解围。后来杨龙友将扇面上的血迹改画成一株桃花,香君托人将扇子送交侯方域,请他早日回来与她相聚。侯方域返回南京,适逢马士英、阮大铖大肆搜捕复社党人,侯方域被捕,未能见到香君。此时香君也被阮大铖选送入宫,充当歌伎。在宫中,李香君大骂祸国殃民的奸臣,遭到软禁。

清兵南下,南京失陷。侯方域乘机出狱住在栖霞山,与逃难的李香君在白云庵相遇,他们割断"花月情根",双双出家去了。

《桃花扇》通过侯方域和李香君的爱情主线,尤其是通过象征他们爱情命运的一把扇子把包括南明兴亡的历史内容有机地串联在一起。最后,以张道士撕扇,侯、李入道的爱情悲剧,来衬托国破家亡的严酷现实。

明朝灭亡后,孔尚任第一个以戏曲的形式,展现了明朝末年复杂的社会矛盾和民族矛盾,评价了南明的历史,艺术地总结了这一历史教训。《桃花扇》一问世,便震动京城,连康熙皇帝也要索阅,据记载当时的演出盛况也是空前的。

在人物描写中,孔尚任竭力把人物的历史作用与自己的爱憎褒贬统一起来,这种鲜明的倾向性、表现手法的多样性和对人物恰如其分的描写,形成了《桃花扇》中人物形象的显著特色。

作为一部历史剧,《桃花扇》的杰出成就在于:作者从戏剧艺术的要求出发,把历史的真实性和艺术的真实性完美地统一了起来,在尊重历史基本事实的前提下,进行了必要的加工,反映了历史的本质。其语言既有戏剧的表演性又富于文采,达到了戏剧性与文学性的统一。这一切使《桃花扇》成为明清传奇戏曲的压卷之作。

曹禺与《雷雨》

曹禺(1910~1996),中国剧作家、戏剧教育家。本名万家宝,字

小石。1933年曹禺完成了他第一部多幕话剧《雷雨》。

《雷雨》通过周鲁两家8个人物的历史与现实的纠葛,反映了从1894年到1920年以后长达30多年复杂的社会生活和冲突。故事写某矿董事长周朴园,年轻时遗弃了已经为他生有二子的女佣侍萍,长子周萍留在家里,侍萍携次子投河遇救,离乡远走。周朴园误认为她已死。后周家北迁,与侍萍再嫁的鲁家共居一地,互不相知。鲁家父女都在周家为仆,次子大海也在矿上做工。周的妻子繁漪与长子周萍有私情,后来知道周萍与鲁女四凤相爱,繁漪想辞掉四凤,于是招来侍萍问话,两家关系由此揭开。周萍与四凤在得知他们双方是同母异父的兄妹后,双双自杀。繁漪之子周冲也为救四凤触电身亡。大海作为罢工代表在周家受辱被殴,逃奔而去。侍萍与繁漪不堪重压,一呆一疯,只剩下周朴园孑然一身,形影相吊。

作者在"始乱终弃"和"乱伦"的社会现象中,开掘出具有时代特点的社会悲剧。他在剧中写了尖锐的思想冲突和阶级压迫与斗争,描写新旧交替时期三个不同阶层、不同性格的女性,以不同的方式对命运所做的抗争和她们走向毁灭的悲剧结局。《雷雨》情节的丰富性、生动性,尖锐的戏剧冲突,严谨的结构,浑厚凝重的格调,浓重的悲剧气氛,把中国年轻的话剧艺术提到了一个新的高度。《雷雨》中的人物形象,具有高度的美学价值。《雷雨》的成就是多方面的,但人物刻画的成功是其生命力所在,也是曹禺戏剧的共同特点。

曹禺在中国话剧史上是继往开来的重要人物。他继承了先驱们反帝反封建的民主精神和为人生的艺术主张,同时广泛借鉴和吸收了中国古典戏曲和欧洲近代戏剧的表现艺术,把中国的话剧艺术提到一个新的高度。他的《雷雨》成为中国话剧艺术成熟的标志。其后的《日出》、《北京人》、《家》也都是公认的杰作。曹禺的作品,不但提高了戏剧文学的水平,对导、表演艺术和舞台美术也发生了深刻的影响,使话剧成为真正的综合性艺术。

老舍与《茶馆》

老舍(1899～1966),中国小说家、戏剧家,原名舒庆春。青年时期易名舒舍予,老舍是他长期使用的主要笔名。

最初,老舍以小说作家著称于世。代表作有《骆驼祥子》、《离婚》、《四世同堂》、《月牙儿》、《我这一辈子》。其中《骆驼祥子》一书,已列入世界文学名著之林。老舍的戏剧创作是从抗日战争初期开始的。先后写出了多幕话剧《残雾》、《张自忠》、《面子问题》、《大地龙蛇》、《归去来兮》、《谁先到了重庆》。这是老舍戏剧创作的第一个丰收期。

从1949年老舍归国到他逝世的17年间,是他戏剧创作的第二个丰收期。先后发表、出版的话剧剧本有《方珍珠》(1950)、《龙须沟》(1950)、《春华秋实》(1953)、《西望长安》(1956)、《茶馆》(1957)、《女店员》(1959)、《全家福》(1959)等20余部。特别是《龙须沟》和《茶馆》这两部剧作,成为迄今为止新中国话剧创作中的典范性作品,也为新中国的话剧艺术赢得了国际声誉。

三幕话剧《茶馆》以北京的一家茶馆的兴衰变迁为背景,通过清末、民初、抗战胜利以后三个历史横断面的描写,展示了长达半个世纪的半封建半殖民地旧中国繁杂而广阔的社会生活,以小茶馆反映社会时代的大风云。每一幕写一个时代。剧中人物众多,北京各个阶层的三教九流人物,出入于这家茶馆。老舍通过以茶馆老板王利发为中心的三个时代几十个人物在茶馆里的生活片段,表现出一幅气势宏伟的历史长卷:把旧中国必然要灭亡的历史规律展现在人们的面前。全剧人物70多名,但安排有序,每个人物的出场,都从不同角度体现着主题。茶馆掌柜王利发、旗人常四爷和民族资本家秦二爷是贯穿全剧的中心人物。最后三位老人撒纸钱的场景成为全剧的高潮,集中展示着他们内心的痛苦、困惑和对那个腐朽时代的诅咒,也预示着那个时代必然灭亡。

《茶馆》的人物塑造好,生活气息浓,语言精彩、简洁、生动、传神、隽永,达到了炉火纯青的艺术境界。它把深邃的思想寓于朴素无华的艺术中,是现实主义戏剧的新开拓和巨大成就。在《茶馆》中,老舍成功地实践了他一向为自己规定的三个方面的艺术追求,即写自己真正熟悉的人和事;写作时眼睛要老盯住笔下的人物不放,"不能因事而忘了人";人物的对话必须是真正性格化的语言。《茶馆》充分展示了老舍作品所独有的"京味"风格,是老舍戏剧创作的顶峰,也是中华人民共和国成立后的话剧精品之一。

百花齐放、推陈出新

1951年,毛泽东提出了"百花齐放,推陈出新"的方针,要求戏曲艺术既要在继承传统的基础上积极创新,又要求各个戏曲剧种在自由竞赛中相互促进,共同发展。这是过去提出的"推陈出新"方针的进一步发展和完善,更充分地体现了无产阶级尊重戏曲艺术发展规律的自觉性,其中特别值得注意的是尊重戏曲界艺术创造的群众积极性,表现了中国共产党人繁荣戏曲文化的积极而审慎的精神。同年,政务院发布的《关于戏曲艺术改革工作的指示》,是"百花齐放,推陈出新"方针的具体化,其中心内容是"改戏、改人、改制"。这三项任务,使戏曲艺术革新与社会主义革命联结起来,从而具有了新的时代意义。

美 术

造型艺术

以一定物质材料和手段创造的可视静态空间形象的艺术。一般包括建筑、雕塑、绘画、工艺美术、设计、书法、篆刻等种类。造型即创造形体，是美术的主要特征。

造型艺术一词源于德语 bildende kunst，德国文艺理论家莱辛最早使用这一概念。是指绘画和雕塑等再现客观具体形象的艺术。英语 plastic art 在狭义上仅指雕塑。中国是从 20 世纪初以来才广泛使用造型艺术这一概念，还把书法、篆刻纳入它的外延中，这一点与西方不同。

造型艺术的特征从与其相对的概念——音响艺术（主要指诗歌、音乐）的比较而出。它们的最大区别在于：前者以颜色、石块等可视的物质材料表现形象；后者以语音和乐音表现形象或情感。另外从它们的存在方式、展开方式、感知方式上看，造型艺术总是存

在于一定的空间中,以静止的形式反映动态过程,主要诉诸视觉;音响艺术则在时间中展开并完成,主要诉诸听觉。所以,造型艺术又可称为空间艺术、静态艺术、视觉艺术;音响艺术则可称为时间艺术、动态艺术、听觉艺术。造型艺术的上述特征都是由其使用的材料和表现手段所决定的,造型艺术一词综合了这些特征,因此被认为最适当,实际上也最通用。

利普斯认为,造型艺术又可分为形象艺术、抽象的空间艺术。他也常将后者简称为空间艺术,比空间艺术的普通意义狭窄。形象艺术指再现自然或社会的具体形象和观念形象化的绘画、雕塑,属于所谓再现艺术;抽象的空间艺术指以抽象的空间和体积构成的建筑、工艺美术、设计。

对于再现的造型艺术,M·弗尔沃林又区分为再现自然的和再现观念的两种,由此分别称为物体造型和观念造型。根据这种理论,旧石器时代的造型艺术是物体造型;新石器时代以后,随着抽象思维的发展,才形成观念造型。以后,这两种类型在造型艺术发展史中并存。

素 描

以线为主要描绘方式的单色画。素描使用的工具非常广泛,包括铅笔、炭条、钢笔、毛笔、色粉笔、石笔、金属笔、芦杆笔等。绘画的平面多为纸面,也包括羊皮纸、布料、木头、金属、陶瓷乃至墙面、玻璃、沙面等。素描的题材有肖像、静物、风景、人物及非具象的点、线、面的组合等。素描是研究和再现物象的一种方式,是一切造型艺术的基础,同时也是训练造型能力的基本手段。

漫 画

以简练的手法直接表露事物本质、特征的绘画。它不受时间、空间等条件的限制,习惯采用夸张、比喻、象征等手法和形式。有较强的讽刺、歌颂、抒情、娱乐等方面的功能,并善于表达作者对世事人情的看法,尤以讽刺与幽默见长。

文艺复兴美术

指 14 世纪至 16 世纪欧洲资产阶级思想文化运动。文艺复兴一词,源自意大利语 rinascita,意为再生或复兴。14 世纪时,新兴资产阶级视中世纪文化为黑暗倒退,认为希腊、罗马古典文化才是光明发达的典范,力图复兴古典文化,遂产生文艺复兴运动。

文艺复兴是 14 世纪下半叶至 16 世纪始于意大利进而遍及欧洲各国的一场文化变革运动。文艺复兴的艺术以古希腊、古罗马古典艺术为楷模,它提倡写实主义,以人文主义为宗旨,反对宗教禁欲主义。文艺复兴时期的绘画注重写实,开创了基于科学理论和实际考察的绘画技法,如人体解剖和透视法则等。

意大利的佛罗伦萨是文艺复兴绘画的摇篮。从 14 世纪至 15 世纪前半叶,佛罗伦萨画派始终是绘画的主要流派。乔托是佛罗伦萨画派早期的大师。他的艺术具有鲜明的写实主义倾向,作品虽多属宗教题材,却开始真实表现世俗生活情景,注意空间远近关系与人物的主体表现。乔托之后,佛罗伦萨画派人才辈出,产生了马萨乔、乌切洛、波提切利、吉兰达约等一大批杰出画家。他们的画风或雄伟或秀丽,但都注重空间的透视表现和人物的坚实造型,并以善于用线为他们的共有特色。15 世纪末到 16 世纪,文艺复兴的绘画进入鼎盛时期,继佛罗伦萨画派之后,涌现了翁布利亚画派、威尼斯画派、米兰画派、罗马画派。

文艺复兴盛期绘画的杰出代表是达·芬奇、米开朗基罗和拉斐尔。前两位都是佛罗伦萨艺术家,拉斐尔虽师从翁布利亚画派,也主要在佛罗伦萨完成学业,形成自己的艺术风格。他们的活动都不限于佛罗伦萨。米开朗基罗和拉斐尔主要活动于罗马。达·芬奇前期在米兰,后期远走法国。他们的艺术也在更广泛的范围内代表了文艺复兴时期的成就。

达·芬奇的绘画熔艺术与科学于一炉，他的作品在体现人文主义思想和掌握写实主义手法上较之前人有了极大提高，杰出的如《最后的晚餐》、《蒙娜丽莎》等被誉为世界名画之首。米开朗基罗则在雕塑、绘画和建筑方面都留下了最能够代表盛期文艺复兴水平的典范创作。他的绘画以气势宏伟著称，他的人物形象雄健壮实，气魄伟岸，显示了艺术家在写实基础上非同寻常的理想加工。拉斐尔的绘画以秀美典雅著称，他的圣母像寓崇高于平凡，被誉为美和善的化身，充分体现了人文主义的理想。

在文艺复兴盛期绘画中，成就卓著的另一流派是威尼斯画派。在16世纪，这一画派先后出现了乔尔乔内、提香、丁托列托和韦罗内塞4位大家。尤以提香长达70年的创作活动，为威尼斯画派赢得了巨大的声誉。威尼斯画派诸家皆以色彩处理取胜，但个人风格又各有所长。例如，乔尔乔内作品富于诗意，提香画中人物的健美丰硕，丁托列托构图的宏大灵动，韦罗内塞风格的富丽豪华，都从不同方面丰富了文艺复兴绘画的成就。由于威尼斯画派油画技法的卓越，它对日后西方近代绘画的影响，甚至比佛罗伦萨画派更大。

在意大利文艺复兴运动的影响下，尼德兰、德国、法国、西班牙等地区均产生了文艺复兴运动。尼德兰文艺复兴绘画虽然接受了意大利的影响，但主要是从本土的哥特艺术蜕变而来，其早期代表画家有凡·爱克兄弟。他们的绘画具有鲜明的写实主义风格。后期最有成就的画家是有"农夫"之称的勃鲁盖尔，他不仅善于描绘民间特别是农民的生活情态，而且是一位伟大的风景画家。德国文艺复兴时期产生了许多杰出的绘画大师，其中最著名的有丢勒、克拉纳赫、荷尔拜因等，虽然他们的风格特色各有不同，却都以写实主义的成就显示了新艺术的巨大生命力。法国的文艺复兴绘画吸收了意大利和尼德兰的营养，代表画家是富凯。西班牙文艺复兴绘画的主要代表人物是出生于希腊的格列柯。

浮世绘

日本德川时代（亦称江户时代，1603～1867）兴起的一种民间绘画。它流行于17世纪至19世纪，在长达300年的演变和发展的历史中，产生过近40个不同流派与风格，出现了800多位艺术家。"浮世"是现世的意思，故其描绘的题材大都是民间风俗、优俳、武士、游女、风景等内容。浮世绘一般以色彩明艳、线条简练为特色，反映当时民间的生活，具有鲜明的日本民族风格。浮世绘最初以黑色印刷，称"墨折绘"；后来只在少数地方略施红色，通称为"丹绘"；其后添加黄、绿、紫色，又称为"红绘"；画面使用如漆状的深黑色，又称为"漆绘"；最后达到多种颜色并置于画面，似织锦般的多彩，故有"锦绘"之称。浮世绘的重要画家有：铃木春信、葛饰北斋、安藤广重、伊东深水等。

古典主义画派

从17世纪至19世纪流行于欧洲各国的一种文化思潮和美术倾向。它发端于17世纪的法国，主要是对古希腊、罗马古典作品艺术风格的怀旧和模仿之风。这个时期的代表画家有普桑、洛兰等。而狭义上讲，又把18世纪末至19世纪初，法国大革命时期兴起的这种怀旧风格的绘画，也归于古典主义，或称为新古典主义。这时的古典主义提倡典雅崇高的题材，庄重单纯的形式，强调理性而轻视情感，强调素描与严谨的外表、贬低色彩与笔触的表现，追求构图的均衡与完整，努力使作品产生一种古代的静穆而严峻的美。这时的主要代表画家有达维特、布格罗、安格尔等。

印象画派

19世纪下半叶在法国兴起的一个画派。这一名称是由1874年该派作者举行画展时，批评家对莫奈所作《日出·印象》一画出以嘲笑而来。该派反对当时学院派的保守思想和表现手法,采取在户外阳光下直接描绘景物,追求光色变化中表现对象的整体感和氛围的创作方法,主张根据太阳光谱所呈现的赤橙黄绿青蓝紫7种色相去反映自然界的瞬间印象,一反过去宗教神话等主题内容和陈陈相因的灰褐色调,使欧洲绘画出现发挥光色原理加强表现力的新方法,对绘画技法的革新有很大影响。代表画家有莫奈、毕沙罗、西斯莱、雷诺阿等。

野兽派

也称野兽主义,是20世纪第一个现代流派。"野兽"一词非指画家,而是形容1905年巴黎秋季沙龙中以马蒂斯为首的画家群体的艺术风格。他们继续着凡高、高更、塞尚等人的探索,特别注意线和色彩表现力,不受任何程式束缚,多用大块原色和奔放的线条构成夸张变形的物象,以求得"单纯化"的赏心悦目的装饰效果,完全冲破自然主义的传统和理性的控制,追求更为主观和强烈的艺术表现,对西方绘画的发展,产生了重要的影响。他们吸收了东方和非洲艺术的表现手法,在绘画中注意创造一种有别于西方古典绘画的疏、简的意境,有明显的写意倾向。野兽主义作为社团存在的时间只有两三年。参加这一社团的艺术家后来朝着不同的目标,继续作新的探索。德兰、劳伦瑟转向立体主义;路阿、凡·东根更近乎表现主义;马尔凯难以察觉地转向如同印象主义感觉的艺术。只有马蒂斯始终忠于纯绘画的最初信条,成为现代艺术中与毕加索并驾齐驱的巨匠。

立体主义

亦称"立方主义"、"立体派"。1907年至1914年间出现于法国画坛的现代艺术的一个流派。他们把一切物体形象破坏和解体,然后加以主观的组成。不但把自然形体分解为几何切面,并互相重叠,又发展到在一个画面上同时表现事物的几个不同方面,如把人像的正侧两面同时表现等,或将纸片等实物粘贴构成支离破碎的画面,完全破坏了客观形象。代表画家有毕加索、布拉克等。

抽象艺术

指艺术形象大幅度偏离或完全抛弃自然对象外观的艺术。现代抽象艺术大体可分为两大类:第一类对自然对象的外观加以减约、提炼或重新组合;第二类完全舍弃自然对象,创作纯粹的形式构成,并因此被称为纯抽象。第一类抽象艺术又包含了两种倾向:1.如 P·塞尚、P·克利等艺术家往往以自己对事物的概念为依据,在创作中削砍对象外观中被认为是次要与偶然的形式因素,使艺术形象得以显示被认为是本质的原形。2.另一些艺术家,如 C·毕沙罗往往以个别、特殊的自然对象为依据,从其自然外观中抽取艺术形象的模式。第二类抽象艺术同样包含两种倾向;1.一些艺术家的作品具有明显直接的情感表现性质,因此被称为浪漫的、有机的或热的抽象艺术,W·康定斯基、丁·米罗的作品是这种创作倾向的代表。2.如 K·C·马列维奇、P·蒙德里安等艺术家在作品中展现的是一些冷静、规则的几何构成。它们不包含直接的情感表现意味,因此被称为古典的、几何的和冷的抽象艺术。现代抽象艺术运动在整体上是对欧洲模拟自然的传统的反叛,它对现当代美术发展产生了广泛的影响。

抽象主义

现代西方艺术(主要是绘画和雕塑)思潮和流派。产生于 20 世纪初。抽象主义否定描绘具体事物,主张抽象表现。抽象主义者认为,艺术不反映现实的表象。艺术的使命是表现"事物的本质"和对本质的感受。因此,他们拒绝描绘客观世界的现象。

抽象主义美术可分为两种类型:一类是从自然物象出发,对具体物象加以简约,抽取其富于表现特征的因素,形成极其简单、概括的形象。另一类是由几何图形构成的抽象,不以自然物象为基础。抽象主义的出现,反映了艺术表现的对象由外部世界转向人的内心世界、从描绘外在事物到表现人的精神的一种趋势。

抽象主义从原始艺术、中世纪的宗教艺术、非洲和大洋洲艺术,并从东方的文字、书法中吸收养料,也从中国的老庄哲学、佛教禅宗中择取适应20世纪西方哲学观念和人们心理状态的观念和理论。不少抽象主义作品表现出逃避现实和社会虚无主义的倾向;也有作品反映了人们对美好未来的憧憬,表现了积极、进取、乐观的思想情感;更多的作品则着眼于艺术形式的独特创造。归纳20世纪的各种抽象主义艺术,凡是着重感情表现的,称为抒情的抽象,或热抽象;凡是着重表现理念的,称为理性的抽象,或冷抽象。

抽象主义不是一个有宣言和纲领的社团。抽象主义的创始者有俄国画家康定斯基、荷兰画家蒙德里安等。

超现实主义

第一次世界大战以后在法国兴起的社会思潮和文艺运动,影响波及欧洲各国,范围涉及文学、美术、戏剧、音乐等各个领域。它从达达主义中吸收了反传统和自动性创作的观念,克服了达达主义否定一切的致命弱点,有比较肯定的信念和纲领,作为美术运动,在两次世界大战期间传播最广。超现实主义受弗洛伊德潜意识理论的影响,致力于探讨人类经验的先验局面,试图突破符合逻辑与实际的现实观念。把现实观念与本能、潜意识和梦的经验相糅合,以达到一种绝对的和超现实的情境。这种不受理性和道德观念束缚的美学观念,促使艺术家们用不同手法来表现原始的冲动和自由意象的释放,呈现在画面上的是一种脱离自然、不合常理的荒诞形象。超现实主义对西方现代美术运动有一定的积极意义,虽然

它有浓厚的唯心主义色彩。此派代表画家有达利、米罗、马宋、马格利特、恩斯特等。

达·芬奇和他的绘画

列昂纳多·达·芬奇（1452～1519）是意大利文艺复兴时期的画家、科学家。

达·芬奇出生于佛罗伦萨附近的芬奇镇，15岁学艺，1472年加入佛罗伦萨画家行会。70年代中期个人风格已趋成熟。达·芬奇的创作活动以1482年为界可以概括为两个阶段——早期创作和盛期创作。早期的创作，以1481年的《博士来拜》为代表，这幅作品虽然没有完成，却是一幅有划时代意义的名作，标志着达·芬奇艺术风格的成熟，预示着盛期文艺复兴风格的到来。盛期的代表作品有《岩间圣母》、《最后的晚餐》和《蒙娜丽莎》，这些作品奠定了达·芬奇在世界美术史上"巨匠"的地位。达芬奇一生完成的作品不多，但件件都是不朽之名作。他的素描习作和笔记插图不仅数量上远比正式的作品多，而且在艺术水平上也同样达到了极高的境地，被誉为素描艺术的典范。达·芬奇最负盛名且广为人知的作品是《最后的晚餐》和《蒙娜丽莎》。

《最后的晚餐》是达·芬奇一生创作中最负盛名之作。这幅壁画表现了耶稣在餐桌上向他的十二个门徒宣告"你们中间有一个人出卖了我"时引起的骚动。除叛徒之外的十一个人依其性格而表露出惊恐、愤怒、怀疑、剖白的神色，以手势、眼神和倾身而起显示对耶稣的忠诚与关怀，唯独叛徒犹大（左起第四人）手握钱袋，颓然后仰，神色慌乱。这些典型性格的描绘与画题主旨密切配合，又与构图的多样统一效果互为补充，促成了世界美术宝库中最称完美的典范杰作的诞生。达·芬奇的《最后的晚餐》具有一种鼓舞人类精神向上的力量，这在前人所画同一题材的作品里是没有的。

《蒙娜丽莎》是达·芬奇最杰出的肖像画，也是文艺复兴时期最杰出的肖像画之一。达·芬奇为此画工作数年,可见对这幅画的加工已超过一般的肖像画,寄托了他对人像的理想典型的创造。画中人物坐姿优雅,笑容微妙,背景山水幽深苍茫,体现了达·芬奇烟雾状笔法的极致。对于面容中眼角唇边等表露感情的关键部位,他特别着重掌握精确与含蓄的辩正关系,达到神韵之境,从而使蒙娜丽莎的微笑涵义无穷;再加以背景山水渺茫、宛若梦境,左右两边在透视角度上又有微妙的差别,更增加了画面灵通变幻的气氛。达·芬奇这种臻于完美的生动人像实为人文主义关于人的崇高理想的最光辉的体现。达·芬奇对这幅画珍爱有加,始终随身携带,晚年赴法国时也不离左右。他在法国逝世后此画留在法国,现藏于卢浮宫。

达·芬奇的艺术理论散见于他流传下来的大量笔记中,也集中于他未完成的《画论》一书中。这些著述被认为是文艺复兴时代艺术理论研究的重大成果。

米开朗基罗的雕塑

米开朗基罗(1475~1564)是意大利文艺复兴时代的雕刻家、画家、建筑师。是文艺复兴盛期的代表。15世纪90年代初,即以才华出众受到美第奇家族赏识,并创作出《阶梯旁的圣母》及《山陀儿之战》等浮雕。1494~1499年,米开朗基罗一度游学威尼斯、罗马等地,创作《酒神像》、《哀悼基督》等名作,饮誉于时。1501~1505年期间主要在佛罗伦萨创作,雕刻有《大卫》。绘画有佛罗伦萨市政厅的壁画《卡西纳之战》及圆形画《神圣家族》等不朽作品。1505年去罗马为教皇朱里二世设计及制作陵墓雕刻,计划几经变迁,他为此断断续续工作40年而未能如愿完工,成为终生遗憾。1508~1512年,米开朗基罗完成了梵蒂冈西斯廷礼拜堂屋顶壁画,这是他一生最大杰作,也是文艺复兴绘画的最大杰作之一。1520~1534年,他为美第奇家族坟墓制作雕刻及设计墓室礼拜堂。晚年主要创作除西斯廷礼拜堂的祭坛壁画《最后审判》(1533~1541)外,以圣彼德大教堂的建筑设计为最重要,其中以大教堂圆顶的设计对西方建筑影响深远。

米开朗基罗是文艺复兴盛期雕刻艺术的代表。他的作品《阶梯旁的圣母》(1942)以圣母怀抱婴孩耶稣侧坐于梯旁的姿式,表现了当时雕刻中罕见的粗朴壮实的形象,尤以姿态的沉静庄重深得古典风格的真髓。《山陀儿之战》(1942)以浮雕表现古希腊神话中拉庇泰人和半人半马的山陀儿拼搏厮杀的情景,人妖混杂,战况空前激烈,开始显示了米开朗基罗集中一切注意于人体表现,特别是强力运动的人体表现的个人风格。《酒神像》(1497)以完美的裸体表现和略显摇晃的醉态突破了15世纪雕刻的机械平衡构图,是其代表作之一。《哀悼基督》表现圣母在基督死后抚尸痛哭的情景,但米开朗基罗一反传统表现圣母哀痛至极的惯例,强调圣母的秀美与沉静,甚至有意把圣母表现得比她死去的儿子还要年轻,用圣母青春常在的形象寄托人文主义关于人性崇高和不朽的理想。群像的三角形构图和极为精致的细部刻画,也与大胆的艺术构思互相配合,相得益彰,使这件雕刻成为米开朗基罗第一个震惊艺坛的杰作。《大卫》完全以裸体表现,题材取自古犹太少年英雄大卫战胜敌酋哥利亚的故事,选定的具体情节是出战之前,大卫左手握投石带,充满信心地走向战斗。英雄体态壮伟,有移山倒海之强力和坚如钢铁之意志。米开朗基罗创作的人物形象雄伟壮健,气魄宏大,充满无穷力量。他的《大卫》、《被缚的奴隶》、《摩西》等作品显示了艺术家在写实基础上非同寻常的理想加工,成为整个时代的典型象征。

拉斐尔与《西斯廷圣母》

拉斐尔(1483~1520),意大利文艺复兴盛期画家、建筑师。生于乌尔宾诺,其父也是画家。少时从翁勃利亚派画家彼鲁其诺学画。在佛罗伦萨时期吸取15世纪绘画精华并吸收芬奇的技法,逐渐形成圆润柔和的风格,用世俗化的描写方法处理宗教题材,所绘圣母抱耶稣像参考使用生活中母亲与幼儿的形象加以理想化。罗马时期(1508~1520)的主要作品是梵蒂冈教皇宫签字室中的四组壁画:《圣礼的争辩》(神学)、《雅典学派》(哲学)、《巴尔那斯山》(诗学)、《三德》(法学)。他运用历史画的方法处理这些抽象而矛盾的主题,反映了当时教会上层的要求。其他代表作有《西斯廷圣母》、《卡斯提利宾奈像》、《自画像》、《教皇利奥十世像》等。此外,还画有十余幅壁毯正稿和建筑设计图。

《西斯廷圣母》是拉斐尔圣母画中最著名的一幅。它是一幅长达2.65米、宽近2米的布面油画,画中人物和真人大小相仿,类似祭坛画的圣母像。画面以帷幕初揭的形式展开,圣母怀抱婴孩耶稣从云端走向幕前,两边跪男女两圣徒,图的底部画两天使作顾盼状。圣母、圣徒组成的三角形庄重均衡,圣母和耶稣的体态都在健美之中充满力量,既表现了母亲的幸福,也表现了母爱的伟大,因为圣母自天而降的神情,有献出爱子救世济民之意。这幅圣母像无论在内容还是在形式上都很成功地体现了文艺复兴时代的特色,同时也是拉斐尔典范风格的完美代表,对以后的古典派和学院派都产生了极大影响。

米勒与《拾穗者》

米勒(1814~1875),法国画家。巴比松画派的代表人物。生于农家。曾从德洛罗什学画,后因不满老师的浮华风格和无力负担学费而自学。1849年定居巴比松村后,从事耕作,补助生活。长期接触他所熟悉的农民,许多重要作品都在此产生。如《拾穗者》、《播种》、《晚钟》、《牧羊女》、《死神与樵夫》和《扶锄的人》等都描绘和歌颂农民的劳动生活和淳朴性格。米勒在法国绘画中确立了真实反映农民日常生活和艰苦劳动的新型风俗,因而被称为农民画家。

部分作品中的人物具有宗教感情。画风以质朴凝重富有抒情气氛著称,但直至晚年,他的作品才引起人们的重视。

《拾穗者》是写实主义画家米勒创作于1857年的作品。现藏于巴黎卢浮宫。画面描绘了秋天的阳光下,三个农妇在刚收割过的麦田里捡拾麦穗的情景。背景是一个个高耸的麦垛和一辆满载的马车,远处是繁忙的麦场。这三个农妇皮肤黝黑,穿着破旧的衣服,由于正弯腰拾着麦穗而看不到面部表情,但她们的身体如雕塑般坚实有力。整个画面笼罩在一片温暖的金黄色调中。同时,单纯的构图,写实的笔法也与质朴的农民形象非常和谐。这幅画表现了画家对农民深沉而真挚的感情。这幅画初次展出时引起了资产阶级舆论界的广泛注意。有人认为,画家在这里是有政治意图的,画上的农民是抗议者。《费加罗报》上的一篇文章甚至耸人听闻地说:"这三个突出在阴霾的天空前的拾穗者后面,有民众暴动的刀枪和1793年的断头台。"资产阶级这种臆测虽然高估了米勒的觉悟,但它至少佐证了这幅画是与生活紧密结合在一起的。

罗丹与《思想者》

罗丹(1840～1917),法国雕塑家。14岁随勒考克学画,后随巴里学雕塑,并当过加里埃·贝勒斯的助手,去比利时布鲁塞尔创作装饰雕塑5年。1875年游意大利,深受米开朗基罗作品的启发,从而确立了现实主义的创作方法。他的《青铜时代》、《思想者》、《雨果》、《加莱义民》和《巴尔扎克》等作品都有新的创造,曾受到法国官学派的抨击。包含186件雕塑的《地狱之门》的设计,却因当时官方阻挠而未能按计划实现,只完成《思想者》、《吻》、《夏娃》等部分作品。他善于用丰富多样的绘画性手法塑造出神态生动富有力量的艺术形象。一生作了许多速写,别具风格,并有《艺术论》传世。他的创作对欧洲近代雕塑的发展有较大的影响。

《思想者》是罗丹从但丁的《神曲》中汲取灵感,以《地狱篇》为

题材所创作的 186 个各式各样的人物中具有代表性的一件雕刻作品。这是为了巴黎装饰艺术博物馆的大门做的装饰浮雕。他坐在《地狱之门》的横楣中央,痛苦地弯着腰屈着膝,默默地注视着下面发生的悲剧。他右手托着下颏,前额和眉弓都十分突出,那深深凹陷的双目增强了苦闷沉思的表情,而那紧紧收缩的小腿肌肉和痉挛般弯曲的脚趾,将这种痛苦的情感更加有力地传达了出来。据说雕刻家用这个形象来象征《神曲》的作者但丁,体现了伟大诗人内心的苦闷与悲伤。雕刻家和诗人一样,对人类的苦难遭遇寄寓了极大的同情。《地狱之门》的一侧表现了人类的青春和恋人们的爱情,另一侧表现了地狱的悲惨和痛苦,"思想者"坐在上方,默默地注视着他们,沉入苦苦的冥想之中。罗丹从 1880 年起直到去世之前,一直在进行这项长期的创作——雕刻巨作《地狱之门》。

列宾与《伏尔加河上的纤夫》

俄国画家(1844~1930)。巡回展览画派的代表。1844 年 7 月 24 日生于乌克兰的丘古耶夫,1930 年 9 月 29 日卒于库奥卡拉。1864 年入皇家美术学院。1871 年在学院毕业生命题创作竞赛中获得金质大奖章。于此同时,开始构思创作《伏尔加河上的纤夫》。1873 年,去法国进修,在那里他的油画技巧得到进一步提高,创作了《渔民的女孩》、《祈祷的犹太人》、《巴黎咖啡店》等作品。1876 年回到俄国,创作《祭司长》、《库尔斯克省的宗教行列》、《索菲亚公主》、《伊凡雷帝杀子》、《查波罗人写信给苏丹王》、《拒绝临刑前的忏悔》、《意外的归来》和《宣传者被捕》等。列宾是一位出色的肖像画家,他为同时代的名人作了一系列出色的肖像。其中主要有《穆索尔斯基肖像》、《斯塔索夫肖像》、《托尔斯泰肖像》等。他还喜欢用一种轻松、欢快的笔调,描绘自己的亲人和亲密的朋友。如《蜻蜓》、《休息》和《秋天的花束》等,是一种类似风俗画的肖像画。列宾后期的作品,如《决斗》、《多么自由》、《果戈理焚稿》以及描写

1905年革命事件的油画和铅笔速写稿《红色葬礼》、《在沙皇的绞架附近》、《驱散示威游行》、《1905年10月17日的示威游行》等，已不能与早期作品相比，在绘画语言上已缺乏鲜明的表现力。

《伏尔加河上的纤夫》是列宾的著名代表作品。收藏于俄罗斯圣彼得堡国立俄罗斯博物馆。画面中绘画的11个饱经风霜的纤夫犹如一组雕刻群像，他们神情各异，但个个生动传神，具有强烈的震撼力。反映了纤夫们既是苦难的生活底层的人们，也是有毅力的生活的强者。作者对伏尔加河的景色也作了很好的布局，使画面具有宏伟深远的感觉。它不仅揭示了现实矛盾，同时肯定了社会的积极力量，使俄国风俗画增添了新的语言。

莫奈与《日出·印象》

莫奈(1840~1926)法国画家。印象画派的创始人之一。印象派的名称，就是由当时批评家对他的《日出·印象》一画的嘲笑而来。莫奈开始跟从布丹学习，并接受容金和柯罗的影响之后转向外光的描写，马奈和透纳的作品给了他很大的启发。他曾长期探索光与空气的表现效果：常常在不同的时间和不同的光线下，对同一对象连续作出多幅的描绘，从自然的光色变换中抒发瞬间的感受。代表作品有《睡莲》、《鲁昂大教堂》、《勒·阿弗尔附近海滨的平台》、《帆船》、《伦敦风景》、《花园里的女人们》等。

《日出·印象》这幅绚烂缤纷、生动活跃的作品，表现了在勒阿弗尔港口一个多雾的早晨，透过晨雾观看太阳初升的瞬间印象。在晨曦的笼罩下，天空和海水都呈现出一种橙黄和淡紫的色彩。海上和岸边的景物模糊不清：三只小船由近及远，似沉似现，海面平静，水浪轻摇，小船似乎在缓缓地前进，船上的人物依稀可见；远处的吊车、工厂的烟囱，隐隐约约，迷漫在雾气之中，融化在太阳初升时朦胧光色里，生动地表现了日出时的情景。作家把大自然的光线、空气带进画面，增强了绘画的表现力，表现了画家的敏锐感受和运用色彩的高超技巧。作品于1874年在印象派举行的第一次联展时展出,有一位评论家在看了画展后,写了一篇文章,借这幅画的题目大加嘲讽,说莫奈等画家是一群"印象主义者"。不料,"印象派"这个名称从此在画坛上确立,《日出·印象》成了这一画派的标志。

康定斯基

俄国画家(1866~1944)。抽象主义画派的创始人之一。生于莫斯科,主要美术活动在法国和德国。1910年开始创作纯抽象的作品,主张绘画应以抽象的点、线、面组成画面,用动感、力感、韵律感和节奏来表现画家的主观情感和"内心需要",追求绘画中的音乐性、创作过程中的偶然性。他的作品大多以"即兴"、"构图"等为题,并著有《关于艺术的精神》一书,其艺术论点对后来抽象主义的发展有较大影响。

毕加索

西班牙画家(1881~1973)。法国现代画派主要代表。出身于图画教师家庭,从母姓毕加索。曾在巴赛罗那和马德里的美术学院学画。1904年定居巴黎。1907年后,和画家布拉克一道作立体主义的绘画,主张画家的职责不是借助具体物象来反映现实,而是创造抽象的形来表现所谓科学的真实。采取同时从不同角度表现物象的画法,并用实物(如报纸、火柴盒等)贴在"画面"上,从形式上求奇异。一生画法和风格迭变。早期画近似表现派的主题,表达对乞丐、流浪艺人、演马戏者等人的深切同情;后注目于原始艺术,简化形象。1915~1920年初,画风一度转入写实。1930年始,又明显地倾向超现实主义。第二次世界大战前后,曾写讽刺诗《弗朗哥的梦想和谎言》并附有插图,还作油画《格尔尼卡》抗议德、意法西斯侵略西班牙,此画结合立体主义、现实主义和超现实主义风格表现痛苦、受难和兽性，是其代表作。1944年参加法国共产党。后为世界和平大会作《和平鸽》宣传画等。晚期制作了大量雕塑和陶器等，亦有杰出成就。他的作品对西方艺术流派有很大的影响。

《韩熙载夜宴图》

顾闳中，五代南唐画家。江南人。中主李璟朝(943～961)为待诏。工画人物，善写神情意态，用笔圆劲，间有方笔转折，设色浓丽。后来受后主李煜之命，深夜来到中书侍郎韩熙载府中，暗自察看其夜宴情景，最后根据记忆画成这幅卓越的人物画。它由听琴、观舞、休憩、赏乐和调笑5个部分构成，用屏风的形式分隔开来，而主要人物的反复出现又使这5部分互有联系。这幅画真实地描绘出当时上层社会奢靡浮华的生活状况，同时，它又特别着意于对人物形象及神情的刻画，主人公韩熙载抑郁寡欢的精神面貌跃然纸上，这就使得这幅画超越了单一的人物情节描写而更接近肖像画的旨趣。

《清明上河图》

作者张择端，北宋画家。字正道，东武(今山东诸城)人。幼好读书，早年游学汴京(今河南开封)，后习绘画，徽宗赵佶朝(1100～1125)供职翰林图画院。专工界画宫室，尤擅舟车、市肆、桥梁、街衢、城郭，自成一家。传世作品《清明上河图》卷，为其代表作。它以汴河为构图中心，对北宋晚期的都城生活作了详尽的描绘，展示当时各阶层人物的生活和动态，包括经济状况、城乡关系、民情风俗等，使我们今天可以穿越时空去感受那时的生活。

南宋四家

指南宋院体山水画家李唐、刘松年、马远、夏圭四人合称。属豪纵简略一路画风。

李唐，北宋末南宋初画家。河阳（今河南省孟县）人。宋徽宗时任画院待诏。在绘画上，李唐是宋代绘画史上的承前启后的人物。他善画山水、人物、禽兽、界画，尤以水墨山水为人称道。在布局上他改变了以往全景式山水的构图法，采取顶天立地的方式，突出描绘自然山水的一角。从此一变北宋山水画严谨的格局，而开南宋豪放简括的水墨山水画的新面貌。对稍晚于他的刘松年、马远、夏圭等人的绘画创作影响很大。他的传世作品有《万壑松风图》、《江山小景图》、《晋文公复国图》、《采薇图》等。

刘松年，南宋画家。钱塘（今浙江省杭州市）人。绍熙（1190～1194）年间为画院待诏，宁宗（1195～1224）时因画《耕织图》进呈，得到赐金带的荣誉。他善画山水、人物，其艺术水平被誉为"院人中绝品"。其山水画中青绿者工细而有秀色，水墨者精细工致，山石用小斧劈皴，树多用夹叶，楼台建筑工细严整而不刻板，具有自己的独特的风貌。他的传世作品有《四景山水图》，全卷布置精严，笔苍墨润，设色典雅，代表了他的山水画的风格和成就，也是传世南宋山水画中难得的杰作。

马远，南宋画家。祖籍河中（今山西省永济县），移居钱塘（今浙江省杭州市）。为光宗、宁宗时期（1190～1224）画院待诏。他善画花鸟、人物，尤长于山水。其山水画多取材浙江一带山川景物，发展了李唐等人的笔墨雄强、沉郁劲健的水墨山水画特色。构图上，变唐、五代、北宋山水画中山水重复的全景式构图，为取自然山水之一角，经过提取、加工、剪裁，突出自然山水的雄奇峭拔部分，并利用空白来衬托画中主体，给人以强烈印象。他的山水画在章法的剪裁，形象的概括及笔墨的提炼方面，都有突出的创造。画面优美简洁，富有诗意，把李唐以来的水墨山水画发展到了极为完美的地步。他的传世作品有《水图》、《踏歌图》、《雪图》、《寒江独钓图》等。

夏圭，南宋画家。钱塘（今浙江省杭州市）人。为宁宗时期

（1195～1224）画院待诏，受到皇帝赐金带的荣誉。他的山水画属于水墨苍劲一派，喜用秃笔，下笔较重，更显得老苍雄放。他用墨善于调节水分，因而取得更为淋漓滋润的效果。在山石的皴法上，常先用水笔淡墨扫染，然后趁湿用浓墨皴，造成水墨浑融的特殊效果，被称作拖泥带水皴。他善于表现烟雨迷濛的江滨湖岸景色，其点景人物亦简括生动，楼台等建筑物不用界尺，信手而成。他喜用一角半边的构图，故有"夏半边"之说，用寥寥几笔，表现一个异常广阔、旷远的空间。他的传世作品有《溪山清远图》、《江山佳胜图》、《西湖柳艇图》、《观瀑图》等等，其中《山水十二景》是他最有名的代表作之一。

扬州八怪

清乾隆间寓居江苏扬州的八位代表画家的总称。一般指汪士慎、黄慎、金农、高翔、李鳝、郑燮、李方膺、罗聘。实际上不止八人，也有将高凤翰、边寿民、杨法、陈撰等列入者。这派画家作画多以花卉为题材，亦画山水、人物，主要取法于陈道复、徐渭、朱耷（八大山人）、原蹊济（石涛）等人，能不拘前人陈规，破格创新，抒发真实情感；又都能诗，擅书法或篆刻，讲究诗书画的结合。和当时流行画坛的尚古模拟之风，有所不同，被时人目为"偏师"、"怪物"，遂有"八怪"之称。他们大胆豪放地运用笔墨，构图力追险绝，作品不但在清代画坛风格独特，而且对近、现代写意花卉画也有很大影响。

徐悲鸿

徐悲鸿（1895～1953），现代画家、美术教育家。江苏宜兴人。少时刻苦学画，后留学法国。曾携中国近代绘画作品赴法、德、比、意及前苏联展览。抗日战争期间，常常以自己的作品在国外展览出售，得到的钱款用于救济祖国难民，并参加民主运动。他长期从事美术教育工作，建国后任中央美术学院院长，中华全国美术工作者协会主席。在绘画创作上提倡"尽精微,致广大"。对中国画,主张"古法之佳者守之,垂绝者继之,不佳者改之,未足者增之,西方绘画可采入者融之"。擅长油画、中国画,尤精素描。人物造型,注重写实,传达神情。曾创作《九方皋》、《愚公移山》等寓有进步思想的历史画。所画花鸟、风景、走兽,简练明快,富有生气,尤以画马享誉中外。画能融合中西技法,而自成面貌。在北京设置有"画家徐悲鸿纪念馆"。

《田横五百士》

《田横五百士》是徐悲鸿的成名大作,完成于1930年。故事出自《史记·田儋列传》。田横是秦末齐国旧王族,继田儋之后为齐王。刘邦消灭群雄后,田横和他的五百壮士逃亡到一个海岛上。刘邦听说田横深得人心,恐日后有患,所以派使者赦田横的罪,召他回来。《史记·田儋列传》原文这样记载:"……乃复使使持节具告以诏商状,曰:'田横来,大者王,小者乃侯耳;不来,且举兵加诛焉。'田横乃与其客二人乘传诣洛阳。……未至三十里,至尸乡厩置,横谢使者曰:'人臣见天子当洗沐。'止留,谓其客曰:'横始与汉王俱南面称孤,今汉王为天子,而横乃为亡虏而北面事之,其耻固已甚矣。……'遂自刭。……五百人在海中,使使召之。至则闻田横死,亦皆自杀,于是乃知田横兄弟能得士也。"司马迁感慨地写道:"田横之高节,宾客慕义而从横死,岂非至贤。余因而列焉。不无善画者,莫能图,何哉!"可见徐悲鸿作此画是受太史公的感召。

正是有感于田横等人"富贵不能淫,威武不能屈"的"高节",画家着意选取了田横与五百壮士惜别的戏剧性场景来表现。这幅巨大的历史画渗透着一种悲壮的气慨,撼人心魄。画中把穿绯红衣袍的田横置于右边作拱手诀别状,他昂首挺胸,表情严肃,眼望苍天,似乎对茫茫天地发出诘问,横贯画幅三分之二的人物组群,则以密集的阵形传达出群众的合力。人群右下角有一老妪和少妇拥着幼小的女孩仰视田横,眼神满含哀婉凄凉,其雕塑般的体积,金字塔般的构架无疑使我们想起普桑、大卫的绘画。普桑喜用的红、黄、蓝三原色亦在徐的画面中占主导地位,突出了田横与青年壮士之间的对答交流。背影衬以明朗素净的天空,给人以澄澈肃穆的感觉。"高贵的单纯,静穆的伟大"正是德国古典病态学家温克尔曼所提倡的艺术格调。

欣赏徐悲鸿的画时,会发觉画中人物伸展的手臂、踮起的脚尖、前跨的腿、支立着的木棍、阴森锋利的长剑构成了一种画面节奏,寓动于静,透出一种英雄主义气概。当时流行现代主义艺术之风的中国,徐悲鸿坚持关注生活、关注社会的现实主义立场,借历史画来表达他对社会正义的呼唤,这些犹如黑夜中的闪电划亮天际,透出黎明的曙光。

岭南画派

中国画流派。首创人物是高剑父、高奇峰、陈树人。他们和他们的艺术群体有相似的艺术主张,且都是五岭之南的广东人,因此形成了中国现代史上有名的"岭南画派"。他们在思想艺术上提倡融合西画以革新中国画,提倡艺术反映时代、唤醒民众、感化社会、陶冶性灵,强调写生,主张师法自然。在题材上以翎毛走兽、花卉、山水为主。他们在传统技法的基础上,融合日本、西方的技法,大胆地运用色彩和水墨,特别是把豪放的笔墨与撞水撞粉的技法结合在一起,生发出画面的天光云色、月影风行的诗一般意境,其作品具有时代气息和地域特色。

音乐

音乐学

研究音乐的所有理论学科的总称,如研究音乐与意识形态关系的音乐美学、音乐史学、音乐心理学、音乐教育学、音乐民族学等;研究音乐物质材料特点的音乐声学、乐器学等;研究音乐形态及其结构的旋律学、和声学、对位法、曲式学等;还有研究表演理论、指挥法等等。音乐学的任务就是研究音乐专业领域的本质及规律。

随着科学的发展,出现了许多跨边缘的学科研究,如音乐分析学、音乐术语学、音乐语义学、音乐术语学、音乐教育心理学、音乐治疗学、音乐欣赏等。因此,音乐学所包含的内容将会随着社会的发展和科学技术的进步更加丰富。

古典音乐

泛指过去时代具有典范意义或有代表性的音乐（不包括民间音乐）。有时专指西方 18～19 世纪的音乐，特别是以莫扎特和贝多芬为代表的维也纳古典乐派的音乐，或师法于该乐派的音乐。常用与现代派音乐或爵士音乐相对称。

华彩乐段

出现在乐章末尾处的无伴奏段落。由演奏（唱）家充分发挥其技艺，作为表演的高潮。这在炫耀技巧的独奏协奏曲中最为突出。直到 19 世纪，这种插入的乐段常由作曲家有意安排，适当时机由表演者作炫耀性的即兴演出。现代演奏家则用已写好的华彩段演奏，即使演奏古典的协奏曲也是如此。而现代协奏曲中的华彩段通常由作曲家自己写出。

"音乐之父"巴赫

巴赫（1685～1750），最伟大的德国作曲家之一，以创作《勃兰登堡协奏曲》、《b 小调弥撒曲》、《平均率钢琴曲集》以及大量的教堂音乐和器乐曲而著称。他把前人发展起来的主要风格、形式和传统概括地加以研究并汇集在一起，使之更加丰富多彩。他的先辈世代均为乐师，他的 4 个儿子均为作曲家，使得巴赫家族在德国音乐史上颇具传奇色彩。

"神童"莫扎特

莫扎特（1756～1791），奥地利天才作曲家.维也纳古典乐派的中心人物。自幼聪慧，5 岁即开始作曲并演奏羽管键琴和小提琴。1762 年由父带领赴慕尼黑、维也纳等地巡回演出。10 岁在巴黎出版首批作品；4首小提琴协奏曲（作品6~9）。他的大部分作品未能在生前出版，因而未能创立自己的学派，直到浪漫派时期，才和巴赫、贝多芬一起被人崇敬。其音乐之完美至今令人赞叹，特别是他歌剧中的人物，塑造得栩栩如生，并随剧情而发展变化。主要作品：歌剧《后宫诱逃》、《费加罗的婚礼》、《魔笛》等；交响曲《哈夫纳交响曲》、《布拉格交响曲》、《降e大调(作品543)》等。

"乐圣"贝多芬

贝多芬(1770~1827)，德国作曲家，被公认为是有史以来最伟大的作曲家。其作品集古典音乐之大成，开浪漫主义音乐之先声。比任何前辈都更鲜明地揭示：音乐可以不借助语言文字而传达一种人生哲学。在音乐形式方面是主要的革新者，拓展了奏鸣曲、交响曲、协奏曲和四重奏的范围。在个人生活方面，则表现出对厄运不屈不挠的斗争精神。30岁前患有耳疾，病情逐年加重，49岁时听觉全部丧失，此后，他将大部分精力用于作曲。一生创作极为丰富，诸如《月光奏鸣曲》、《第三(英雄)交响曲》、《第六(田园)交响曲》等，都是脍炙人口的不朽之作，但以《第五(命运)交响曲》和《第九(合唱)交响曲》对后人的影响最为深远。

"歌曲之王"舒伯特

舒伯特(1797~1828)，19世纪初期奥地利主要作曲家之一，以优美的旋律闻名于世。其音乐主观上是属于感情的浪漫主义风格，实际上却属于古典主义范畴。一生创作了大量歌曲、合唱曲、室内乐等，其中歌曲是舒伯特有特殊成就的创作领域。1824年后贫病交加，但创造力仍极为旺盛。1827年贝多芬的逝世对他极有影响，使他在最后的器乐曲中表现出更高的境界，尤其在《降B大调钢琴三重奏》(1827)和《C小调钢琴奏鸣曲》(1826)中，表现出他坚强的个性，以及对贝多芬的崇敬。1828年创作的《C大调第九交响曲》，气势磅礴、英勇豪迈，标志着舒伯特创作高峰。其主要作品还有：《魔王》(1815)、《流浪者》(1816)、《鳟鱼》(1819)、《美丽的磨坊女》(1823)等。

"钢琴诗人"肖邦

肖邦(1810～1849)，波兰作曲家和钢琴家。其创作以钢琴作品为主，且多为小型乐曲。肖邦卓越的想像力及精湛的技巧使他成为世界最伟大的音乐诗人之一。他的音乐灵感源于自己和波兰的悲剧性经历，旋律独具个性，表达了内心深处不仅仅是伤感的感情。作品虽有浪漫主义的本质，亦有古典的纯真和分寸，丝毫没有浪漫主义的表现癖好。主要作品：《f小调第二钢琴协奏曲》、《f小调幻想曲》、《b小调奏鸣曲》等。

"歌剧大师"威尔地

威尔地(1813～1901)，意大利歌剧作曲家。1836年创作歌剧《奥贝托公爵》，但未能上演，3年后他在拉斯卡拉歌剧院演出并获成功。1840年歌剧《一日王》仅演一场即告失败。1842年《纳布科》首演获巨大成功并从此立足于乐坛。其3部名作《弄臣》(1851)、《游吟诗人》(1853)及《茶花女》(1853)相继问世后，他成为意大利家喻户晓的歌剧作曲家。1871年他创作《阿伊达》，在刻画人物及运用乐队手法之精巧程度方面，达到登峰造极的境界。晚年的成功歌剧还有《奥瑟罗》(1887)和《福斯塔夫》(1893)。

约翰·施特劳斯与《蓝色多瑙河》

约翰·施特劳斯(1825～1899)，又称小施特劳斯，奥地利作曲家，老施特劳斯之子。有"圆舞曲之王"之称，一生创作了近500首舞曲，其中150多首是圆舞曲，以具有旋转舞步的快速律动为特征，世称"维也纳圆舞曲"。其中《蓝色多瑙河》、《维也纳森林故

事》、《艺术家的生活》等流传甚广。《蓝色多瑙河》被称之为"奥地利第二国歌"。

《国际歌》及其词曲作者

全世界无产阶级的革命歌曲。1888年6月由法国工人迪盖特根据巴黎公社诗人鲍迪埃所作诗篇谱曲而成。19世纪末始用于国际无产阶级隆重集会,并逐渐流传至世界各地。1917~1944年前苏联曾采用为国歌。

新古典主义音乐

20世纪的音乐运动。以反对19世纪末20世纪初多愁善感、充斥变音的浪漫主义音乐,强调结构清晰、配器恬淡和意态冷静,新古典主义主张回到18世纪(特别是巴赫)那样尊重对位和紧凑的曲式。最著名的代表人物是俄罗斯作曲家斯特拉文斯基(1882~1971)。

江南丝竹

中国传统器乐丝竹乐的一种,流行于江苏南部和浙江一带。江南丝竹的乐队编制一般为7~8人,少则3~5人。常用乐器有二胡、小三弦、琵琶、扬琴、笛子、箫、笙、鼓、木鱼等。江南丝竹旋律抒情优美,风格清新流畅。笛子演奏注重气息的运用,高音悠扬,低音含蓄,音色醇厚圆润,常使用打音、倚音、赠音、震音、颤音等技巧润饰。二胡弓法饱满柔和,力度变化细腻,左手惯用透音、带音、左侧音和勾音,尤以各种滑音技法,构成江南丝竹清秀、明快的个性。

刘天华与"国乐改进社"

刘天华(1895~1932),中国民族器乐作曲家,二胡、琵琶演奏家,音乐教育家。1922年始,先后任北京大学音乐传习所国乐导师、北京女子高师和国立艺专音乐科二胡、琵琶、小提琴教授。创作有二胡独奏曲10首,琵琶独奏曲3首。代表作有《病中吟》、《月夜》、《良宵》、《空山鸟语》等。吸收小提琴演奏的长处,将二胡从伴奏乐器上升为独奏乐器,纳入高等院校的专业教学,为我国近现代的二胡演奏学派奠定了基础。他曾创建"国乐改进社",并主编了《音乐杂志》。

聂耳与《义勇军进行曲》

聂耳(1912~1935),中国作曲家,自幼爱好音乐,能奏多种民族乐器。中学时代即加入中国共产主义青年团,参加革命活动,1933年加入中国共产党。此后,积极参加左翼音乐、戏剧、电影等工作,从事创作及艺术评论活动。1935年拟赴前苏联,取道日本,在神奈川县藤泽市鹄沼海滨游泳时,不幸溺水身亡。作有歌曲《义勇军进行曲》、《毕业歌》、《大路歌》、《铁蹄下的歌女》等30余首,集中体现了旧中国工农群众在阶级压迫下的苦难和反抗,以及九·一八事变后中国人民抗日救国的坚决意志。其中,《义勇军进行曲》于1949年9月经中国人民政治协商会议第一届全体会议决议,作为中华人民共和国国歌未正式制定前的国歌;1982年12月4日,经中华人民共和国第五届全国人民代表大会第五次会议决议,成为《中华人民共和国国歌》。

冼星海与《黄河大合唱》

冼星海(1905~1945),中国作曲家,广东番禺人。先后在岭南大学预科、北京艺专音乐系、上海国立音乐学院及法国巴黎音乐学院学习音乐。1935年归国参加抗日救亡音乐活动。1938年赴延安,翌年任鲁艺音乐系主任,同年加入中国共产党。1945年病逝于莫斯科。作品有《黄河大合唱》、《生产大合唱》等4部。现存歌曲有《到敌人后方去》、《游击队歌》、《在太行山上》等250余首。他继聂耳之后,以更广泛的题材、体裁和更丰富的艺术手法表现中国人民的解放斗争,对全国抗日军民起了鼓舞作用,其最为重要的代表之作为《黄河大合唱》(1939年创作,1941年重新加工)全曲由9个乐章组成,各乐章相对独立,形成一部音乐史诗。

爵士音乐

产生于19世纪末期,是西非黑人被贩卖到美国、远离其自然环境所产生和发展起来的一种音乐表现形式。它是演奏者根据某种规定的和声骨架与节奏律动,对某个旋律进行变奏。一般而言,在爵士乐中,演奏者往往就是作曲者,因此演奏者往往利用某种主题来表达自己的意图,而在传统音乐中,演奏者总是力求表达原作与原作曲者的思想。爵士乐的西非属性带来了许多欧美音乐中不存在的独特手法,如音阶中第3音、第7音都降低半音,这是爵士乐音乐语言的基础。

偶然音乐

一种20世纪的音乐。用来形容那些在其中有明确规定的即兴演奏范围的作品。作品中的不明确因素由演奏者自行处理。偶然音乐中的不明确部分通常有两种方式,一是演奏者自己去安排乐曲的结构,一如重排乐曲各部分的顺序或按照演奏者的愿望同时演奏几个部分,二是乐谱上夹注说明,演奏者在该处进行即兴演奏,甚至做一些戏剧性的姿态。

流行音乐

亦称通俗音乐。介于民间音乐与艺术音乐之间的音乐品种,其特点:流行音乐主要产生于城市,由专业音乐人所创作,一般通过口头传播。流行音乐大多取材于日常现实生活。声乐作品以爱情歌曲居多，而器乐作品以舞曲和改编曲居多。由于流行音乐一般面向市民群众，所以即便是较为严肃或悲剧性内容的作品，也往往以较轻松的笔触来陈述，表现手法和艺术风格都很自由，富于变化。一般而言，爵士音乐、乡村音乐、摇滚音乐、迪士科、霹雳舞等等均属于流行音乐的范畴。

通俗歌曲

又称流行歌曲。特指用通俗唱法演唱的歌曲，以区别于用美声唱法演唱的艺术歌曲和用民族唱法演唱的民间歌曲。一般说来，通俗唱法较强调演唱者本人的嗓音自然、本色，要求吐字清晰，以情动人。但也有结合应用美声唱法和民族唱法的演唱。

舞 蹈

舞 蹈

舞蹈艺术从本质上来说是人体动作的艺术。广义上讲,凡是借助人体进行有组织有规律的运动来抒发感情的,都可以称之为舞蹈。而舞台表演的舞蹈艺术,则是通过作者对自然或社会的观察、体验和分析,并以精练、典型的动作,构成鲜明的舞蹈艺术形象,反映生活中的人和事、思想和感情。

舞蹈是人类最古老的艺术形式之一。舞蹈的历史大致经历了从原始图腾舞、巫舞、宫廷舞蹈、古典芭蕾到现代舞的流变,其实民间舞蹈才是舞蹈发展的主流。民间舞蹈是人民群众在生产生活中总结出来的,是一条永不干涸的舞蹈源泉。它源远流长,不因统治者的禁止而停止发展,也不因被宫廷吸收而改变其固有的乡土特色,始终以绚丽多姿的风貌在民间广泛流传。

民间舞蹈

民间舞蹈是指产生和流传于民间、风格鲜明、为人民群众喜闻乐见的舞蹈。它反映人民的劳动、斗争、交际和爱情生活。不同民族和地区的民间舞蹈受生活方式、历史传统、风俗习惯、民族性格、宗教信仰甚至地理和气候等自然环境的影响而显现出迥然不同的风格特点。民间舞蹈的共同特点是自娱性、即兴性和稳定性。自娱性是指民间舞蹈的动作步伐比较单纯精炼,便于群众掌握,在家族、村寨中以言传身授的方式继承和流传。即兴性是指民间舞蹈的动作姿态规范性较弱,可变性较强,在步伐、动作、节奏大体一致的情况下,舞者可以即兴发挥。稳定性是指一种民间舞蹈由于长期在特定范围内流传,受外界影响较小,虽然也在不断发展演变中,但其风格特色相对比较稳定,改变缓慢。

民间舞蹈是舞蹈艺术发展、创新的主要素材来源,各种专业舞蹈都和民间舞蹈有着不可分割的联系。同时,民间舞蹈仍然独立存在于自己原有的范围内,并世代相传。中国和世界的各民族都有自己各自的民间舞蹈,历史悠久,形式多样,共同特点是载歌载舞,多用道具和借助故事传说,形式自由,生动活泼,内容与形式紧密结合。

芭 蕾

芭蕾是法语 ballet 的音译,源于古拉丁语 ballo。最初这个词只表示跳舞,或当众表演舞蹈,并不具有剧场演出的涵义。芭蕾作为一种舞台艺术,孕育于 16 世纪文艺复兴时期意大利盛大的宴饮娱乐活动,17 世纪形成于法国宫廷,成为法国宫廷生活的一个重要组成部分。1661 年,法国国王路易十四下令创办了芭蕾史上第一所舞蹈最高学府——皇家舞蹈学院,开始对芭蕾训练进行规范化的研究整理工作。芭蕾演员的脚的五个基本位置、手臂的位置都是在那个时候确定下来并一直沿用至今的。

芭蕾艺术在17世纪下半叶走出宫廷，登上舞台，开始成为剧场艺术，这对舞蹈表演的技术提出了更高的要求，专业芭蕾演员应运而生，并逐步取代了贵族业余演员。但那时所有的女主角还都是由男演员扮演的，在一部名叫《爱情的胜利》的歌剧中，芭蕾女演员才第一次出现在专业舞台上。

17世纪的芭蕾是从属于歌剧的，只是在歌剧中加入芭蕾场面，被称作歌唱芭蕾或芭蕾歌剧。1760年，芭蕾大师诺韦尔首次提出"情节芭蕾"的主张，强调舞蹈不只是形体的技巧，而属于戏剧表现和思想交流的工具。这一理论推动了芭蕾的革新浪潮，在诺韦尔和许多演员、编导的努力下，芭蕾从内容、题材、音乐、舞蹈技术、服饰等方面进行了一系列的改革，这些改革终于使芭蕾与歌剧分离，成为一门独立的剧场表演艺术。

芭蕾艺术真正的发展是在18世纪末到19世纪初的浪漫主义时期。浪漫主义芭蕾在19世纪中叶发展到鼎盛时期。芭蕾的结构形式在19世纪后期发展到高度规范化和程式化，以致影响和限制了芭蕾的发展。而在20世纪的芭蕾作品中，旧有的规范和程式已被大大突破，不断出现新的探索和创新。

芭蕾追求典雅、整齐而富于雕塑感的动作姿态和足尖技巧，有一套完整规范的训练方法。在芭蕾发展的历史上，产生了许多精品和传世名作，如芭蕾舞剧《吉赛尔》、《天鹅湖》、《睡美人》、《胡桃夹子》、《罗密欧与朱丽叶》；抒情小品《天鹅之死》等。

现代舞

现代舞是指20世纪初在欧美兴起的一种与古典芭蕾相对立的舞蹈派别。他的最鲜明的特点是反映现代西方社会矛盾和人们的心理特征，所以称之为现代舞。现代舞的创始者认为，芭蕾演员已经不再是伟大情感的代表，而成了名副其实的技术能手。现代舞的创始者力图突破僵化的舞蹈程式和宫廷化倾向,而注重关注现实,表达真实的内心体验。

现代舞反对芭蕾的僵化传统,主张用舞蹈的观念编捧舞蹈,否认音乐是舞蹈的灵魂,认为音乐只是舞蹈的良伴。主张从舞美和服装中解放出来,摒弃技巧的卖弄,要求以人体;直率地表现内心世界,表演质朴、自然,灵肉一致,时间、空间、力度和肌肉感觉是其舞蹈设计的四大支柱。现代舞不是一种固定的舞蹈形式,它强调身体运动形式的整个连续运动过程本身,强调发挥艺术的个人特色,其运动形式丰富多样,不存在普遍的规律,每个艺术家都可以创造他自己的风格和"法则",现代舞习惯上成为所有这些流派的总称,但它却不能概括各种流派的全貌。

"现代舞之母"邓肯

邓肯(Isadora Duncan, 1877~1927),美国女舞蹈家、编导、教师,生于旧金山,现代舞的先驱。

19世纪末,芭蕾在成为剧场艺术的经典的同时,也在严格的程式化羁绊中,陷入技巧的花样翻新和卖弄,渐渐失去了创造的活力。邓肯从小就表现出对僵化、刻板的古典芭蕾的反感,当她早期接受芭蕾训练时,就产生了与众不同的感受,认为把脚塞进特制的硬头鞋里立起足尖跳舞"很残酷",应该赤脚而舞。邓肯反对用芭蕾的舞步跳舞,反对舞蹈中的各种陈规。

邓肯立志把自己的舞蹈建立在自然的节奏和动作之上,去解释和表现音乐家的作品。她从古代雕塑、绘画中找到了她认为理想的舞蹈表现方式:身着长衫、赤脚、动作酷似树木摇曳或海浪翻腾。她从古典音乐中汲取灵感,追求"可以通过人体动作神圣地表现人类精神"的舞蹈。她认为,技巧会玷污人体的自然美,动作来源于自我感觉,舞蹈应该自始至终都表现生命。因此,她在伦敦的表演使观众耳目一新。她像森林女神一样薄纱轻衫、赤脚起舞的形象，在整个欧洲受到人们的欢迎。遗憾的是，今天我们能看到的只是一些有关她舞蹈的速写，但我们已经能从那只鳞片爪的舞姿中感受到邓肯确立的与芭蕾大相径庭的现代舞的美学原则。从表象上看，芭蕾强调动作的严谨规范，现代舞则主张不拘一格；芭蕾追求虚无缥缈的仙境，想方设法实现高空造型，现代舞则主张"与自然的亲近"，有很多的地面动作；芭蕾注重师承关系、传统的继承和经典剧目的保存，现代舞主张"离经叛道"和内心情感的表现等等。邓肯认为，应该"在自然中寻找最美的形体并发现能表现这些形体内在精神的动作"。

邓肯早期的舞蹈大多表现人生的欢乐，抒情题材的作品较多。1913年之后，她的创作转向悲壮的、英雄的题材。她创作和表演的最著名的作品有《马赛曲》、《斯拉夫进行曲》、《国际歌》、《第六交响曲》（柴科夫斯基作曲）等。文字著作有《邓肯自传》传于后世。

邓肯毕生从事舞蹈的改革和创新，她的实践和理论为现代舞的发展开创了道路，被誉为"现代舞之母"。

桑巴舞

桑巴由samba音译而来，是巴西民间最流行的群众性舞蹈，也是巴西的代表性舞蹈。16世纪初，欧洲及非洲文化大量涌入巴西，与当地的印第安文化相互渗透、融合，产生了新的混合性巴西文化。这种文化体现在音乐和舞蹈方面，首先就是桑巴舞蹈。桑巴最初流行于从非洲来到巴西的黑人中。19世纪现代音乐和大量欧洲移民的流入，对巴西的文化产生了很大的影响，年轻一代的音乐家和舞蹈家又对桑巴进行了大胆的改革，使传统的桑巴焕发出新的生命，变得更加活泼和富有生气，动作也更为丰富，由此产生了表演性桑巴。他的特点是节奏性强，切分音丰富。

现在，巴西每年都要举办狂欢节，桑巴是节日的主要活动内容，并评选出最优秀的桑巴舞奖项，有力地推动了桑巴的发展，使桑巴舞蹈成为巴西社会生活中不可缺少的内容。

华尔兹

waltz 的译音，原为奥地利、德国等地的民间舞蹈，曾译名为圆舞。是一种节奏为三拍、双脚交替滑行的舞蹈。关于这种舞蹈的来源，史学家说法不一。作为一种舞会舞蹈，跳华尔兹的男女舞伴面对面站立，一手相握，一手托腰、扶肩，互相保持庄重典雅的姿势。由于它没有规定的复杂花样，只是以一种平稳的滑步连续旋转，形式自由，更便于发挥和掌握，因而在 19 世纪成为主要的舞会舞蹈形式，风靡欧美各国，至今仍然是交谊活动中一种有生命力的舞蹈。华尔兹的音乐轻快活泼，旋律流畅，节奏鲜明，许多世界著名作曲家都创作了大量的华尔兹舞曲，尤以奥地利作曲家施特劳斯父子的作品最为著名。

踢踏舞

踢踏舞是一种用脚击打地面的节奏性舞蹈，源于爱尔兰等地的木鞋舞。它的基本技巧是上身保持平稳，使用脚跟、脚掌、半脚掌、脚尖等不同部位击打地面发出声响，以丰富而复杂的节奏变化取悦观众。表演时所穿舞鞋的前掌部分加装了金属物，使击打的声响更加清脆悦耳。踢踏舞在 20 世纪初在美国的杂耍剧场中流行，并出现了很多专门从事踢踏舞表演的专业演员。比较著名的有 B·鲁宾逊、E·鲍威尔、F·阿斯尔泰、A·米勒等。踢踏舞在 20 世纪 70 年代曾再度流行，风靡一时。

霹雳舞

霹雳舞源于美国。20 世纪 70 年代初在纽约的贫民区出现，原本是美国社会最底层的黑人和拉丁美洲移民中一些艺术家的街头表演，后蔓延至全国，现已波及到世界各国。它"杂交"了加勒比舞

蹈的韵律、伦巴和爵士舞的步伐、迪斯科的节奏,甚至中国武术杂技的刚柔和非洲黑人舞蹈的狂烈,使舞者的形体最大幅度地夸张变形,形成千奇百怪的舞姿。主要特点是:动作贴近地面,可任意在地面旋转翻滚,全身不停地摇动,热烈奔放的快速舞步和技巧,模仿木偶、太空人、机器人的动作,诙谐敏捷,富于幻想色彩的"触手闪电",常以两个以上的舞者组合出现,同时配用节奏强烈的音乐。霹雳舞的节奏时缓时急,急速时躯干飞旋,缓慢时柔若无骨,似乎舞者周身的每一个细胞都充满了韵律感。它以强劲的音乐、迷离的光束和令人眼花缭乱的舞姿,给人一种极具冲击力的现代感。霹雳舞发展了一些新颖动作,人们对他虽有争议,但它对古典舞和现代舞都有新的启示。

迪斯科

迪斯科是"disco"的音译,20世纪70年代风靡世界的一种群众自娱性舞蹈,属于爵士舞之一。disco原来是圆盘唱片的意思,引申为"唱片舞会"、"随着唱片跳舞"的意思。迪斯科的音乐,强调用夸张的强弱力度的交替反复以诱发舞者内在的节奏冲动来支配舞步。男女两人一起跳舞时,身体一般不接触,动作也不必一致,双方以动作问答的形式联系与默契,而且舞蹈动作可随着音乐的节奏即兴发挥。这种舞蹈可以单人自跳,也可以双人跳、多人跳,但以男女双人跳比较普遍,是一种自由、充满热情和个性活力的舞蹈。

剑 舞

剑舞是汉族民间舞蹈形式之一,汉代就有记载,流传历史悠久。唐代玄宗时期有一位著名的民间舞蹈家公孙大娘,当时她表演的舞蹈《剑器》就曾风靡一时。据说书法家张旭就是看了公孙大娘剑器舞而得其神,由此草书大进。闺媛秀女也纷纷仿做她演出时的服装穿起来,一展英姿,足见其影响之广泛。虽然这个舞蹈早已失传,但我们仍然可以通过杜甫的《观公孙大娘弟子舞剑器行》一诗想像出这个舞蹈的风貌:"昔有佳人公孙氏,一舞剑器动四方。观者如山色沮丧,天地为之久低昂。霍人羿射九日落,矫如群帝骖龙翔。来如雷霆收震怒,罢如江海凝清光。"

剑舞是以中国古典舞和剑术为基础,经过历代艺人的丰富和加工发展起来的,现在民间武术和戏曲表演中都有保留,京剧《霸王别姬》中就有一段精彩的剑舞表演。作为舞蹈艺术的剑舞,主要是表现人物的情感,讲究舞蹈姿态的造型美和如诗如画的意境美,舞姿英武俊美。剑舞分为站剑和行剑两类,站剑动作迅速敏捷,静则姿态沉稳,富于雕塑感;行剑动作连续不断,均匀而有韧性。舞者有的持双剑,有的持单剑而舞,单剑的剑柄通常带有长穗,表演时长穗随剑飞舞,以增强其美感。

摄 影

摄 影

摄影是运用光学成像等科学原理,使真实景物在平面里得到影像记录或反映的过程。通常包括三个步骤:1.使景物形态通过透镜在感光片上曝光,构成潜影;2.将曝光后的感光片经显影和定影等化学处理,得到明暗程度与景物相反或色彩与景物互成补色的负像,即底片;3.使感光纸(或另一感光片即正片)底片曝光,再经显影和定影等化学处理而得到明暗程度或色彩与被摄景物一致的正像,即照片(或透明正片)。也有使用反转感光片拍摄的,经显影和定影等化学处理后,直接得到正像(透明正片)。摄影术的诞生是平面艺术发展史上的里程碑,它为我们提供了记录客观世界的新手段。

摄影艺术

指运用光学、化学、机械、电子、计算机等多种科技手段,对被摄景物进行平面再现,传达视觉信息、记录时代背景的一门造型艺术。摄影艺术是靠光线、影调、线条和色调等构成自己的造型语言。摄影家正是借助这些语言来构筑摄影艺术的美,表达拍摄者的思想感情。主要特点在于它所表现的对象必须是实际存在的,所表现的人物、事件和环境都要求是真实的,并只能表现现实生活题材,而不能表现已经过去和尚未发生的事件。影调、线条、色彩和光线这些摄影艺术语言,其特殊的审美作用,首先表现于它们独自或共同赋予人们形式美感。摄影作品赋予我们的形式感是十分丰富的,有空间感、立体感、质感、运动感、节奏感等等。我们从摄影艺术中所获得的美感是与这些形式感密切相关的。这些造型语言都有自己的审美意味,即都有自己相对独立的审美价值,能够赋予人们丰富的形式美感。摄影家们就是通过熟练地把握和运用线条美、影调美和光线美,创作了许多的摄影作品。

新闻摄影

指运用摄影手段,选择记录正在发生的、具有报道价值的人和事,并结合一定的文字说明来进行报道的一种摄影形式。它的主题应有瞬息间的重要性。新闻摄影是一种视觉新闻,要点是切题性、强调性和时间性。新闻摄影作为摄影报道的一个组成部分,可包括重要新闻、特写新闻以及某些记录报道性新闻;还可分为片断报道和用一组连续性影像较完整表达发展情况的报道。主要有5个属性:1.新闻摄影报道的对象是具有形象价值的新闻事实;2.新闻拍摄的方法是现场选择抓拍;3.新闻摄影的技术手段是照相;4.新闻摄影的传播形态是附有文字说明的照片形式;5.新闻摄影的本质特征是新闻事实现场的瞬间形象纪实。

人像摄影

人像摄影，也叫"肖像摄影"，是摄影艺术的一个品种。是指通过摄影的形式，在照片上用鲜明突出的形象描绘和表现被摄者相貌和神态的作品，它是被摄者自己的影像写真。可在自然光条件下进行，也可在人工光线下进行，还可以在两种光线混合使用下进行。随着摄影科技的不断进步和人们艺术观念的发展，电子闪光装置、高速自动聚焦镜头、新型感光材料的诞生，使一个摄影师在一天内就能为许多被摄者完成一些逼真而自然的人像杰作，大大丰富了摄影师的创作可能性。人像摄影的要求是"形神兼备"。一幅优秀的作品，是许多成功因素的总和，神情、姿态、构图、照明、曝光、制作均要达到较高的境界，它们是一个总体的组成部分。

建筑摄影

摄影者运用一定的摄影技术、技巧，拍摄建筑物的形体、式样、细部和色调等建筑特征，以表达建筑物所反映的时代和社会的思想意识形态、物质文化面貌和科学技术水平。建筑摄影不但要表现出建筑的空间、层次、质感、色彩和环境，更重要的是作品必须保持视觉上的真实性，作品要求既追求表达建筑美学上的艺术性，又要捕捉光影变化中的瞬间美。这就是建筑摄影既不同于纪实摄影，又不同于艺术摄影的创作要求。

建筑摄影大都需要使用可以调整透视关系的摄影器材。建筑摄影的首选器材是大画幅相机（4×5或8×10），因为大画幅相机的皮腔部分可做大幅度调整，尤其是近拍高大的建筑物时，这种优势极为明显，较大的底片还可以更好地记录影像更为细微的部分。大画幅相机的操作比较复杂，移动调整和更换胶片均较繁琐，携带安装也并不便利，所以在对片幅没有刻意要求的情况下，一些中画幅相机包括35mm单反相机同样能够满足建筑摄影的基本要求。

风景摄影

风景摄影以表现自然风光为主,通过对自然景色的生动描写,利用大自然的景色来表达摄影者对大自然的认识,间接地反映或唤起人们的审美感受和情感体验。风景摄影一般分为自然风景摄影、城市风景摄影、工业风景摄影、农业风景摄影、建筑风景摄影五类。风景摄影不应是原来景物的刻板再现,而是利用大自然的景象来表达摄影者对大自然的认识,进而反映个人内心的感受。借着万物的存在,沟通有形世界与无形世界的关系,借景抒情,扩展人们的思想领域,满足人们心灵上和视觉上的美感追求。

风景照片擅长以景抒情,它通过对自然景色的生动描绘,来表达或寄托人的思想感情。因此,风景照片一般都具有很深的意境,能引起人们的深刻联想。

静物摄影

是以相对静止的物体为拍摄对象的,如自然界的花草、工农业产品、工艺美术品、日常生活用品等。它虽然不是直接地表现人物活动的现实生活,但通过对静物的表现,间接地表现人的智慧和创造力,传达人的思想感情,给人以联想和启迪。在真实地再现客观对象的基础上,经过组织安排,通过构图、光线、影调,色彩的艺术处理,准确地表现出物体的特征和质感,立体感和空间感,从而创造出美的形象,给人以知识和美感。

广告摄影

是服务于商业传播活动的图解性摄影。它能真实地显示商品的外观、用途、品种、质量、色彩等,能起到推销商品、激发消费者购买欲望的目的。因此在平面广告的构成中被广泛地运用。

广告摄影具有纪实性、信息性、通俗性和审美性的鲜明特点。

根据广告摄影的作用和摄影方法的不同分为工业广告摄影、服务性广告摄影、商品广告摄影、人物广告摄影、企业形象摄影等几种。

时尚摄影

时尚摄影隶属于商业摄影的范畴,作为对一种商品的展示,狭义上指造型各异、色彩斑斓的服装;广义上时尚摄影不仅要直面"霓裳",而且不得不面对它不可或缺的载体——模特。时尚摄影介入了人的因素,便不能不赋予它表情符号、各个时代的价值取向和文化烙印。如今大家能接触到的时尚摄影大概有两种,一种是美人、华服,让人产生瞬间眩晕,像海市蜃楼一般遥远和虚无,还有一种就是最直观浅近的商业推销。

数字摄影

数字摄影是采用现代电子和计算机技术,使用专用的图像输入设备(如数字照相机和扫描仪等),将光影信号转化为电子数字信号后,进行编辑和记录的过程。数字摄影设备实际上是一个电子数字图像制作系统,它由各种相关的数字设备共同组成,如数字照相机、电脑主机、存储设备、打印制作设备以及必要的软件等。

数字摄影在继承摄影纪实性的基础上,因其超越画笔的表现力(当然可以再现绘画的表现力)而成为一种核心媒介。

舞台摄影

以舞台表演为拍摄对象的拍摄活动称为舞台摄影。其内容十分广泛,包括戏剧、舞蹈、音乐、曲艺和杂技等。这类照片大都供报纸、刊物发表,摄影者以新闻摄影记者居多,故亦称其为演出新闻摄影。舞台摄影是一种对舞台形象进行再提炼的造型艺术,应力求达到思想内容和艺术形式的统一,引起欣赏者的情感共鸣。

体育摄影

动体摄影的特性是在快速剧烈的运动中定格，将运动员的速度、力度、难度等高超技艺和优美姿态记录在一幅幅画面上。体育活动一般都在快速度中进行，拍摄时除了要解决感光材料的曝光任务外，还要运用较高的快门速度抓取动态。主要取决于以下4个基本因素：1.被摄体至镜头的距离；2.镜头焦距；3.被摄体运动的速度；4.运动的方向。

航空摄影

又称"空中摄影"。从飞行器上对地面、海上、空中目标进行摄影的活动。航空摄影在民用和军用方面都有多种用途，如用于航空测绘、航空军事摄影以及气球、宇宙火箭摄影等；也可用于新闻报道和拍摄电影。可使用照相机，也有供专业使用的航摄装置。航空摄影的拍摄点是动态的，被摄对象也是动态的或相对动态的，故拍摄角度可分垂直、倾斜、横平、对空等几种。

立体摄影

表现景物三维空间的摄影。普通摄影一般只能表现为二维空间，形成有层次的平面影像，而立体摄影则可以表现出三维空间，利用人的视觉错误使照片出现立体效果。立体摄影使用标准型立体照相机，前面横列着两个同焦距的镜头，两镜头的距离大致和两眼的间隔相等，约为65mm。这个距离正是两眼间的平均距离。使用单镜头相机移动适当距离曝光两次，也可拍成立体照片，但这种方法只适用静止景物。

显微摄影

指利用复式显微镜和照相机配合以记录高倍放大影像的技术。是揭示肉眼看不见的微观世界的技术手段，通常可以放大20～1500倍，广泛应用于微生物学、医学、化工、冶金、机械等研究领域。所使用的器材一般均为特制的照相装置，如万能显微镜摄影装置、金相显微摄影装置等。

红外线摄影

利用红外线作为光源的一种摄影方法。由于红外线能够在黑暗中穿透烟雾，在远景和高空摄影中利用红外线摄影可得到清晰的景物形象，因此被广泛应用于公安、军事、考古、水文、医学、航空等诸多领域。红外线摄影使用的感光材料分为黑白、彩色两种。使用红外线胶片也可以从事风光摄影，能够获得特殊的效果，如天空变暗、树叶变白、水色变黑，远景十分清晰、明暗反差极强等，具有独特的韵味。电影中多用于日光下摹拟夜景。

全息摄影

全息摄影是一种独一无二的三维的摄影方法。一张全息记录或全息图，可以显示出空间物体的真实影像，随着观察角度的改变还会产生视差和透视的变化。普通摄影的黑白照片，只能记录它所接受到的光波振幅，而全息摄影不仅可以记录从物体反射出来的光波振幅，而且可以记录其相位，因而形成一种由干涉条纹所组成的全息图。目前常用于计算机储存、干涉测量、医学照相等方面。其应用范围正在日益扩展中。

专题照片

又称"成组照片",是新闻摄影报道的一种形式,也是专题摄影所拍摄的照片。是指以多幅或成组的照片与文字结合,集中阐述一个主题思想,深入细致地刻画人物的精神面貌,全面地表现新闻人物或事件的一种报道体裁。特点是:1.每则报道由多幅照片组成,全面、完整、深刻地揭示主题;2.每则专题要与文字结合,使报道形象生动;3.精心编排。专题照片中的每一幅照片都应能独立地说明问题,代表某个方面或一定的情节,全组照片要相互联系,具有内在逻辑。每组应以5~10张为宜,不能太多。

高调照片

照片画面上的基调绝大部分是以白和浅灰影调为主,黑灰色影调极少,整个画面的色调比较简洁明朗,这类照片称为高调照片。高调照片分为软高调和硬高调两种:软高调画面上的影调差距很小,可以细致地表现被摄对象的层次结构;硬高调的画面影调很少,几乎只是用线条勾划出轮廓。高调与低调由于其占画面上大面积的黑色或白色,因而有助于强化某种表现力和艺术感染力,同时也带来题材、内容上的局限性以及画面立体感较弱的不足。高调照片给人轻盈、纯洁、优美、明快、清秀、宁静、淡雅和舒畅之类的感觉,并带来轻松、悦目的感情色彩,使画面充满生机,常适宜于表现明朗秀丽的风光、浅色的静物、动物等。在人像摄影中,高调照片适合于表现天真活泼的儿童、青春健美的少女、演员等职业妇女的人物形象。

低调照片

照片以灰暗的色调为基调,黑白低调效果的照片的影调以深灰到深黑为主,尽量避免或少用明亮色调,明亮色调控制在画面的

15%以下。彩色低调效果的照片与高调的色彩淡雅相反,一般明度较低,色彩凝重。低调照片色调浓重深沉,画面凝重、淳厚,对表现沉重的题材和历经沧桑的形象风格独特,并相得益彰。其画面中绝大部分是以深灰、浅黑、黑色影调为主,浅色调所占的比例很小。低调照片又分为软低调和硬低调两种:软低调是以反差较小的暗影调为主,清晰地表现出被摄对象的丰富的层次和质感;硬低调则是以较大的光比突出表现对象的轮廓。低调照片能给人神秘、肃穆、忧郁、含蓄、深沉、稳重、粗豪、倔强之类的感觉,让人联想和深思。在风光摄影中适合表现黎明、黄昏及夜景;在人像摄影中常用来表现男性形象。

拍摄低调照片首先要选择一个黑色或是暗色调的背景。被摄主体也应当是以深色调为主。用光时应当以侧光或侧逆光为主,将画面中的亮部减少到最少。在室内用人工光拍摄低调人像时,被摄者宜穿深色服装,并使用深色背景。布光时,被摄者面部的阴影大一些。

剪辑照片

指根据一定的视觉内容选择一些照片,把它们的局部剪下来,并组合起来,使之成为一个单独的视觉情节。剪辑照片有一个统一的画面,技术比较精细,而且选择的照片都是根据它的内容,而不是根据外形上的特点。一幅剪辑照片的涵义可以是纯表达性的,如将几幅空中照片拼辑成某一地区的总的图像,或将一幅多次曝光的全景照片的各个部分拼在一起。剪辑照片的涵义还可以是艺术性的。

摄影构图

人们习惯称之为"取景",指照片的画面结构,从英语composition翻译而来。它包含着一个基本而概括的意义,那就是把摄影构成整体的那些部分统一起来，在有限的空间或平面上对作者所表现的摄影形象进行组织，形成画面的特定结构，借以实现摄影者的表现意图。总之，摄影构图就是指如何把人、景、物安排在画面当中以获得最佳布局的摄影方法，是把形象结合起来的摄影方法，是揭示摄影形象的全部手段的总和。构图是表现作品内容的重要因素，是作品中全部摄影视觉艺术语言的组织方式，它使所构成的一定内部结构得到恰当的表现，只有内部结构和外部结构得到和谐统一，才能产生完美的构图。

影调透视

摄影中表现空间深度的方法之一。影调透视是指借助影调的浓淡、明暗的对比，来表现景物的远近和空间层次。画面上的影调越暗，表现景物就越近；影调越淡，表现景物就越远。摄影家们常常利用丰富的影调层次，把人们的视线引向画面深处，把观赏者的想像渗入深远的空间。

摄影中常利用逆光、侧逆光、烟、雾、尘土、专门的滤光器，或利用控制景深及人工照明等方法，以加强影调透视效果。

线条透视

摄影中表现空间深度的方法之一。所谓线条透视，就是通过线条的交织关系来表现景物的远近、大小，表现深远的空间感。摄影作品对空间的表现，主要通过两条途径：形体透视，即线条透视；空气透视，即影调透视。当然，这两种透视，不是孤立起作用的，而是相互联系的，同时又要借助适当地选择光线和拍摄角度等来实现。摄影中常利用短焦距镜头以及选择拍摄距离、方向、高度等方法，以加强线条透视效果。

拍摄时机

指选择被摄体运动变化过程中最具代表性的瞬间开启快门。拍摄时机的选定是否正确,很大程度上会导致一幅照片的成败,对于照片主题思想的表现也是十分重要的。一般说来,最佳的拍摄时机是指最能反映被摄体生动典型形象和丰富思想内涵的瞬间。拍摄时机的掌握取决于摄影者在长期的摄影实践中培养起来的新闻敏感和艺术素养。

拍摄角度

又称拍摄高度。拍摄中确定拍摄位置的因素之一,是以被摄对象为中心的一个纵向圆周上旋转相机的各点与被摄者之间的高低关系。在摄影艺术中,拍摄角度是十分独特而又非常重要的造型元素。所选择的画面反映了摄影人员的主观意图和创作风格,反映出摄影人员的艺术鉴赏水平和画面取材能力。拍摄角度的不同,直接决定了画面上形象主体轮廓和线形构架,决定了画面的光影结构、位置关系和感情倾向。

拍摄角度大致分为三种:平摄、仰摄、俯摄。拍摄照片时,总要对被摄物体反复观察,以选择最理想的画面,这就是选择拍摄角度。拍摄角度的变化,对组成景物的线条结构影响很大,而线条结构的变化,又影响照片主题的表现。

用 光

合理用光是摄影成败的关键。不同照射方向的光线,在摄影上起着不同的作用。同是一个人或是一个物体,由于用不同的光线,就会产生不同的效果。摄影就是用光来作画的,如何利用光与影的关系来构成影像和影调,是摄影创作中的一大关键。

一般来说,光线主要分为三种,即顺光、侧光和逆光。1.顺光:

从照相机背后方向照射过来的光线。由于光线是从正面方向均匀地照射在被摄体上，被摄体受光面积大，阴影也比较少，拍摄时测光和曝光控制相对比较容易，即使是使用相机的自动曝光系统，一般也不会出现曝光上的失误。但因为在顺光的条件下，被摄体表面尽管凹凸不平，因受光情形完全相同的原因，阴影不易显现，因而会造成物体的质感和立体感贫乏，对主体的描写也趋于平淡；2.侧光：指从被摄体侧面照射过来的光线。它能使被摄体表面的凹凸呈现出明确的阴影，对于表面被摄体的纹理，质感是一种十分理想的光线。侧光既能勾勒出被摄体的轮廓线，又能体现立体感，是摄影用光时较为常用的光线。3.逆光：指从被摄体背后照射过来的光线，可以想像，在逆光的情况下被摄体往往会变成剪影，因此对于曝光的把握相对比较困难一些。逆光能使被摄体轮廓清晰，能创作出一种独特的形式美。

摄影用光还有一个必须考虑的因素，就是光和色温的关系。在彩色摄影中，光源色温的高低直接影响着被摄体色彩的真实还原。

摄影光源

光源是一种能发出一定波长范围的电磁波的物体。摄影本身，实际上是光和化学作用的结果。特别是光在摄影艺术的创作过程中起着十分重要的作用。光线来自两种光源，一是天然光源，一是人造光源。采用天然光源，应注意太阳光随着每年季节、每天时间及天气情况不同而有变化的特点。人造光源种类很多，如日光灯、弧光灯等。从光质上来区分，光线还有软硬之分。直射光通常称为"硬光"，一般是指没有云彩或其他物体遮挡的太阳光，或是直接照射到被摄体上的人造光，如照明灯、闪光灯等。在这种照明条件下，被摄体反差较大，细节和质地被突出，可以运用这种光线获得纪实效果。散射光是一种不会产生明显投影的柔和的光线，也称"软光"，如阴天或被云彩遮挡太阳时的光线便属于散射光线。使用人造光时通过柔光纸透射或是反光板来反射的光线也属于散射光线。

曝　光

在拍摄时,根据外界光线的强弱程度,通过相机光圈和快门速度的组合,在相机快门开启的瞬间,让景物的反射光线通过镜头射到感光片上而形成景物的潜影的过程。

感光片的乳剂层中具有感光作用的卤化银晶体在光线照射下发生潜在的光化学变化,形成了人的肉眼无法观察到的影像,故称之为潜影。将已曝光的胶片经过显影、定影工艺处理,潜影即变为可见影像,这时的影像是负像,经过暗室印象、放大等工艺处理,负像即变成与原景物明暗相同的正像,这就是我们通常所看到的照片。在摄影的整个过程中,影响底片上负像密度形成的首要因素是曝光组合的确定,其次是胶片的冲洗工艺。这两个因素是决定底片密度正确与否的关键。曝光即光线的强度乘以光线所作用的时间。"光线的强度",是指感光片受光线照射的强度,即照度(以 I 代表照度,单位是勒克司)。"光线所作用的时间",是指感光片受光线照射的时间,即曝光时间(以 T 代表曝光时间,单位是秒)。曝光量的计算单位是勒克司·秒。以 E 代表曝光量,即可得到曝光公式如下:

E(曝光量)=I(照度)×T(曝光时间)

依据这一公式,若要取得一定的曝光量,则光强度愈大,曝光时间愈短;光强度愈小,曝光时间愈长。

多次曝光

多次曝光技术的原理是在同一幅胶片上拍摄几个影像,让一个被摄物体在画面中出现多次,可以拍摄出魔术般无中生有的效果,这也正是它的独具魅力之处,所以才吸引了很多人使用这种技

法。多次印放是用一张底片在同一张相纸上反复曝光多次。与此相似的一种技术叫合成印放，是在一张相纸上用几张不同的底片曝光多次。

用照相机对一个物体进行多次曝光的一种方法是将快门敞开，同时，用频动灯进行脉冲闪光，或用几个闪光灯连续闪光。在镜头前转动一个辅助快门——开有一个小孔的不透光圆盘，也能得到多次曝光。在进行这样的多次曝光时，为了使胶片的影像略为分开，必须移动物体、照相机、变焦镜头，或任何两种同时移动。另一种方法是每一次曝光打开一次快门，有些照相机也可以在推动卷片杆给快门上弦的同时，拨动退片杆以防止胶片卷动。如果各物体中有黑暗部分，那就可以在构图时使各影像的主要明亮部分不要互相重叠。对于从背后焦点平面取景的照相机，可以把每个物体的位置划在取景玻璃或覆盖的白纸上，以取得精确的构图。如果各影像的中间调和明亮部分互相重叠，它们的曝光效果将加在一起而记录在胶片上。为了避免曝光过度，每个物体只能得到总曝光量的一部分。每个物体应得的曝光量由总曝光次数除正常曝光量来确定。对于自动曝光控制的照相机，可用总曝光次数乘胶片速度，并用这个速度调整摄影机的测光表，这样，也能得到同样的正确曝光。

影 调

影调指画面中的影像所表现出的明暗层次和明暗关系，它是处理画面造型、构图及烘托气氛、表达情感、反映创作意图的重要手段。画面中亮的景物多、占的面积大，会给人以明朗之感；画面中暗的景物多，给人沉闷压抑的感觉；有些画面则明暗适中、层次丰富，接近于人们生活中通常所见的视觉感受。

影调通常有两种涵义：一是指阶调，即画面上各色阶过渡的缓急和明暗反差的对比程度；二是指基调，即画面上何种色调占据主导地位。在黑白摄影中，影调的控制方法是相当多样的，除了采用光线的选择运用、恰当的曝光控制、选用滤光片、合理选择胶片与相纸和显影控制等几种方法外,在负像转变成正像的过程中,也可采用以下几种技法:1.放大局部曝光法:指在放大曝光时,对某些局部进行适当遮挡以减少曝光,而未经遮挡的部分则相对地增加了曝光,从而达到对影调的控制和调整。2.底片涂红法:根据常用黑白分色相纸对红光反应迟钝的特点,在底片的某些局部适当地涂上红色,以降低其在相纸上的曝光量。3.罩影法:是用原负片的拷贝片与原负片重叠使用来增大或降低反差的方法。

色　调

指的是一幅画中画面色彩的总体倾向。在大自然中,我们经常见到这样一种现象:不同颜色的物体或被笼罩在一片金色的阳光之中;或被笼罩在一片轻纱薄雾似的、淡蓝色的月色之中;或被秋天迷人的金黄色所笼罩;或被统一在冬季银白色的世界之中。这种在不同颜色的物体上,笼罩着某一种色彩,使不同颜色的物体都带有同一色彩倾向,这样的色彩现象就是色调。红、橙、黄绿、赭石、紫红等颜色为暖色;蓝、紫、青、蓝绿等颜色为冷色;黄、绿等色介于冷暖之间,为中间色调。彩色照片的色调,是为照片内容服务的。所以,在拍摄彩色照片时,要根据画面所要表达的主题选择色调。暖色调具有浓郁、热烈、温暖、前进、向上等等特点,能吸引人们的注意力;冷色调具有庄严、清静、优雅、深远和寒冷的特点。色调的形成受光源、冷暖、固有色、明暗对比等因素的影响。

摄影镜头

是照相机和电影摄影机的重要光学部件。摄影镜头可以控制到达感光层的光线的强度,影像的放大倍率、视角范围、景物前后清晰范围等等。摄影镜头的光学系统一般是由若干"组"共轴而又彼此有空气间隙的透镜(甚至含有反光镜)所组成。它的主要光学

参数有:焦距和光圈系数。摄影镜头根据是否能变焦可分为定焦镜头和变焦镜头等;根据焦距长短可分为标准镜头、长焦距镜头、短焦距镜头(广角镜头)和鱼眼镜头等。

镜　头

镜头是由优质光学玻璃组成(或由塑料成形),使光线改变方向,形成影像。光线在经过一个透明媒介传至另一个透明媒介时产生折射,或改变方向。镜头材料的形状、厚度和密度决定通过的光线如何改变方向。镜头的基本功能是让光线进入照相机并聚焦光线在胶片上形成清晰的影像。电影摄影机或摄像机每拍摄一次所摄取的一段连续画面,也称为一个"镜头"。

标准镜头

在摄影实践中应用最多、最广泛的一种镜头,通常与照相机机身配为整体出售。标准镜头的焦距等于或近似感光底片画面对角线长度。135相机拍摄的底片尺寸为36mm×24mm,其画面对角线长度为43mm,标准镜头的焦距一般是50mm,其像角为47~53度左右。标准镜头拍摄出来的照片接近人的视觉感觉,拍摄的照片无论视觉、影像的相互关系、大小比例、远近感等都与人的眼睛所感受的物像十分相似,所以适用于拍摄各种题材。

长焦距镜头

长焦距镜头又称为"望远镜头",指焦距大于标准镜头的镜头。长焦距镜头的焦距长,但视角小,尽管拍摄的距离远,但被拍摄到的景物空间也相对较小,景深也小,便于在纷杂的环境中突出主体。它能极大地压缩空间距离,是野外和运动摄影的理想选择。长焦距镜头的焦距有200mm、300mm、500mm和1000mm等。在135相机中,焦距小于300mm的长焦镜头称摄远镜头,焦距大于

300mm 的称超摄远镜头。长焦距镜头视角小、成像大、变形小,像望远镜一样能"拉近"远距离拍摄对象,拍摄人物神态等有独到的功能。由于焦距长,所以景深小、透视感弱,能使杂乱无章的背景模糊,突出了主体,并能使前后景物拉近,压缩空间深度。由于景深小,所以对焦要准确,否则被摄主体模糊不清。长焦距镜头镜筒长、重量大、不易拿稳,使用连续光源用较慢快门速度手持拍摄时容易造成影像模糊,所以应使用三脚架固定相机来拍摄。

广角镜头

又称短焦距镜头,指焦距小于标准镜头的镜头。在 135 相机中,焦距在 24～40mm 的称为普通广角镜头;焦距在 17～24mm 的称为超广角镜头。广角镜头的特点:1.焦距短、视角大,能把范围较宽的景物摄入镜头,适合于室内拍摄及大场面拍摄。2.焦距短、景深长,用较大的光圈也能取得较大的景深。3.近处景物成像大、远处景物成像小,场面显得深远,夸大了空间透视感,有利于突出主体。4.容易使被摄物的影像变形,焦距越短、被摄物越近,则变形越严重。

变焦距镜头

又称"自由焦距镜头",能在限定范围内连续变更焦距或分档变更焦距,因而一个变焦距摄影镜头,可以兼起若干个定焦距摄影镜头的类似作用,即变焦距摄影镜头具有"一头多用"的特点,从而使用灵活、方便,便于选择画面构图方式,甚至可起到定焦距摄影镜头所无法完成的特殊作用。变焦镜头有利于抓拍,携带方便,适合外出摄影。变焦距镜头的焦距一般在 28～200mm 之间。大多数变焦距镜头可分为单筒式、双筒式等。单筒变焦是通过一个环或杆同时控制焦距和焦点;双筒变焦则由两个筒分别控制。

加膜镜头

又称镀膜镜头、敷膜镜头。指一种在镜片表面敷有薄膜的镜头。加膜的方法有化学镀膜法和物理镀膜法两种,加膜的物质有无机物质和有机物两类。镜头镀膜的主要作用是提高通光能力,从而提高影像质量。镜头的镀膜有单层和多层两种,以多层为佳。单层镀膜只能对某一种波长的色光起作用,而多层镀膜则能对多种色光起作用。例如,一支7片6组的标准镜头,不加镀膜的透光率也就是59%,单层镀膜为81%,而多层镀膜就高达97%,所以多层镀膜对于镜头的通光量来说无疑是至关重要的。一般镀膜的标识是"MC",在某些镜头的镜头圈上有标示。

光 圈

光圈是一个用来控制光线透过镜头,进入机身内感光面的光量的装置,它通常是在镜头内,主要功能是控制光线到达感光片上的数量。光圈的大小用f值表示。光圈f值=镜头的焦距/镜头口径的直径。从这个公式可知,要达到相同的光圈f值,长焦距镜头的口径要比短焦距镜头的口径大。光圈值F2.8、F8、F16等是光圈"系数",是相对光圈,并非光圈的物理孔径,它与光圈的物理孔径及镜头到感光器件(胶片或CCD或CMOS)的距离有关。当光圈物理孔径不变时,镜头中心与感光器件距离愈远,F数愈小;反之,镜头中心与感光器件距离愈近,通过光孔到达感光器件的光密度愈高,F数就愈大。

景 深

指被摄景物的聚焦点前后能被记录得较为清晰的范围。在摄影时,都要对所摄的景物进行对焦。当镜头聚焦于被摄景物的某一点,物体能在感光片上清晰地成像,在聚焦点前后一定范围内的景物也能记录得较为清晰,这段范围称为"景深"。景深随镜头的焦距、光圈值、拍摄距离而变化。对于固定焦距和拍摄距离,使用光圈越小,景深越大。以持照相机拍摄者为基准,从焦点到近处容许弥散圆的距离叫前景深,从焦点到远方容许弥散圆的距离叫后景深。调节景深最简单的方法就是改变光圈大小。把光圈变大,景深会变浅,反之亦然。当然光圈变大,快门速度也相应变快,光圈变小,快门速度则变慢,这样在同一个曝光强度下,可以得到景深不同的照片。

影响景深深度的不止是光圈一个因素。拍摄距离近,景深会变浅,拍摄距离远,则相反;焦距长(长焦),景深会变浅,焦距短(广角),则相反。所以使用广角镜头进行拍摄时,很容易对整幅图像对焦,而使用长焦镜头时,因为景深较浅,拍摄时需要注意。

分散圈

又称模糊圈、弥散圈,指物方的光点通过镜头聚焦,成像光束没有在胶片平面上构成最清晰的像点。但这集聚的小光点并非真正是一个点,而是一个极小的圆圈,这个圆圈就叫分散圈。分散圈直径的大小,就是镜头会聚成影纹的粗细。当分散圈的直径小到眼睛无法分辨其大小时,它所构成的景像,便感到清晰;反之,分散圈的直径大至可分辨的范围,景物各点形成的分散圈交叠时,影像就会模糊。分散圈直径的大小,直接关系着景深和焦深范围的大小。根据人眼的分辨能力,如果物体的两端对眼睛的光心所张的角不大于1分,则在视网膜上所成的像,整个物体看上去就缩成了一点,无从分辨。因此,分散圈的直径只要不超过一定的长度,该分散圈就可被视为清晰的像点。而这一定长度的分散圈直径,就是确定景深和焦深范围的分散圈允许值。一般分散圈直径允许值作为成人眼睛在明视距离上不可分辨的长度,大约为 0.1mm。

焦 距

又称当量焦距或等值焦距,就是指透镜中心到焦点的距离。镜头的焦距,对于镜头所在媒质(如空气)来说,是一个定值。它是由组成透镜的材料(例如玻璃),对于透镜所在媒质的相对折射率和透镜两个折射面的曲率半径所共同决定的。焦距是镜头性质的主要标志,用以表示镜头对光线弯折的能力。镜头的焦距分为像方焦距和物方焦距。像方焦距是像方主面到像方焦点的距离,同样,物方焦距就是物方主面到物方焦点的距离。

密 度

指感光材料经过曝光、显影、定影之后,在底片的单位面积上银粒沉积量,用以表示变黑的程度。感光片乳剂层中的卤化银在曝光、显影过程中,依照被摄景物不同的明暗程度,被还原为不等量的金属银。金属银是不透明的微粒物质,对光线具有吸收和阻挡作用。密度的实质说明一定面积的底片上沉积的金属银颗粒的相对数量。如果沉积较甚,形成一个光线很难通过的面。这个面就很浓密(Dense);如果这个面上银粒沉积很少,光线很容易通过。那么这个面就很薄(thin)。底片的密度范围可以从几乎完全透明的极低密度直至几乎一点不透明的极高密度。底片与最终的正像照片正相反:底片上低密度的较透明处成为照片上的暗黑处;底片上高密度的浓黑处成为照片上的白亮处。由于密度具有不同程度的阴光能力,所以密度的大小可以根据透过光线的多少来测定。

感光度

感光度是感光材料的光化速度(感光快慢的特性),是感光材料对光强的敏感程度。胶卷感光度(film speed)表示胶卷乳剂的感光性能,感光度高,所需曝光量就小。假如一种胶卷的感光度比另一种胶卷的感光度高一倍,那么前者只需一半曝光量就可取得与后者一样的曝光效果。

在传统相机中,胶卷最重要的指标就是感光度——衡量胶卷需要多少光线才能完成准确曝光的数值。胶卷感光度一般用 ISO 值表示,这个数值大,胶卷对光线的敏感程度就强。感光度高的胶卷,只需要较弱的光线就能使胶卷感光而发生变化,在同样亮度的光线条件下,就可以使用较小的光圈或较高的快门速度;反之,光圈就须开大,快门速度就要降低。数码相机虽然不用胶卷,但用于感应光线信号的 CCD 也相当于胶片,有一定的感光度。数码相机厂家为了方便数码相机使用者,一般将数码相机的 CCD 对光线的灵敏度等效地转换为传统胶卷的感光度值,因此数码相机就有了"相当感光度"的概念。

宽容度

宽容度是指感光片按比例表达景物亮度间距的能力,也是感光片在曝光上的宽容幅度。或者定义为感光材料在摄影过程中按正比关系记录景物亮度反差的曝光量范围。曝光宽容度可以理解成胶片对错误曝光的容耐范围,主要取决于被摄物体的亮度范围,对于高反差景物宽容度会低,而对于低反差景物反差会高一些。

普通物体的对数亮度范围都小于胶片的有用对数亮度范围,曝光宽容度都较大。但如果物体的对数亮度范围等于胶片的有用对数亮度范围,则没有宽容度,即只有一种曝光量。对于对数亮度范围大于胶片有用对数曝光量范围的场景,无论如何曝光都会损失一些细节。宽容度的大小与胶卷感光度成正比,即感光度愈高,宽容度就愈大;感光度愈低,宽容度就愈小。现在常用的 ISO100/21°负片胶卷的宽容度一般为可过曝 3EV 和曝光不足 1.0EV。感光度虽然有一定的宽容度,但毕竟是有限的,一旦超出了这个限度,将导致拍摄失败。

光　渗

指感光片的乳剂层中的光散射作用所引起的一种现象。浅色物体在视网膜上的影像,周围总有一圈光线,这种现象叫"光渗"。黑色背景下的白色物体,由于光渗作用,它在视网膜上的像要比实物大一些,白色背景下的黑色物体,情况恰恰相反。所以便产生了白大黑小的错觉(光渗错觉)。乳剂层愈薄,愈透明,银粒愈细,光渗现象就愈少,解像力就愈好。为防止和减少光渗现象,应注意曝光不要过度。曝光时间越长,光渗现象越显著。

反　差

指照片或底片上黑白对比关系的差异程度。约分为 3 类:1.景物亮度差,即最高和最低亮度的差别。2.底片的密度范围。底片最薄的阴影部分到最厚的强光部分黑白对比的范围,底片具有较大密度范围,称为高反差;底片具有较小范围称为小反差,或叫做太软或太平。3.照片影调差,光的作用可以使被摄物的明亮部分与阴暗部分产生亮度差别,这种差别所造成的明暗对比,在画面中就是影调的反差。主要有三个因素影响底片的反差:拍摄主体自身的反差或布光的反差、曝光和显影。一般在拍摄作品时,根据被摄体的明暗情况,采用通常的曝光手法,即兼顾画面明暗两部分的影调变化,使作品既有亮部的层次,也有暗部的层次,又有丰富的中间影调。有时为了追求艺术效果,也可只根据画面的亮部曝光,让暗部曝光不足,使作品的调子显得更深沉、更概括,通过对比,可以突出亮部的影调层次,正常曝光下的影调,能细腻表现物体的质地,塑造人物柔和的性格和情感;而高反差的影调,则能突出物体坚实、强烈的特征,塑造人物坚毅、鲜明的性格,并由此产生诱人的艺术魅力。

新媒体艺术

新媒体艺术

国内一般称其为"新媒介艺术"或"新媒体艺术"。新媒体艺术是包括影像艺术、装置艺术、数码摄影、动画、声音、表演和网络艺术等视觉形象艺术在内的综合性造型艺术。新媒体艺术兴起于1960年代的欧美。早期的新媒体艺术主要指录像艺术和电影实验短片两种类型。1990年代之后,技术的迅速发展使它的表现手段更趋多样性。新媒体艺术具有包容性、当代性和实验性的特点。它是探究思想与艺术最前沿问题的学科,它借助高科技、媒体、网络的手段,作为媒介对哲学与精神内核中的意识形态提出问题,是对当下的美学、社会学、美的观念、现象与存在等问题的探究。

影像艺术

影像艺术起源于对商业电视的反抗,在 20 世纪 60 年代早期出现在一部分艺术家的实践中。影像艺术包含了一切利用摄影、录像、电话、动画等多媒体数码科技时代的"复制"手段进行的创作，即以"复制图像"作为自己的创作起点，而不是直接面对对象。影像艺术中至少有如下6种不同的实践形式：1. 用以生成视觉影像的技术媒体的使用，包括对造型因素的形式进行研究探索；2.应用于记录概念艺术行为或偶发艺术行为，这是经常针对艺术家身体本身的；3.游击队影像；4.雕塑、环境、装置中的监视器；5.涉及运用影像的现场表演和交流作品；6.高级技术研究的结合，最经常使用的是计算机影像。韩国裔艺术家白南准被公认为是影像艺术的先驱者。

综合材料

综合材料是艺术创作的物质基础，是造型语言转换的重要媒介。综合材料表达了艺术的包容性。综合材料的创作旨在对材料本身进行分类研究，和对由物质材料转变为精神的过程进行研究，并通过材料的物理学特性引发对哲学问题的思考。综合材料包括自然物质材料和现成品（工业产品）以及文化产品（文化遗产和书籍、文字符号等）。他们都将成为艺术家的创作素材。艺术家通过对综合材料的组合使用，意图传达出独特的艺术观念，为观众提供进行艺术反思的空间与途径。综合材料制作是适应现代艺术的发展而产生的，是人们对时代、对现代生活的艺术感悟的需求。随着智慧的发现与创造，综合材料将更加丰富和完善视觉艺术上的魅力。

抽象艺术

抽象艺术发源于20世纪初的欧洲。抽象主义的美学观念最早见于德国哲学家W·沃林格的著作《抽离与情移》。最早的抽象主义绘画作品是由W·康定斯基于1910年前后创作的。抽象主义的产生除了有逃避现实的因素外，还有受到工业、科学技术推动的原

因。现代化的建筑和环境,要求更为概括、精练和简化的艺术形式与之相适应,机器运转的速度、力量、效率这些对视觉来说比较抽象的因素,刺激艺术家去做抽象美创造的尝试,抽象主义艺术的产生是对写实艺术的补充。不以描绘具体物象为目标的抽象艺术,通过线、色彩、块面、形体、构图来传达各种情绪,激发人们的想像,启迪人们的思维。凡是着重感情表现的抽象艺术,称为抒情的抽象或热抽象,以康定斯基为代表;凡是着重表现理念的抽象艺术,称为理性的抽象或冷抽象,以蒙德里安为代表。

大地艺术

20世纪60年代末出现于欧美的美术思潮,由最少派艺术的简单、无细节形式发展而来。它是指艺术家以大自然作为创作媒体,把艺术与大自然有机结合创造出的一种富有艺术整体性情景的艺术形式。大地艺术家普遍厌烦现代都市生活和高度标准化的工业文明,主张返回自然,以大地作为艺术创作的对象。大地艺术家认为,艺术与生活、艺术与自然应该没有森严的界线。大地艺术是利用大地材料,在大地上创造的、关于大地的艺术。由于大地艺术经常以土方工程的形式出现,所以又被称为土方艺术、地景艺术、自然艺术等。大地艺术的代表人物有克里斯托夫妇、沃尔特·德玛利亚等。

装置艺术

装置艺术是自1910年马赛尔·杜尚的现成品艺术以来不断演进、几乎可称主流性的当代艺术样式之一。装置艺术指艺术家在特定的时空环境里,将人类日常生活中的已消费或未消费过的物质文化实体进行艺术性地有效选择、利用、改造、组合,使其延伸出新鲜而丰富的精神文化意蕴的艺术形态。简单地讲,装置艺术就是"场地+材料+情感"的综合展示艺术。装置艺术的美学特征是对传统艺术的反诘与超越。主要表现为：超越艺术与客体世界，艺术与观众二元对立的弥和性；艺术家的设计、作品的自足、观众的参与三位一体的艺术活动性；意义阐释上超越有限生活意象的多义性；社会参与、反思与批判性等。装置艺术因为大多采取生活用品和工业制品等与大众生活意象相联系，以其对大众生活意象的反诘与超越而获得了大众化和贵族化的双重品格。但装置艺术也有着非艺术化、生活化、品味低俗的负面可能。

行为艺术

20世纪50~60年代兴起于欧洲的现代艺术形态之一。它是指艺术家把现实本身作为艺术创造的媒介，加以一定的时间延续，以特定的环境和涵义为依托而进行艺术创造活动的艺术形态。相对于架上绘画、传统雕塑等注重艺术行为结果留存的艺术形态而言，行为艺术更强调艺术家行为的过程意义，所以它是典型的具有表演特征的过程艺术。行为艺术具有如下特征：首先，行为艺术具有开放的情感表演性特征。即行为艺术家不是像架上绘画艺术家那样多数时间是把自己关在室内"孤寂"地进行自己的艺术创作工作，而是在开放的时空环境，如街头、广场等场所，将自己即时奔放的情感予以当众释发宣泄，并注重和强调展示行为过程的质量。因此，行为的过程就是其作品的全部所在。其次，行为艺术具有艺术泛化性特征。行为艺术家以自己特有的艺术创造行为过程的展示，把传统艺术从高不可攀的、精英文化高度的神圣殿堂，挪到了普通观众心目中"不过如此"的平淡状态。尤其在有的作品中，还邀请观众互动，这就更消解了艺术家与观众之间的心理距离，增强了观者对艺术创造行为的认同感。第三，行为艺术强调的是行为过程，这就在客观上把艺术注重结果的单一观点拓展到了充分认识、注重艺术行为过程的领域，从而有助于人们完整地认识人类艺术整体行为的、合乎艺术规律性和目的性的发展运动。第四，行为艺

术具有平凡中的艺术深刻性特征,即行为艺术是行为艺术家"有意味的"行为过程展示艺术。

波普艺术

波普艺术又译作普普艺术,直译为"大众化艺术"或"流行艺术",是一个探讨通俗文化与艺术之间关联的艺术运动。"波普"(pop)一词,来自于英文词汇 popular,意为"大众化的、流行的",最初由英国评论家劳伦斯·阿洛韦使用。波普,其实就是艺术的拆解,把艺术拆解成生活。波普艺术试图推翻抽象表现艺术并转向符号、商标等。波普艺术同时也是一些讽刺市侩贪婪本性的延伸。简单来说,波普艺术是当今较底层艺术市场的前身。波普艺术以一种乐观的态度对待流行时代与信息时代的文化,并通过服装等现实的媒介拉近了艺术与公众的距离。波普艺术运动是一个典型的知识分子运动,是大众社会中的小众艺术,它不过是借用了大众文化的某些形式而已。波普艺术运动的兴起与二战后英美的城市文化有很大关系。集合艺术和偶发艺术一般也被认为是波普艺术的两个支系。

概念艺术

所谓概念艺术,是指艺术家对"艺术"一词所蕴涵的内容和意义标志进行理论上的再次审查,并企图提出关于"艺术"的新概念的艺术方式。概念艺术又称"观念艺术"。概念艺术出现于 20 世纪 60 年代中后期,流行于 20 世纪 70 年代欧美各国。在概念艺术家看来,艺术发展的历史,不全是艺术技巧把玩的历史。因此应树立全面的艺术观念。而且,在概念艺术中,观念或概念是作品中最重要的方面。观念是制造艺术的机器。约瑟夫·卡苏斯(J·Kosuth)等人是概念艺术的代表人物。

偶发艺术

偶发艺术是西方现代艺术形态之一，盛行于20世纪60年代初。它是指艺术家在特定的时空条件下，有效设计促进参与者做其个体临时生发的各种姿态和动作，以展示一定的艺术创造观念的艺术形式。它具有如下特点：第一，偶然性。指表演者生发的所有体姿动态，不是艺术家事先设计、训练安排完备妥当的，而是所有参与表演的人在表演临时感性即兴生发的，这些体姿也没有连贯的情节和故事；第二，组合性。在艺术家所设计的时空环境里，既有声响、光亮、影像和行为，又有实物、色彩、文字等综合内容，它们共同构成一个特定环境中人的行为过程的艺术。总之，偶发艺术让艺术家与观者个体或群体之间的关系变得更加亲密、和谐。二者间的心理距离也得以缩短。偶发艺术既体现了艺术家个体的艺术创造才能和胆识，又促进了艺术的普及。美国的亚伦·卡普罗是偶发艺术的代表人物，其作品有《六部分的十八个偶发》。

光效应艺术

又称"欧普艺术"、"视幻艺术"，20世纪60年代中期流行于欧洲和美国。它是指用几何形象制造出各种光色效果，从而引起明暗与色彩的不同组合，或发生运动幻觉和强化绘画效果的一种抽象派艺术。光效应艺术通常在平面绘画和立体作品中展现。光效应艺术是利用光学原理，以颜色转移时显现出的波形变化，或以制图仪画出很细的线条，以及人工处理的光色变异，给人造成视觉差错的"光效幻象"。光效应艺术作品中的形象，远离客观存在的自然物象，是纯粹感情化的色彩或图式的符号形象。

动 画

影院动画片

影院动画片的长度和常规电影的长度几乎是同一个标准,片长多为 90 分钟。它的故事大多改编自文学作品,如童话、神话、小说等。影院动画片的情节简单,故事线单一,主题明确,采取经典的戏剧式结构,有明显的起承转合的因果关系。在角色造型上要求照顾到各种角度,强调三维的视觉特点。动作设计要严格按照解剖关系和物理条件所形成的状态,以及严格而又有规划的线面关系来要求。画面构成讲究电影影像的空间关系调度,强调影像美学的构成规律。背景强调用三维立体的绘画效果刻画规定性情境,以逼真的效果产生亲切感和说服力。音乐音效在要求技术质量的同时,更加依赖声音的逼真来渲染和加强。由于生产周期长,动画片的生产周期大约要 3～4 年,人才和资金投入大,所以制片的风险很大。

中国第一部动画片是我国动画开山鼻祖万氏兄弟——万超

尘、万古蟾和万籁鸣于1926年摄制的动画片《大闹画室》，这是一部真人与动画合成的黑白默片。

中国第一部彩色动画片是1955年拍摄的《乌鸦为什么是黑的》。

电视动画片

早期电视动画是由在电影院里作为故事片开演之前，或者是中场休息时放映的一种开心节目，经过重新组接后卖给电视台。电视动画片最突出特点的是制作工艺简单：描线上色随意；色彩只求鲜艳醒目，不求逼真自然。电视动画片工艺技术要求上的相对宽松，使得电视动画片得到了长足发展，其中以日本的电视动画片最具代表性。在剧情安排上，电视动画多采取分集播放的方式，喜欢拓展情节，小题大作，即由许多个微不足道的小故事组成的大系列，情节有所连贯，但又分别独立。

实验动画片

"实验动画"是动画艺术的起源。实验动画片因为多在学术研讨会或电影节上展示，趋向学术探讨和研究，所以也被称作"艺术性动画片"。实验动画片包括两个涵义：形式上的实验和内涵方面的探索。实验动画片的显著特点是个体化创作。当动画的制作进入群众化运作时，动画的主流已脱离了实验的性质而成为一种新型的文化产业模式——商业动画。而那些仍然保持自我风格、形式、技巧以及制作方式的动画艺术家的作品就被称为"实验动画"。与商业动画相比，实验动画从内涵到形式更倾向本体元素的极限发挥，在新美学观的支配之下寻找符合自己本性的语言。所以，实验动画也可称为"作者动画"。实验动画片的形式多种多样，最突出的形式特征之一是没有具体背景，以背景留白的写意手法来象征特定空间。用假定的手法表现一个被夸张和变形的现实，来揭示真

实人物的心理现实,或者表现生活的哲理。实验动画片以非常普通的事件揭示出难以表达的哲学内涵,表现隐藏在生活背后的一些难以表达的真实。

剪纸片

万氏兄弟之一万古蟾在香港时曾提出过一个设想:用造价便宜的纸,以剪纸的形式做成能活动的人物,逐格拍摄,成为一种美术片。基于这个设想,1956年,他回到上海进入"美影"厂,厂长特伟对其创造剪纸片的想法给予了大力支持,并成立了一个创作班子,由著名编剧包蕾撰写剧本《猪八戒吃西瓜》,漫画家詹同造型设计,并有胡进庆、陈正鸿、钱家辛等创作人员投入这场创新试验。他们汲取了中国皮影艺术和民间窗花、剪纸等艺术特色,创造出第一批美术片的剪纸人物。在1958年制作完成了中国第一部剪纸片《猪八戒吃西瓜》,开创了中国动画片的一个新品种。而《渔童》《济公斗蟋蟀》和《人参娃娃》的摄制完成进一步巩固了这一新的片种。1963年摄制的《金色的海螺》,在艺术和技巧上达到了新的高度,为剪纸片的历史画上了浓重的一笔。

水墨动画片

水墨动画片诞生于1960年,是在中国水墨画基础上发展起来的,它继承了中国水墨画优秀的艺术传统,笔墨豪放、意境优美、格调抒情、气韵生动。擅于用"写意"和"神似"等手法,使影片意蕴深邃,耐人寻味。体现出中国传统的美学思想和民族风格,是中国美术电影的杰出作品,曾引起国际动画界瞩目。水墨动画片把中国传统的水墨画技法和风格,运用于动画电影,创造了一种罕见的动画形式。由于要表现水和墨的渲染效果,使活动的人物没有边缘线,这就突破了动画片通常使用的"单线平涂"的制作方法,在技术上也是一个创举。中国第一部水墨动画片是1960年拍摄的《小蝌蚪找妈妈》，问世以后受到国内外一致赞美，曾获首届电影"百花奖"，又在国际电影节上前后5次获奖。而另外一部代表性作品——《牧笛》曾获第三届欧登塞国际童话电影节"金质奖"。

原画的概念

原画是相对于动画而言，指物体在运动过程中的关键动作，在电脑设计中也称关键帧，是决定影片动作质量好坏最重要的一道工序。对原画的理解大致分两大类：一是以美国为代表，以迪斯尼公司为典型，在他们的影片中原、动画的张数较多，原画的概念较弱，一套动作是一气呵成的，原、动画不很分明。二是以日本动画片为代表，片子以叙事为主，讲究情节，矛盾起伏，原画的概念较强，相对于美国片而言，日本片的动作更重视运动的结果。原画不是从来就有的，一些风格较独特的艺术动画片中就不存在原画概念，它只是在大规模的动画片制作生产中应运而生，为了便于工业化生产，而独立出来的一项重要工作，其目的就是为了提高影片质量，加快生产周期。

分镜表

导演的施工蓝图，也是动画制作各部门理解导演具体要求、统一创作意图的依据，是将文字转换为可视画面的第一步。即将脚本以动画的表现方式分解成一系列可摄制的镜头，大致画在纸上。其中包括人物的移动、镜头的移动、视角的转换等，并配上相关文字阐释。其目的是要把动画中的连续动作分解成以一个 CUT 为单位的画面，旁边标注本画面的运镜方式、人物对白、效果音、特殊效果等。每个镜头所需要的时间、作画张数等，也会写在分镜表的最右边。分镜表是动画制作中非常关键的一步，它以人的视觉特点为依据划分镜头，是将脚本中的生活场景、人物行为及人物关系具体化、形象化的过程，是勾勒整个作品大体轮廓的过程。

设计稿

即画面构成。担任该职的人负责绘制用来表达镜头影像基本构成的设计图，即将分镜表进行加工，画成接近原画的草稿，并由导演标注上完整的指示，告知原画如何工作。是原画和背景设定的基础。

原画

又被称为"关键动画"。即根据分镜表或设计稿将设计好的镜头影像绘制成精细的线条稿，是动画制作具体操作过程中最重要的部分。它的基本步骤为：根据分镜表上的指示与时间长度，把画面中活动主体的动作起点与终点画面以线条稿的形式画在纸上，前后动作关系线索、阴影与分色的层次线也在此时以彩色铅笔绘制。原画的作用是控制动作轨迹特征和动态幅度，其动作设计直接关系到未来动画作品的叙事质量和审美功能。因此，该工作对画技的要求很高，多由一些职业动画者担任，有些作画导演和人物设定者也会自己画原画。

动画

1.绘画形象通过连续动作可产生活动效果的所有画稿（包括原画）的总称。2.按照动画设计者所画的原画稿所规定的动作范围、张数及特殊要求，逐一画出动作的中间过程。故又称"中间画"。经过逐格拍摄，形成活动画面。如：从一个人抬脚到将脚放下的动作，原画只需画出脚抬起和放下时的两个状态，而动画需要把这个动作细细分割，将动作轨迹的每一步全数画出。将这些线条稿印到赛璐珞胶片上后，便可进行上色作业。动画的功能是将原画设计的关键动作之间的空缺连接起来，是保证人物动作准确性不可或缺的重要环节。3.动画片中动画的绘制者。

上海美术电影制片厂

上海美术电影制片厂是中国规模最大的美术电影制片基地,至今已有40年的历史。它的前身为东北电影制片厂(现长春电影制片厂)的美术片组,始于1947年。1950年南迁上海,成为上海电影制片厂的一部分。1957年,经国务院批准,正式建立上海美术电影制片厂。40年来,该厂共出品了近500部动画片、剪纸片和木偶片。代表作品有《大闹天宫》、《哪吒闹海》、《牧笛》、《三个和尚》、《金色的海螺》、《神笔》、《山水情》、《黑猫警长》、《葫芦兄弟》、《舒克和贝塔》、《自古英雄出少年》等。上海美术电影制片汇集了一大批以他们的艺术成就而蜚声影坛的编剧、导演、作家、设计师、摄影师、作曲家和技术专家,并拥有比较完整的摄影、录音、剪辑、放映、录像、计算机动画等技术设备。近10年来,在致力于中国美术电影创作和发展的同时,还和法国、德国、美国、日本、澳大利亚、加拿大等国的艺术家一起合作拍摄了《鲁滨逊和他的伙伴》、《米奇的圣诞礼物》、《梅林和龙》、《诺亚方舟》、《夜莺》等影片。1996年至今成功地同德国合拍了根据法国著名作家儒勒·凡尔纳小说改编的木偶片《倔强的凯拉班》、《环游地球80天》,根据格林童话改编的剪纸片《白雪公主与青蛙王子》,与澳大利亚合作了《牙刷家庭》、《番茄酱》。1988年和1992年上海美术电影制片厂成功地在上海承办了两届国际动画电影节,汇集了30多个国家和地区的500多部美术电影,促进了国际动画界的合作与交流。1996年,上海美术电影制片厂与上海电视台合并,使美术片创作生产进入了一个新的历史阶段,年生产各类影片达1200分钟。1997年1月27日,在上海电视台八频道推出了以播出国产美术片为主的《卡通王》栏目,每天22分钟,全年播出节目达8000分钟以上。

先期对白

动画片里的人物讲话时的口型完全是画出来的，为了使人物讲话时的情绪、语气，一字一句的间歇、停顿更为精确，往往采取先期对白录音办法。摄制组导演在绘制工作开始之前，先邀请演员根据分镜头台本中的对话，配音录制成一条先期对白磁片。原画在画人物讲话动作时，必须完全根据磁片上每个字音所标出的位置和格数，把每个发音字的地位填写到摄影表上，画出每一个口型动作。这样，先期对白镜头中的人物语言、口型变化与演员的声音就完全紧密结合起来了。

数字电影

数字电影倡导联盟 DCI
(Digital Cinema Initiatives)

数字电影倡导联盟(Digital Cinema Initiatives)简称 DCI。DCI 成立于 2002 年 3 月,由迪斯尼、20 世纪福克斯、MGM、派拉蒙、索尼娱乐、环球、华纳兄弟等公司发起成立。DCI 主要目的是为一个开放结构的数字电影制定规范,保证数字电影具备高水准的技术性能、可靠性和有效的质量控制。DCI 还致力于推动影院数字化工作开展的各项商业计划的进行。

数字电影

指以数字技术和设备摄制、制作存储,并通过卫星、光纤、磁盘、光盘等物理媒体传送,将数字信号还原成符合电影技术标准的影像与声音,放映在银幕上的影视作品。

数字电影是指使用数字电影机拍摄、数字放映机放映的活动数字影像。如果涉及活动影像数字化,则还包括利用数字化设备将传统胶片转为数字方式和专门制作数字影像并与传统光学影像合成等。数字电影是对电影的一次革命。数字技术能够不可思议地扩展以往电影的表现空间和表现能力,创造出人们见所未见,甚至想所未想的视觉奇观和虚拟现实,从而将已有100多年历史的活动影像大众传媒带入了一种新境界。

数字影院系统

　　数字影院是采用数字信号而非胶片形式进行电影发行、放映,而重现的图像和声音质量与35mm胶片放映相近的系统。实际上,电影领域早已开始数字化,如在声音、后期制作、特技等方面。随着图像压缩等技术的发展,特别是数字放映技术的突破,使数字化扩展到电影的发行和放映环节。数字影院与传统影院相比,在母版来源上有了较大的变化。传统胶片只是数字影院的一个信号源,而数字方式拍摄电影、计算机动画/特技等原来需要通过磁转胶还原成胶片的数字源,都直接成为数字影院的信号源。此外,数字影院还可以直接连接大型演出、体育比赛、教育讲座等实时采集的信号,这为数字影院的发展带来了巨大的市场空间。目前,胶片还是具有最大信息承载量的媒体母版,因此传统胶片依然是数字影院的一个主要母版来源。当采用胶片作为母版时,需要通过胶转磁技术将胶片的图像和声音信息转换成数字信号。在完成这一处理后,就进入了全数字化链路。在中间的加工环节,数字影院以数字信号压缩、加密处理取代了胶片拷贝制作。在节目发行环节,数字影院以运输数字光盘或者卫星传输方式取代了胶片拷贝的发行。数字影院系统由节目源、胶片转数字处理与制作、数字发行版制作、发送与传输、影院的接收与放映系统和加密等环节构成。从技术角度看,电影胶片依然是目前清晰度最高、色彩信息最丰富的影像载体。因此，数字影院的节目源主要还是来源于胶片拍摄的电影。胶片需要通过数字转换处理成为数字信号。用于转换的通常是质量很高的翻正胶片或原底负片。在电影数字特效系统中已有采用这种转换，但转换成的数字数据在完成各种特技和效果处理后还要通过胶片记录仪还原到胶片上。而在数字影院系统中，转换和处理后的数字信号源将直接应用于后续数字处理环节。数字方式拍摄的电影是另一种节目来源。它采用的是高清晰度电视（HDTV）/电影数字摄像机，Sony、汤姆逊、松下等公司都有产品提供。它起源于 HDTV 摄像机，但针对电影应用进行了修改，如采用 24 帧频逐行扫描和电影专用镜头，引入电影拍摄用的工具配件等。乔治·卢卡斯拍摄的《星球大战前传2》就是采用数字拍摄方式。数字技术在动画和特技制作中早已得到了应用，有些电影节目完全是用计算机合成的，如《玩具总动员》。现在，这种数字节目源也可以直接应用于数字影院系统，而无需再借助胶片。

胶片转数字处理与制作

胶片首先通过胶转磁设备转换成数字信号。目前胶转磁设备主要分飞点扫描和电荷耦合器件（CCD）两大类。通常，电影原始底片可以达到 6K 像素的清晰度。但扫描的速度随精度的提高而降低，且扫描精度越高，设备越复杂，价格越昂贵；另外，数字影院的标准还没有确定。因此，综合考虑可实现性、后续环节的需求和质量要求，目前在数字影院中一般只采用 2K 左右的清晰度，而 4K 及以上的清晰度只用于特技制作等。随着设备水平的不断提高，以后用于数字影院的扫描精度将有可能提高到 3K 甚至 4K。在胶转磁处理中，还要注意胶片画幅格式的多样性问题。胶片画幅格式有 1∶1.33、1∶1.85 和 1∶2.39 等几种，在扫描时要根据胶转磁、中间存储、处理制作及最终放映设备的功能进行适当的裁剪和相应处理。胶转磁完成后，将进行一系列基于数字信号的处理和制作。

目前一般的胶转磁设备均带有较为简单的降噪和修复部件，可以进行初步的降噪处理和胶片划痕修理。接下来就是校色处理，它是胶片转数字处理中较为复杂和耗时的环节。由于胶片、胶转磁设备及数字电影放映机的色域覆盖有所差异，因此须要对转换后数字信号基于数字电影放映机进行色彩校正。这种校正需要一个一个镜头地做，在制作精度要求高的情况下，甚至要对画面进行局部校正。如果胶片较为陈旧、有较大划痕或破损，可以通过专用的修复软件进行修复。这种修复具有一定的自动和智能功能，一般通过运动补偿技术来实现。修复完毕，数据即保存到硬盘或磁带上。电影的音频格式较多，须要统一转换后加上同步信号与图像数据保存在一起。由于HDTV存储和制作设备丰富，因此现在胶片转数字的处理环节中，图像一般采用1920×1080/24P/10b/4:2:2格式，声音可以采用Dolby-E或多声道PCM格式，母版介质采用D-5录像带。随着数字影院标准的制定和设备技术水平的提高，上述制作参数可能随之变化。

加密

数字电影会面临同时也带来严重的盗版问题。加密是数字影院系统中一个重要技术，它贯穿于数字电影的发行放映，成为数字影院发行管理和防止盗版的技术手段。加密包括在数字发行版制作流程中的加密，包括在通过卫星等开放式网络传输过程中的加密，以及在图像解压缩后的加密。

电影数字化

电影数字化具备的三种形态：1.数字特技，这类影片仍然是采用35mm胶片拍摄的传统电影，主要摄制过程与传统电影相差不远，所不同的只是根据影片需要，利用数字技术制作某些特殊效果。但仅仅此已改变了传统电影的面貌，把以前单纯利用光学原理和视觉特性产生的所谓"电影魔术"变成了利用计算机技术获得的更逼真、更超越想像的"数字工厂";2.数字动画片,整部影片基本上不出现现实中的场景,所有图像镜头均由计算机生成,包括2D、3D动画;3.完全意义上的数字电影,通常前两类数字电影形态最后生成的仍是35mm光学胶片形态,仍要通过传统电影机放映。而所谓完全意义上的数字电影则只采用数字摄影机拍摄,再将影片的字幕、声道、主文件等数字系统压缩、加密,经过卫星或者网络传输到多个放映点,放映点接收后再进行解密、解压,最后通过数字放映机投放到银幕上的电影形态。

计算机制图(CG)

CG原为Computer Graphics的英文缩写。随着以计算机为主要工具进行视觉设计和生产的一系列相关产业的形成,国际上习惯将利用计算机技术进行视觉设计和生产的领域通称为CG。它既包括技术也包括艺术,几乎囊括了当今电脑时代中所有的视觉艺术创作活动,如平面印刷品的设计、网页设计、三维动画、影视特效、多媒体技术等,以计算机辅助设计为主的建筑设计及工业造型设计等。在日本,CG通常指的是数码化的作品,内容是纯艺术创作到广告设计,可以是二维三维、静止或动画。广义的还包括DIP和CAD,现在CG的概念正在扩大,由CC和虚拟现实技术制作的媒体文化,都可以归于CG范畴,它们已经形成一个可观的经济产业,所以提到CG时一般可以分成四个主要领域。1.CG艺术与设计,包括二维三维的、静止画面、动画(movie),从自由创作、服装设计、工业设计、电视广告(CM)到网页设计,可谓包罗万象。2.游戏(game)软件,电子游戏开始于美国,日本的软件使之风靡世界。1993年任天堂公司推出了8比特的专用游戏机,到1996年达到了64比特。但硬件的性能再好,没有有趣的软件也是徒然。游戏公司凭借日本动画、漫画的文化积累,充分运用CG,一举形成了世界

注目的游戏产业。在不到20年的时间里,发展到数十兆日圆的规模。任天堂(Nintendo)、Sega、索尼(Sony)等国际知名的企业成了电子游戏的代名词。3.动画(animation)从手冢治虫的"铁臂阿童木"起,日本的动画就广为世界所熟悉,在电脑普及之前,靠手工绘制的动画已经成了日本的朝阳产业。但在人工费等成本不断上涨中,如果没有导入电脑就很难想像动画产业今天的规模。动画大师宫崎骏的新作品一再创造了票房的新记录。日本虽有东映制作"影院动画"这种规模的大公司,但大部分的作品还是出自小公司,小公司在很多制作方面又要委托零细的加工专业和个人制作者。整个产业的从业员约有三、四千人,每星期在日本的电视上放映的动画连续剧有30多本,加上影像产品,定制作品等,他们的产量每个月差不多达到200本,尽管有部分在海外加工,但日本动画业在简陋的条件下(相对与其他制造业生产而言)达到的质量与产量是惊人的。没有CG,动画的大量生产是难以想像的。4.漫画(comic)在导入CG前,漫画在日本已经是一个成熟的文化产业,是深受男女老少喜爱的大众文化。有幼儿漫画、少男漫画、少女漫画、青年漫画、女性漫画、成人漫画等等,有覆盖各个年龄层次的内容与风格。

随着读者的年龄增大,老年漫画也开始出现。虽然漫画家们主要还是采用手绘,然后用扫描仪进行数码化,然而年轻一代已越来越习惯于用数码输入板和 illustrator painter 一类的软件直接创作,或者用数码相机的素材加工成漫画。

视频压缩格式 AVI

AVI 是将语音和影像同步组合在一起的文件格式。它对视频文件采用了一种有损压缩方式,但压缩比较高,因此尽管面面质量不是太好,但其应用范围仍然非常广泛。AVI 支持 256 色和 RLE 压缩。AVI 信息主要应用在多媒体光盘上,用来保存电视、电影等各种影像信息。

数字视频（Digital Video）

数字视频就是先用摄像机之类的视频捕捉设备，将外界影像的颜色和亮度信息转变为电信号，再记录到储存介质（如录像带）。播放时，视频信号被转变为帧信息，并以每秒约 30 幅的速度投影到显示器上，使人类的眼睛认为它是连续不间断地运动着的。电影播放的帧率大约是每秒 24 帧。如果用示波器（一种测试工具）来观看，未投影的模拟电信号看起来就像脑电波的扫描图像，由一些连续锯齿状的山峰和山谷组成。为了存储视觉信息，模拟视频信号的山峰和山谷必须通过模拟／数字（A／D）转换器来转变为数字的"0"或"1"。这个转变过程就是我们所说的视频捕捉（或采集过程）。如果要在电视机上观看数字视频，则需要一个从数字到模拟的转换器将二进制信息解码成模拟信号，才能进行播放。

非线性编辑系统
（Nonlinear Editing System）

又称桌面视频制作系统（DVP），是桌面数字视频（DTV）技术的成果。DTV 技术是 20 世纪 70 年代后期发展起来的。该技术综合了多媒体计算机技术，数字视频硬件和软件技术，成为影视制作的主要技术平台。所谓非线性编辑是相对于线性编辑而言的。传统的编辑是基于磁带录像机的电子编辑，编辑时需要逐一镜头地按时间顺序进行编辑；而非线性编辑则是以计算机硬盘的数字录像为基础，其编辑操作由计算机编程实现。传统的电子编辑系统除了编辑时用于放像和录像的磁带录像机外，还必须配置编辑控制器、切换台、字幕机和调音台等设备。

其他

奥斯卡金像奖

这是当前世界上影响最大、历史最悠久的电影奖,由美国电影艺术与科学学院颁发。

1929年1月,美国电影艺术与科学学院就1927年下半年至1928年上半年的电影创作进行了评选,于5月16日在好莱坞的罗斯福饭店举行了第一次授奖典礼,共颁发了15尊金像。

自第一届以来,除1930年和1933年外,每年举行一次。主要项目有:最佳影片奖,最佳导演奖,最佳男、女演员奖。其他还有最佳摄影、美工、服装设计、原创剧本、改编剧本、改编配乐、剪辑、视觉效果、作曲、音响奖等等。此外还颁发一些特别荣誉奖。

评选分两个阶段:提名和投票阶段。投票是由电影艺术与科学学院的3000余会员进行。他们从集体投票中选出最佳影片,然后分门别类按专业选举最佳演员、导演、编剧、摄影等。表决揭晓后举行授奖仪式。由名演员作司仪，由前奥斯卡奖获得者授奖。

戛纳国际电影节

法国于1946年9月20日在戛纳举行了第一届戛纳国际电影节。从首届以来，除1948年和1950年因财政困难停办，1968年因"五月风暴"影响而中途停止外，每年5月举行一次，为期两周。参加放映的影片分为参赛影片和非参赛影片两种。

电影节授予最佳影片以大奖，名称叫"金棕榈奖"。除影片奖外，最佳导演，最佳男、女演员，最佳摄影，最佳音乐均可得奖。此外，还有评委特别奖、最佳娱乐片奖、最佳戏剧奖、最佳剧本奖、国际奖等。

除上述比赛、评奖、观摩映出外，1962年设立了"评论周"。未被选入的影片、新导演拍摄的影片、实验性影片均可参加"评论周"。1969年设立了"导演半月"研究会，对影片进行探索、讨论和研究。1973年设立了"法国电影前景"讨论活动，为独立制片人的影片进行评议。1978年设立了"某种看法"交流会，对不同倾向的影片进行讨论，交流看法。此外，每年还举办电影贸易市场，各国电影商在这里进行交易，每年成交的影片数量都很大。

柏林电影节

创办于1950年，在德意志联邦共和国西柏林举行，属于国际上规模、影响最大的电影节之一，安排在每年二月举行。主要内容有：故事片及短片的比赛评奖，举行故事片、长纪录片、短片、动画片观摩展，探讨电影的新倾向、新流派等。奖项有金熊奖、银熊奖、评委会奖、特别奖、纪念奖等，分别授予最佳故事片、短片、导演、男女演员等。

金鸡奖

是由中国电影家协会举办的一年一度的全国专业性评奖。创办于 1981 年。所谓"金鸡",内含"闻鸡起舞"、"金鸡报晓"之意。设最佳故事片、纪录片、科教片、美术片、戏曲片、儿童片,最佳男主角、女主角、男配角、女配角,最佳编剧、导演、摄影、美术、音乐、录音、剪辑、特技、服装、化装、道具等奖项。评委由中国电影家协会聘请有影响的电影艺术家、电影评论家、电影技术专家等组成。评选委员会委员任期一届,负责当年的评奖工作。定于每年五月举行授奖大会,由评选委员会授予得奖人员奖品和荣誉证书。

诺贝尔文学奖

阿尔弗雷德·伯恩哈德·诺贝尔(Alfred Bernhard Nobel)是瑞典著名的发明家和化学家,1833 年 10 月 21 日生于斯德哥尔摩,1896 年 12 月 10 日因心脏病在意大利圣雷莫逝世。生前主要致力于炸药的研究,另外在其他技术领域也有很多发明,共获得 85 项发明的专利权。从年轻时候起,他对和平事业非常关心,希望用自己的发明消灭战争,造福于人类。

诺贝尔在 1895 年 11 月 27 日写下了遗嘱,捐献全部财产 3122 万余瑞典克郎设立基金,每年把利息作为奖金,授予"一年来对人类作出最大贡献的人"。根据他的遗嘱,瑞典政府于同年建立"诺贝尔基金会",负责把基金的年利息按五等分授予在物理学、化学、生理学或医学、文学、和平方面尽到最大努力或作出最大贡献的人。

1969 年瑞典国家设立诺贝尔经济学奖,也于每年颁发一次。

在每年 12 月 10 日,即诺贝尔逝世纪念日举行发奖仪式,授予获奖者一份获奖证书、一枚带有诺贝尔头像和铭文的金质奖章和一定数量的奖金。获奖者于 6 个月内在斯德哥尔摩(和平奖获得者在奥斯陆）就获奖项目发表一次公开讲话。诺贝尔文学奖金授予"近年来创作的""具有文学价值的最佳作品人"，即包括历史和哲学著作。文学奖金有斯德哥尔摩诺贝尔基金会统一管理，并设置了专门机构。章程规定各国文学院院士、大学和其他高等学校的文学史和语文教授、历年的诺贝尔奖金获得者和各国作家协会主席才有权推荐候选人，本人申请不予考虑。推荐书每年1月1日前交瑞典文学院，由瑞典文学院评议和决定获奖人选，于11月1日前后公布选拔结果。

授奖一般是因为某一作家在整个创作方面的成就，有时也因为某一部作品的成就，如法国作家马丁·杜·加尔因长篇小说《谛波父子》，德国作家托马斯·曼因长篇小说《布登勃洛克一家》，英国作家高尔斯华绥因长篇小说《福塞特家史》，南斯拉夫作家安德里奇因长篇小说《德里纳河上的桥》而获奖。

传统广告

它是建立在小生产基础之上的广告形态。其特点是：1.广告内容上只是简单地推销商品或劳务；2.广告形式比较简易粗糙；3.传播媒介是原始初级的，广告主要是依附于商品实体运动而转移；4.广告没有成为一门综合性的科学。

现代广告

它是建立在商品经济社会化大生产的基础之上，利用报纸、电视、广播等现代媒体传播，内容和形式丰富多彩，与依附于小生产，内容只是简单的介绍商品和劳务，形式上原始的传统广告相对立的高级广告形态。现代广告是伴随着资本主义经济的出现和发展而形成、发展的。其特点是：1.与商流、物流分离，成为独立的信息流；2.现代广告是一门综合性的实践科学，涉及经济学、市场学、社会学、心理学、文学艺术、光学、电子技术等学科；3.现代广告已成为企业经营系统工程的组成部分;4.现代广告讲求广告策划。

永字八法

是以"永"宁八笔为例,阐述正楷点画用笔的一种方法。永字八法称点为"侧",须侧锋峻落,铺毫行笔,势足收锋;横画为"勒",须逆锋落纸,缓去急回,不应顺锋平过;直笔为"努",不宜过直,太挺直则木僵无力,故须直中见曲势;钩为"趯",须驻锋提笔,突然趯起,其力才集中在笔尖;仰横为"策",用力在发笔,得力在画末;长撇为"掠",起笔同直画,出锋要稍肥,力要送到,如一往不收,易犯飘荡不稳的毛病;短撇为"啄",落笔左出,要快而峻利;捺笔为"磔",要逆锋轻落笔,折锋铺毫缓行,至末收锋,重在含蓄。后人亦将"八法"两字引申为"书法"的代称。

王羲之与《兰亭集序》

王羲之,中国东晋书法家。字逸少,琅琊临沂(今属山东省)人,后移居会稽山阴(今浙江省绍兴市)。因曾为右军将军,因此人又称之为王右军。7岁学书,12岁读前人笔论。在游历中读过很多著名书法大家的书迹,意识到自己功力的不足,于是遍学众碑,从此书艺大进。王羲之所处的年代,楷书已近成熟,草书得到发展。他在此基础上,又博采众长,一变汉魏以来质朴淳厚的书风,创造出妍美流便的新风格,把草书推向了全新的境界。他的行草书最能表现雄逸流动的艺术美。《晋书》说他的书法为古今之冠,论者称其笔势飘若浮云,矫若惊龙。由于他在书法上的成就和贡献,被后世誉为"书圣"。

《兰亭集序》,又名《兰亭宴集序》,是王羲之行书的代表作。相传王羲之与谢安等人在山阴(今绍兴市)兰亭举行"修禊"之礼时,与会各人作诗,由王羲之作序,故称其为《兰亭集序》。序中记叙兰亭周围的山水之美和聚会的欢乐之情,抒发作者好景不长、生死无常的感慨。法帖流传之本共 28 行，324 字。其书法遒媚劲健，绝代所无。有人以"龙跳天门、虎卧凤阁"形容其字雄强俊秀，被誉称为"天下第一行书"。据说此墨迹原保存在王氏子孙手中，到唐初被太宗李世民所得，并推为王书代表，还命人勾摹数本，分赐给王公大臣。太宗死后，以《兰亭集序》真迹殉葬，后世流传的只有勾摹本或临摹本。也有人怀疑《兰亭集序》的真伪，至今尚有争论。

篆　刻

镌刻印章的通称。印章字体，一般采用篆书，先写后刻，故称篆刻。金属印章，多数先刻印模，随后浇铸；晶玉印章，古代用手工琢成，现用金刚砂喷蚀，叫作"电刻"；石、牙、角等印章，直接用刀镌刻。篆刻是我国传统艺术之一。先秦及汉魏时期，篆刻印章由印工镌刻，艺术成就颇高。隋唐以来，也各有其时代的特点和风格。相传自元王冕开始用花乳石（青田石之类）刻印，因镌刻方便，流行更广。明清以来出土文物中印章渐多，提供了大量参考资料，在文人士大夫中研讨篆刻的风气日益盛行，出现很多篆刻家和流派。解放以来，篆刻艺术又有了新的发展。

哥特式建筑

11 世纪下半叶起源于法国，13～15 世纪流行于欧洲的一种建筑风格。主要见于天主教堂，也影响到世俗建筑。哥特式建筑以其高超的技术和艺术成就，在建筑史上占有重要地位。

哥特式教堂的结构体系由石头的骨架券和飞扶壁组成。其基本单元是在一个正方形或矩形平面四角的柱子上发的双圆心骨架尖券，四边和对角线上各一道，屋面石板架在券上，形成拱顶。为了增加稳定性，常在柱墩上砌尖塔。由于采用了尖券尖拱和飞扶壁，哥特式教堂的内部空间高旷、单纯、统一。装饰细部如华盖、壁龛等也都用尖券作母题，建筑风格与结构手法形成一个有机的整体。

法国哥特式建筑兴起于11世纪下半叶。一般认为第一座真正的哥特式教堂是巴黎郊区的圣丹尼教堂。法国早期哥特式教堂的代表作是巴黎圣母院。另外，博韦主教堂是哥特式教堂中最高的；亚眠主教堂是法国哥特式建筑盛期的代表作；盛期的著名教堂还有兰斯主教堂和沙特尔主教堂，它们与亚眠主教堂和博韦主教堂一起，被称为法国四大哥特式教堂。法国哥特时期的世俗建筑数量很大，如富人邸宅、市政厅、同业公会等则多用砖石建造，与哥特式教堂的结构和形式很不一样，但采用哥特式教堂的许多装饰手法。

英国哥特式建筑出现比法国稍晚，流行于12~16世纪。英国教堂不像法国教堂那样矗立于拥挤的城市中心，而是往往位于开阔的乡村环境中，也不像法国教堂那样重视结构技术，但装饰更自由多样。主要有坎特伯雷主教堂、索尔兹伯里主教堂、约克教堂、埃克塞特教堂、格洛斯特教堂等。英国大量的乡村小教堂，非常朴素亲切，往往一堂一塔，使用多种精巧的木屋架，很有特色。除此以外，英国哥特时期的世俗建筑成就也很高。

德国最早的哥特式教堂之一科隆主教堂于1248年兴工，由法国人设计，具有法国盛期的哥特式教堂的风格。但德国教堂很早就形成自己的形制和特点。如厅式教堂可以追溯到德国罗曼建筑时期，其代表作有马尔堡的圣伊丽莎白教堂。德国还有一种只在教堂正面建一座很高钟塔的哥特式教堂，著名的是乌尔姆主教堂。另外，德国哥特式建筑时期的世俗建筑多用砖石建造。双坡屋顶很陡，内有阁楼，屋面和山墙上开着一层层窗户，墙上常挑出轻巧的木窗、阳台或壁龛，外观很富特色。

意大利哥特式建筑是于12世纪由外国传入，主要影响于北部地区。意大利没有真正接受哥特式建筑的结构体系和造型原则，只是把它作为一种装饰风格，因此这里极难找到"纯粹"的哥特式教堂。意大利最著名的哥特式教堂是米兰大教堂，它是欧洲中世纪最大的教堂之一。这时期，意大利城市的世俗建筑成就很高，特别是在许多富有的城市共和国里,建造了许多有名的市政建筑和府邸,构图别致,色彩明快,如圣马可广场上的总督宫和黄金府邸。

古典复兴建筑

采用严谨的古代希腊、罗马形式的建筑,又称为新古典主义建筑。18世纪60年代到19世纪流行于欧美一些国家。当时,人们受启蒙运动的思想影响,崇尚古代希腊、罗马文化。在建筑方面,古罗马的广场、凯旋门和记功柱等纪念性建筑成为效法的榜样。采用古典复兴建筑风格的主要是国会、法院、银行、交易所、博物馆、剧院等公共建筑和一些纪念性建筑。如法国的凯旋门、马德兰教堂,英国的爱丁堡中学、不列颠博物馆,德国的勃兰登堡门、柏林宫廷剧院和阿尔塔斯博物馆,美国的国会大厦、林肯纪念堂等。

现代主义建筑

指20世纪中叶在西方建筑界居主导地位的一种建筑。这种建筑的代表人物主张创造适应于工业化社会的条件和要求的崭新的建筑,具有鲜明的理性主义和激进主义色彩。又称现代派建筑。

现代主义建筑思潮发轫于19世纪后期,成熟于20世纪20年代,在50～60年代风行全世界。

现代主义建筑强调要随时代而发展,与工业化社会相适应;强调建筑师要研究和解决建筑的实用功能和经济问题;主张采用新材料、新结构,在建筑设计中发挥它们的特性;主张摆脱过时的建筑样式,创造新的建筑风格;主张发展新的建筑美学,讲究建筑形体和内部功能的配合,灵活均衡的非对称构图。有人将这些观点称为"功能主义"或"理性主义"。因而在工厂厂房、中小学校、医院、图书馆等建筑中得到推行。具有代表性的建筑有联合国总部大厦和巴西议会大厦。

参 考 文 献

[1]汪流:中外影视大辞典.北京,中国广播电视出版社,2001

[2]鲁枢元等:文艺心理学大辞典.武汉,湖北人民出版社,2001

[3]沙占祥:摄影手册.北京,中国摄影出版社,2004

[4]程树安:中国电影演员辞典.北京,中国广播电视出版社,1993

[5]颜永先:外国电影明星大辞典.成都,四川文艺出版社,1991

[6]赵玉明:广播电视简明辞典.北京,中国广播电视出版社,1989

[7]彭万荣:表演辞典.武汉,武汉大学出版社,2005

[8]徐寒:世界历史百科全书——文学艺术卷.长春,吉林文史出版社,2005

[9]中国电影艺术研究中心、中国电影资料馆编:中国影片大典·故事片、戏曲片·1931~1949.9.北京,中国电影出版社,2005

[10]中国电影艺术研究中心、中国电影资料馆编:中国影片大典·故事片、舞台艺术片·1949.10~1976.北京,中国电影出版社,2001

[11]中国电影艺术研究中心、中国电影资料馆编:中国影片大典·故事片、戏曲片·1905~1930.北京,中国电影出版社,2001

[12]中国电影艺术研究中心、中国电影资料馆编:中国影片大典·故事片、戏曲片·1977~1994.北京,中国电影出版社,1996

[13](美)戴尔·古德:康普顿百科全书.文化与体育卷.北京,商务印书馆,2005

[14]徐培均、范民声:三百种古典名剧欣赏.上海,上海辞书出

版社,2005

[15](英)爱德华·露西·史密斯:艺术词典.北京,三联书店,2005

[16]徐寒:中国历史百科全书——文学艺术卷.长春,吉林大学出版社,2004

[17]冯其庸:中国艺术百科辞典.北京,商务印书馆,2004

[18]汪涤、吕阳:西方美术和美术家辞典.上海,上海人民美术出版社,2004

[19]孙立军:动画艺术辞典.北京,中国国际广播出版社,2003

[20]黄一中:世界影视片名手册.北京,中国广播电视出版社,2002

[21]张㧑之、沈蘅仲、卢元:学生古汉语词典.上海,上海辞书出版社,2002

[22](英)奇尔弗斯:牛津20世纪艺术词典.上海,上海外语教育出版社,2002

[23](德)贝塔斯曼出版公司编:世界电影全纪录.海口,南方出版社,2001

[24]夏克武:实用电视制作大全.海拉尔,内蒙古文化出版社,2001

[25]宁平:影视节目制作经营企业资格准入制度与节目策划创作方案优化设计及规范化监督管理实用手册.银川,宁夏大地音像出版社,2005

[26]孟春彦:美术设计艺术全书.合肥,安徽文化音像出版社,2004

[27]王健:电视栏目策划与制作实用手册.合肥,安徽文化音像出版社,2004

[28]邵必林:现代音响工程设计与音响设备调试检测技术实用手册.北京,中国教育出版社,2004

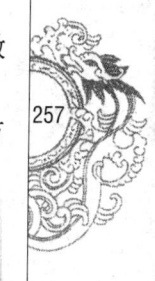

[29]陈远清:电影业运行机制与经营模式创新全书.长春,吉林电子出版社,2004

[30]王治河:后现代主义辞典.北京,中央编译出版社,2004

[31]吕薇芬等:古典剧曲鉴赏辞典.武汉,湖北辞书出版社,2004

[32]贾植芳:现代散文鉴赏辞典.上海,上海辞书出版社,2003

[33]陈兴荣:欧美流行音乐著名巨星图典.北京,人民音乐出版社,2002

[34]陈光磊等:中国古代名句辞典.上海,上海辞书出版社,2002

[35]陈邦炎等:元明清词鉴赏辞典.上海,上海辞书出版社,2002

[36]里尔等:电影手册.西安,陕西师范大学出版社,2002

[37]朱天明:设计色彩分类手册.上海,东方出版中心,2002

[38]阿德里安等:20世纪大画卷.杭州,浙江教育出版社,2002

[39]吕薇芬:全元曲典故辞典.武汉,湖北辞书出版社,2001

[40]张泗洋:莎士比亚大辞典.北京,商务印书馆,2001

[41]张道一:中国民间美术辞典.南京,江苏美术出版社,2001

[42]朱伯雄:世界经典美术鉴赏辞典.北京,中国青年出版社,2001

[43](英)雷·史密斯:美术家手册.北京,中国纺织出版社,2000

[44]陈朗:世界艺术三百题.上海,上海古籍出版社,2000

[45](英)哈特诺,方德:牛津戏剧词典.上海,上海外语教育出版社,2000

[46]何友、李义堂:英汉汉英艺术词典.北京,外语教学与研究出版社,2000

[47]林同华：中华美学大词典.合肥,安徽教育出版社,2000

[48]敦以、何积惠：世界摄影艺术图典.上海,上海画报出版社,1999

[49]陈建华：外国著名音乐表演艺术家辞典.上海,上海音乐出版社,1999

[50]赵玉明、王福顺：广播电视辞典.北京,北京广播学院出版社,1999

[51]《中华文化通志》编委会编：中华文化通志.上海,上海人民出版社,1999

[52]顾建华、张占国：美学与美育词典.北京,学苑出版社,1999

[53]马守清：现代影视技术辞典.北京,中国电影出版社,1998

[54]姜亮夫等：先秦诗鉴赏辞典.上海,上海辞书出版社,1998

[55]中国电影资料馆编：香港电影图志.杭州,浙江摄影出版社,1998

[56](德)G·林德曼：西方艺术风格词典.南宁,广西美术出版社,1998

[57]缪天瑞：音乐百科词典.北京,人民音乐出版社,1998

[58]《中华文化大辞海》编委会主编：中华文化大辞海.北京,中国国际广播出版社,1998

[59]广播电影电视部电影事业管理局、机械工业部秦皇岛视听机械研究所编：现代精选英汉影像技术词库.北京,中国电影出版社,1997

[60]魏光沛等：中国当代电影经营管理英才集.北京,中国电影出版社,1997

[61]徐国兴：摄影技术手册.长春,吉林摄影出版社,1997

[62]程树安：中国电影名片鉴赏辞典.北京,长征出版社,1997

[63]中国广播电视协会、神州电视有限公司编：中国广播影

视法规政策实用手册.北京,中国广播电视出版社,1996

[64]范岳、沈国经:西方现代文化艺术辞典.沈阳,辽宁教育出版社,1996

[65]中国电影艺术研究中心、中国电影资料馆编:外国电影艺术百年.杭州,浙江摄影出版社,1996

[66]余秋雨:国际现代艺术辞典.上海,上海文艺出版社,1996

[67](英)海吉科:新摄影手册.杭州,浙江科学技术出版社,1996

[68]周汛、高春明:中国衣冠服饰大辞典.上海,上海辞书出版社,1996

[69](日)赤尾昌也等:广告用语词典.北京,中国摄影出版社,1996

[70]司有仑:当代西方美学新范畴辞典.北京,中国人民大学出版社,1996

[71]陈玠:意大利文艺复兴时期画家小辞典.北京,中国文联出版社,1995

[72]《中国戏曲剧种大辞典》编辑委员会编:中国戏曲剧种大辞典.上海,上海辞书出版社,1995

[73]林树中、王崇人:美术辞林·中国绘画卷.西安,陕西人民美术出版社,1995

[74]欧阳山尊、胡健:东方影星.济南,山东画报出版社,1995

[75]张骏祥、程季华:中国电影大辞典.上海,上海辞书出版社,1995

[76]蔡林:摄影大百科辞典.成都,四川科学技术出版社,1994

[77]中国大百科全书出版社主编:艺术百科全书.北京,中国大百科全书出版社,1994

[78]杨振武:外国艺术形象辞典.北京,世界知识出版社,1995

[79]郎绍君等:中国书画鉴赏辞典.北京,中国青年出版社,

1994

［80］马奕：中国戏剧电影辞典.北京,北京广播学院出版社,1993

［81］(美)毕佛：电影术语词典.北京,解放军文艺出版社,1993

［82］昇天、戈德：中国当代艺术界名人录.北京,社会科学文献出版社,1993

［83］张友韬等：世界大奖辞典.北京,奥林匹克出版社,1993

［84］郑雪来：世界电影鉴赏辞典.福州,福建教育出版社,1993

［85］欧阳周等：简明艺术辞典.北京,中国和平出版社,1993

［86］朱曦等：20世纪西方艺术家辞典.沈阳,辽宁教育出版社,1993

［87］杨海明等：世界电影百科全书.北京,社会科学文献出版社,1993

［88］董小玉、周安平：外国文学流派辞典.南宁,广西教育出版社,1993

［89］张锡璇：世界文化知识精华.武汉,湖北人民出版社,1993

［90］王钟陵：中国诗词曲艺术美学大百科.成都,四川辞书出版社,1992

［91］徐公度：世界美术鉴赏词典.长沙,湖南美术出版社,1992

［92］戚廷贵等：东西方艺术辞典.长春,吉林教育出版社,1992

［93］张品兴等：中国当代文化名人大辞典.北京,中国广播电视出版社.1992

［94］成少森、叶川：西方文化大辞典.北京,中国国际广播出版社,1991

［95］(美)利维坦：电影电视磁带录像技术词典.北京,中国电影出版社,1991

［96］(法)柯尼亚等：现代绘画辞典.北京,人民美术出版社,1991

[97]俞汝捷：中国古典文艺实用辞典．北京，中国青年出版社，1991

[98]姜东、李超：奥斯卡大观．长春，吉林文史出版社，1990

[99]刘万朗：中国书画辞典．北京，华文出版社，1990

[100]郑晓东等译：摄影术语辞典．北京，中国电影出版社，1990

索引

A

079	阿巴斯
061	阿瑟·佩恩
114	爱伦堡
047	爱森斯坦
106	安徒生童话
248	奥斯卡金像奖
052	奥逊·威尔斯

B

110	巴尔扎克

138	巴金
199	芭蕾
249	柏林电影节
148	悲剧
078	北野武
222	变焦距镜头
221	标准镜头
232	波普艺术
108	卜伽丘
218	曝光
061	《邦尼与克莱德》
088	《霸王别姬》
113	《变形记》
156	布莱希特和他的戏剧理论
168	百花齐放、推陈出新
015	饱和度
054	伯格曼
120	《百年孤独》
145	北大荒文学
184	毕加索

C

093	彩色电视的发明
028	彩色电影的产生
221	长焦距镜头
009	场面
088	陈凯歌
100	冲突

175/229	抽象艺术
004	创作方法
111	《草叶集》
165	曹禺
167	《茶馆》
175	抽象主义
176	超现实主义
251	传统广告

D

177	达·芬奇和他的绘画
073	大岛渚
230	大地艺术
108	但丁
213	低调照片
204	迪斯科
096	电视电影
235	电视动画片
095	电视剧
095	电视小品
012	电影本文
013	电影表演艺术
033	电影传入中国
013	电影导演
024	电影的诞生
017	电影录音
016	电影美术
014	电影摄影艺术

009	电影时空的特殊性
244	电影数字化
008	电影学
017	电影音乐
011	电影语言
023	电影院线
007	电影艺术
011	电影构思
012	电影剧作
014	电影表演的镜头感
238	动画
129	杜甫
121	渡边淳一
009	段落
218	多次曝光
010	多角度叙事手法
015	多景别
161	《窦娥冤》
120	《第二十二条军规》
068	《东京物语》
092	电视的发明
106	狄更斯的小说
070	《地狱门》

F

028	法国诗意现实主义电影
030	法国新浪潮电影
227	反差

097	非线性剪辑
247	非线性编辑系统（Nonlinear Editing System）
024	非影院放映
082	费穆
237	分镜表
224	分散圈
209	风景摄影
100	讽刺
102	伏笔
111	伏尼契
173	浮世绘
117	父子作家——大仲马与小仲马
110	《浮士德》
182	《伏尔加河上的纤夫》

G

144	改革文学
232	概念艺术
225	感光度
193	"钢琴诗人"肖邦
102	高潮
213	高调照片
112	高尔基
253	哥特式建筑
110	歌德
193	"歌剧大师"威尔地
192	"歌曲之王"舒伯特

151	歌舞伎
025	格里菲斯的电影叙事
043	格里菲斯
071	沟口健二
099	构思
036	"孤岛"电影
255	古典复兴建筑
191	古典音乐
004	古典主义
173	古典主义画派
151	古希腊悲剧与三大悲剧家
161	关汉卿
223	光圈
227	光渗
233	光效应艺术
209	广告摄影
222	广角镜头
136	郭沫若
035	国防电影
194	《国际歌》及其词曲作者
052	《公民凯恩》
058	《广岛之恋》
051	《关山飞渡》

H

114	海明威
185	《韩熙载夜宴图》
211	航空摄影

索引

090	何平
120	赫勒
020	黑色电影
212	红外线摄影
203	华尔兹
147	话剧
111	惠特曼
078	《花火》
122	《哈里·波特》
057	《胡作非为》
195	《黄河大合唱》
083	《红色娘子军》
191	华彩乐段
065	黑泽明
105	荷马史诗
134	《红楼梦》
150	荒诞派戏剧

J

116	积极浪漫主义作家——雨果
245	计算机制图（CG）
244	加密
223	加膜镜头
095	家庭影院
249	戛纳国际电影节
214	剪辑照片
236	剪纸片
208	建筑摄影

204	剑舞
194	江南丝竹
243	胶片转数字处理与制作
225	焦距
100	结构
133	《金瓶梅》
223	景深
209	静物摄影
221	镜头
196	爵士音乐
060	《精神病患者》
115	《静静的顿河》
075	今村昌平
114	"解冻文学"
250	金鸡奖

K

113	卡夫卡
184	康定斯基
062	科波拉
010	客观镜头
099	夸张
226	宽容度
022	宽银幕电影
096	科贝电视
164	孔尚任

索 引

L

179	拉斐尔
005	浪漫主义
138	老舍
167	老舍与《茶馆》
058	雷乃
049	雷诺阿
056	雷伊
019	类型电影
128	李白
158	李渔及其戏剧理论
211	立体摄影
182	列宾
099	灵感
189	岭南画派
194	刘天华与"国乐改进社"
127	刘勰
196	流行音乐
119	罗伯-格里耶与新小说派
181	罗丹
122	罗琳
114	《老人与海》
252	《兰亭集序》
074	《裸岛》
084	《邻居》
193	《蓝色多瑙河》
174	立体主义

113	"楼梯诗"
165	《雷雨》
112	罗曼·罗兰
065	《罗生门》
134	鲁迅

M

118	马克·吐温与杰克·伦敦
113	马雅可夫斯基
170	漫画
137	茅盾
006	美学
024	蒙太奇表现手法的出现
178	米开朗基罗的雕塑
180	米勒
225	密度
199	民间舞蹈
183	莫奈
048	《母亲》
163	《牡丹亭》
120	马尔克斯
160	梅兰芳与四大名旦

N

185	南宋四家
195	聂耳
250	诺贝尔文学奖
111	《牛虻》

O

233	偶发艺术
196	偶然音乐
026	欧洲20世纪20年代先锋派电影

P

216	拍摄角度
216	拍摄时机
048	普多夫金
203	霹雳舞

Q

023	汽车影院
185	《清明上河图》
140	清末四大谴责小说
100	情节
125	屈原
212	全息摄影
073	《青春残酷物语》
077	《情书》
087	《秋菊打官司》
107	契诃夫的短篇小说

R

098	人物性格
208	人像摄影
110	"人间喜剧"

183	《日出·印象》

S

131	《三国演义》
130	"三言二拍"
202	桑巴舞
220	色调
143	伤痕文学
239	上海美术电影制片厂
238	设计稿
206	摄影
214	摄影构图
217	摄影光源
220	摄影镜头
207	摄影艺术
191	"神童莫扎特"
019	声音蒙太奇
117	师徒作家——福楼拜与莫泊桑
124	《诗经》
210	时尚摄影
235	实验动画片
246	视频压缩格式 AVI
241	数字电影
241	数字电影倡导联盟 DCI (Digital Cinema Initiatives)
210	数字摄影
247	数字视频(Digital Video)
242	数字影院系统

索引

236	水墨动画片
126	司马迁
037	私营电影
064	斯皮尔伯格
157	斯特林堡
160	四大徽班与京剧
170	素描
108	《十日谈》
108	《神曲》
121	《失乐园》
181	《思想者》
180	《拾穗者》
126	《史记》
081	《神女》
153	莎士比亚及其戏剧
018	声画对位
155	斯坦尼斯拉夫斯基
090	《双旗镇刀客》
101	素材
131	《水浒传》
	T
039	台湾乡土电影
042	台湾新电影
163	汤显祖
130	唐宋八大家
057	特吕弗
203	踢踏舞

101	体裁
211	体育摄影
197	通俗歌曲
045	《淘金记》
164	《桃花扇》
188	《田横五百士》

W

252	王羲之
005	唯美主义
081	吴永刚
141	"五四"文学革命
198	舞蹈
210	舞台摄影
162	王实甫
127	《文心雕龙》
171	文艺复兴美术
002	文艺批评
034	武侠电影
093	卫星和电视广播
098	文学形象

X

132	《西游记》
060	希区柯克
109	席勒
149	喜剧
150	戏剧性

100	细节
240	先期对白
195	冼星海
212	显微摄影
251	现代广告
200	现代舞
201	"现代舞之母"邓肯
004	现实主义
215	线条透视
038	香港电影
041	香港电影新浪潮
005	象征主义
068	小津安二郎
115	肖洛霍夫
085	谢飞
083	谢晋
032	新德国电影
031	新好莱坞电影
228	新媒体艺术
074	新藤兼人
207	新闻摄影
231	行为艺术
099	虚构
187	徐悲鸿
144	寻根文学
082	《小城之春》
062	《现代启示录》
179	《西斯廷圣母》

064	《辛德勒的名单》
085	《香魂女》
103	希腊神话
146	戏剧
152	"喜剧之父"阿里斯托芬
162	《西厢记》
255	现代主义建筑
015	肖像构图
194	新古典主义音乐

Y

037	延安电影团
077	岩井俊二
187	扬州八怪
038	"样板戏电影"
174	野兽派
143	一分钟小说
105	伊索的寓言集
001	艺术
003	艺术冲动
002	艺术典型
001	艺术风格
003	艺术技巧
002	艺术欣赏
002	艺术形式
003	艺术流派
003	艺术手法
098	意境

029	意大利新现实主义电影
021	意识流电影
191	"音乐之父"巴赫
173	印象画派
219	影调
215	影调透视
228	影像艺术
234	影院动画片
252	永字八法
216	用光
034	鸳鸯蝴蝶派电影
157	元杂剧
237	原画的概念
051	约翰·福特
079	《樱桃的滋味》
043	《一个国家的诞生》
071	《雨月物语》
049	《游戏规则》
056	《远方的雷声》
195	《义勇军进行曲》
109	《阴谋与爱情》
086	《一个和八个》
027	有声片开始
070	衣笠贞之助
075	《楢山节考》
094	有线电视
101	韵律
154	易卜生及其问题剧

190	音乐学
192	"乐圣"贝多芬
238	原画
193	约翰·施特劳斯
054	《野草莓》
112	《约翰克利斯朵夫》

Z

086	张军钊
087	张艺谋
139	赵树理
147	正剧
084	郑洞天
040	中国大陆电影的"五代导演"
033	中国电影诞生
101	主题
010	主观镜头
021	主流电影
043	"主旋律电影"
213	专题照片
253	篆刻
230	装置艺术
025	卓别林的喜剧精神
045	卓别林
119	自然主义创始人——左拉
229	综合材料
142	"左联"与左翼文艺运动
035	左翼电影

索引

047 | 《战舰波将金号》
112 | 自传体三部曲
169 | 造型艺术
016 | 造型语言

后 记

一晃十年。在2008年的时候,我作为《报考艺术院校快速充电——文艺知识小百科》的主编,根据我们的工作实践编写了这本考前"充电"参考书,得到了广大考生的欢迎,成为报考艺术院校的考前必备书。本书的出版为考生们顺利进入自己心仪的院校起到了很大的帮助,这是我们编写组最高兴的一件事。

在艺术院校的工作中,我深切地感受到希望进入艺术院校学习的考生们对此类书籍的迫切需求。社会上的辅导材料林林总总,但对备考阶段给予考生们专业辅导的图书很少。报考艺术院校,考生们需要扎实的文艺知识,就像你想推开一扇门,首先要把双手放在门把手上一样。考生们只有对文艺知识,包括电影、电视、文学、戏剧、戏曲、美术、音乐等基础知识有足够的了解、掌握及应用,才能顺利地推开艺术殿堂的大门。

参加本书编写的人员,都是多年从事艺术专业教学的工作者,在条目选择、模块排序以及内容的撰写上,进行了充分的考量。大家反复斟酌,精心设计,在此表示深深的感谢。

最后,希望本书可以继续陪伴所有的考生在备考的路上,一路前行,取得自己满意的成绩!

编 者

2018年10月